REGIONAL PERSPECTIVE:
CHINESE LANGUAGE PLANNING

区域视角：
中国语言规划学

薄守生　赖慧玲◎著

中国社会科学出版社

图书在版编目（CIP）数据

区域视角：中国语言规划学／薄守生，赖慧玲著 .—北京：中国社会科学
出版社，2017.5
ISBN 978 - 7 - 5203 - 0281 - 4

Ⅰ.①区…　Ⅱ.①薄…②赖…　Ⅲ.①语言规划 - 研究　Ⅳ.①H002

中国版本图书馆 CIP 数据核字（2017）第 094583 号

出 版 人	赵剑英
责任编辑	任　明
责任校对	冯英爽
责任印制	李寡寡

出　　版	中国社会科学出版社
社　　址	北京鼓楼西大街甲 158 号
邮　　编	100720
网　　址	http：//www.csspw.cn
发 行 部	010 - 84083685
门 市 部	010 - 84029450
经　　销	新华书店及其他书店

印刷装订	北京市兴怀印刷厂
版　　次	2017 年 5 月第 1 版
印　　次	2017 年 5 月第 1 次印刷

开　　本	710 × 1000　1/16
印　　张	17
插　　页	2
字　　数	281 千字
定　　价	85.00 元

凡购买中国社会科学出版社图书，如有质量问题请与本社营销中心联系调换
电话：010 - 84083683

增订版说明

本书初版为《当代中国语言规划研究——侧重于区域学的视角》，中国社会科学出版社 2009 年版。本书是在初版基础上的增订版，增订、修改的内容占初版内容比例的 30% 以上。

本增订版对初版的某些内容做了调整，删除了初版中的部分章节，同时也增加了部分章节。其中，第七章《语言维护系统与语言服务》是新增的一章。

"语言规划学"是一门跨学科研究，涉及的方面很多，深似海阔如洋。这样的学科容易被做成肤浅、空洞、泛泛而谈的"水之皮"，真正做到深刻、深入、充实的潜水非常困难。本书至今也还只能算是"语言规划学"的阶段性成果，该学科的发展寄希望于更多的来者。

初版为国家社会科学基金项目的结题成果，本增订版在初版基础上做了较大的修改、提高。初版、增订版署名作者均为薄守生、赖慧玲。

目　录

第一章

语言规划概述

【本章地图】

本章包括五节内容,第一节关于语言规划的定义,第二节语言规划研究的主要内容,第三节语言规划的研究对象,第四节语言规划的原则和任务,第五节语言及语言规划的区域性。

2015 年,陈章太、冯学锋、郭龙生、苏金智、周庆生编著的《语言规划概论》由商务印书馆出版。在"语言规划学"学科方面,该书是我们国内第一部,也是目前最为系统的一部概论性的教材。该书的出版,宣告了语言规划学概论性的教材已经成熟,说明了把语言规划纳入大学中文专业的必修课或选修课的培养方案已经成熟。相对于以往的一些课程教材,该书拥有最新的学术理念和较为完备的知识体系,该书以后可以采用每隔几年一修订的方法保持"教材型的学术"的前沿性。

第一节关于语言规划的定义,主要是在刘海涛的《语言规划和语言政策——从定义变迁看学科发展》一文的基础上展开论述的,以遵从这些定义的发展脉络为主,同时涉及语言规划的本质问题。本节在刘海涛的文章的基础上有所发展,内容介绍的更为深入,更有深度。

第二节语言规划研究的主要内容,主要从语言规划的类型的角度来分类介绍其研究内容,这方面的介绍以郭龙生的《略论当代中国语言规划的类型》一文比较详细,可资参考,本节不再对郭龙生的这篇文章做过多重复。语言规划研究的内容异常丰富,语言规划研究不仅包括语言规划的类型的问题,还包括关于跨学科研究的相关内容。跨学科方面的详细内容可以参考本书的其他章节。

　　第三节语言规划的研究对象，主要是对语言关系的研究。语言关系也可以看作一种社会制度。关于语言制度的研究，姚亚平的专著《中国语言规划研究》第四章、第五章、第三章有介绍；制度经济学的相关研究成果中也有关于语言制度的介绍，可资参考。本节内容，只是非常简略地加以概述，具体问题的展开已经渗透到其他章节的内容中去了。

　　第四节语言规划的原则和任务，主要讨论语言规划的宏观原则，这些原则是指导语言规划的重要理念。关于语言规划的原则，陈章太的《论语言规划的基本原则》一文介绍的较为客观中肯，可资参考。语言规划的任务，也可以说是语言规划的目标，这些目标对语言规划实践提出了具体的要求。

　　第五节语言及语言规划的区域性。语言具有区域性，语言规划具有区域性。除了语言因素外，语言规划还涉及政治、经济、社会、文化、科技等诸多方面，这些方面也都具有一定的区域性，只是，这些不同的"区域性"之间关系比较复杂。无论是"规划""认同"还是"乡愁"，它们都与"语言"和"语言规划"的区域性有关。

　　本章是对本书研究对象的一个"概述"，这五节内容具有一定的"概论性"。为了避免知识体系的重复，本章不打算过多地引用陈章太等编著的《语言规划概论》。读者在阅读本章的同时，很有必要选读《语言规划概论》这一教材。本书作为语言规划学的一部专著，它与概论性的教材不太相同，本书不太适合中文专业的本科生阅读。

　　本章五节内容作为语言规划的概述，是本书中比较基础的一部分内容。

第一节　什么是语言规划*

　　关于语言规划的定义，刘海涛《语言规划和语言政策——从定义变

---

　　* 本节参考文献较多，除了文中注出的引用外，还参考了 William Labov、Victoria Fromkin、蔡永良、曹志耘、陈章太、戴曼纯、道布、费锦昌、冯学锋、冯志伟、高天如、高一虹、郭龙生、郭熙、侯敏、胡明扬、胡壮麟、黄行、柯平、李荣、李如龙、李宇明、陆俭明、罗常培、吕叔湘、马庆株、彭泽润、沈家煊、苏金智、苏培成、孙宏开、田立新、王辉、王立、王宁、王克非、王立军、王铁琨、魏晖、谢俊英、邢福义、徐杰、徐大明、徐通锵、许嘉璐、姚喜双、姚小平、姚亚平、游汝杰、于锦恩、张普、张治国、赵蓉晖、赵世举、周庆生、周玉忠等先生的相关论述。参考文献较多，在此不再一一列举。

迁看学科发展》一文①作了总结性的探讨，文章从1959—2005年的语言规划和语言政策文献中提取了30余种有关"语言规划"的定义，并对这些定义作了简要的分析。参照这篇论文，下面将对"语言规划"的定义作一些介绍。

人类对语言进行规划的活动由来已久，就我国而言，如果从秦代的"书同文"算起，我国的语言规划至今已有两千多年的历史。然而，"语言规划"作为一个独立的学科术语出现，就世界范围而言，也只有五十多年的时间。

一　语言规划的定义

美国语言学家豪根指出，语言规划是"为了改变某一语言社区的语言行为而从事的所有有意识的尝试活动"（Haugen，1959）②，"从提出一个新术语到推行一种新语言"的行为过程都属于语言规划（Haugen，1987）。后来，学者们不断修订或改用这个概念，使语言规划的内涵不断扩大，既包括社会整合当中的语言，也包括社会整合当中跟语言密切相关的政治与经济等方面。

语言规划是调节和改善现有的语言，或创造新的区域性、全国性和国际性语言的活动（Tauli，1968）。所谓的"区域性、全国性和国际性"事实上就是"区域大小的不同层次"，区域性是语言规划的本质属性。

Fishman（1974）认为语言规划是对语言问题解决方法有系统、有组织的寻求，语言规划"一般出现在国家一级"。Karam（1974）也认为语言规划是"在政府授权下进行的"。Weinstein（1983）指出，语言规划的机构"一般指当地的政府、教育、经济或语言权威部门"。由此可见，语言规划是一种国家行为，是国家主权的一部分，涉及国族认同和国家利益。在实行联邦制的有些国家，国家可以授权当地政府进行语言规划，这主要涉及政体的问题。主权国家下属的某些特别行政区，也可以有自己独立的语言政策。欧洲联盟作为一个超国家组织，既有国际组织的属性，又

---

① 刘海涛：《语言规划和语言政策——从定义变迁看学科发展》，教育部语用所社会语言学与媒体语言研究室：《语言规划的理论和实践——第四届全国社会语言学学术研讨会论文集》，语文出版社2006年版，第55—60页。

② 在本节中，类似（Haugen，1959）这种引用方式是刘海涛《语言规划和语言政策——从定义变迁看学科发展》一文中原有的，本文不作更改和变动，只是照录。

有联邦的某些特征。欧洲理事会规定成员国的官方语言也是欧共体的官方语言，同时也是欧共体的工作语言，欧洲联盟尚没有一个更为理想的语言政策。从目前来看，超越国家之上的语言规划至今尚不成熟，或者说，世界上尚没有真正意义上的超越国家之上的语言规划。

Lo Bianco（2001）认为"一种最直接地将语言变为公共政策的学术领域，这就是语言政策和语言规划"。语言规划是公共政策，语言规划也是社会制度。

根据上面刘海涛所总结的内容，我们可以把语言规划进一步定义为：一个国家（或地区）在本行政管辖区域内基于不同语言集团对文化认同、政治稳定和经济发展的考虑，从语言服务于社会的效率性、科学性和艺术性的角度出发，通过对语言本体进行动态规范的引导，做出语言公共政策决策和实施的过程。对此，我们也可以进一步地概括为：语言规划是一国政府为实现国家控制和社会公益而实施的语言管理。语言规划是一个多学科的综合行为，涉及的最直接的学科有语言学、政治学、经济学、民族学和社会学等学科。

二　语言规划是对语言变化的评价

语言规划的定义有一个发展过程，Haugen 的《语言学与语言规划》曾进一步指出语言规划是"对语言变化的评价"[①]，是对辨别语言创新过程中的合理性的探索。"因为语言学自豪地宣称它自身是一门描写科学，当然也就可以否定评价和选择过程的一切科学价值。但是，如果我们不纠缠于放任主义和规定主义的问题，那么可以有把握地说语言中的选择问题远远没有解决。每个个人必须重新学习语言而从来都不是刻板地学习他老师的语言，人们在一生中可以并且的确改变着自己的语言，所有这些事实都足以保证必定有选择的余地。只要这种说法是成立的，我们可以认为，语言规划是试图影响这些选择。语言规划类似于其他一切评价工作，它设想存在着一些标准，根据这些标准可以对语言创新进行评价。"[②] 对于任何评价，往往都免不了是"优"还是"劣"的评价，国外的语言规定主义（我们国内很少这么称呼，一般采用"语言规范化"这一名称）往往

---

① ［美］E. Haugen：《语言学与语言规划》，林书武译，《国外语言学》1984 年第 3 期。

② 同上。

认为"语言的变化就是语言的退化"，不过这种主张还与我国的"语言规范化"观点并不一致。我国的语言规范化重点不是比较语言变化的优劣，而是认为相对稳定的规范语言可以使人们交流更加便捷。"我们不应事先就认定我们知道这些标准是什么。语言规划不能事先承诺促进或防止语言变化的任务，也不能承诺在不同的说话人或集团之间鼓吹统一性或分化性的任务。它不能承诺抵制或鼓励语言之间互借语言成分的任务：它可以为语言纯洁化服务，也可以为语言的混合服务，它可以提倡扩展或限制语言资源。语言规划工作不能只考虑有效性而牺牲（语言）①的优美，它既可以为准确性也可以为表达力服务，它甚至也不能承担保持它所规划的语言的稳定性的任务，它可以为促使这一语言变成某种其他语言而起作用。"②也就是说，语言规划需要有一个"设想中的标准"，根据这些标准试图影响人们的语言选择，语言规划的目标可以是多重的（并且多重目标之间是可以并且往往是存在先后之分的选择的），不能僵化地看待语言规划。

语言规划的这种目标多重性，使语言纯洁主义在近几十年备受诟病，同时也让某些语言多元主义（语言多样化）甚嚣尘上。语言纯洁主义不可能完全实现，因为语言的变化任何社团和个人都无法阻止。如今，语言多样性常常被人们表面化、简单化地理解了，其实，如果深入、全面地思考，语言多样性的问题其实异常复杂。

总之，语言规范化是一种动态的规范，语言多样性是一种奢侈的行为；动态规范的要求是要具有一定的"可操作性"，完全不具有可操作性的动态变化不是规范；世界各国有着不同模式的语言规划。

三　语言规划的多重目标

语言规划的取向，一般有四个方向，即：语言同化、语言多样化、本国语化、语言国际化。这些取向也可以称为语言规划的目标。

不管语言规划的目标是多少重的，语言规划最主要的目标始终是解决语言沟通的问题。在语言规划的几种取向当中，语言的丰富化可以自然而然地发生，也可以进行人工培育（例如对戏剧的演练学习、对濒危语言的保护等）；语言的纯洁化却一般不能自然而然地发生，需要进行人为的

---

① 笔者注：原文疑似在印刷时漏掉了"语言"二字。

② ［美］E. Haugen：《语言学与语言规划》，林书武译，《国外语言学》1984 年第 3 期。

干预才行。语言纯洁化可以提供语言标准化。语言标准化是推进计算机信息处理的基础，语言标准化能够更好地适应工业和商业的发展，同时，语言标准化也是国际社会交流的需要，语言标准化在一定程度上可以促进信息交流的效率。

语言规划需要一定的人为干预。我们通常所说的语言规划的动态标准，事实上是建立在自然语言的基础上的人为干预，语言规划并不追求一种绝对的语言的纯洁性。正是因为语言规划的语言标准存在人为干预因素，所以，规划的语言往往不是完全的自然语言，但是又不能脱离自然语言，这正如"（普通话）在方言之中，又在方言之上"① 一类的表达。在当前，我们需要把我们正在进行的语言规范化与外国历史上的语言纯洁化区别开来，二者并非完全相同。

四 语言可以规划吗？

上面简单介绍了语言规划的定义、语言规划的目标，然而，还有一个问题与语言规划的定义密切相关，那就是：语言可以规划吗？

对于这个问题，最好的回答就是查阅相关语言规划的历史。语言规划史可以证明语言是可以规划的，并且历史上不乏成功的语言规划实例。

提出语言能否规划的疑问的学者，主要是从语言变化、语言变异的角度来思考问题的。我们知道，变化、变异是绝对的，稳定是相对的。我们语言规划的标准是动态的，因为语言可以有动态的标准、相对的稳定，所以，语言是可以规划的。"现在这些问题只好根据通行的语言；语言在那儿变，只好承认现实跟着变，或者再严格一点儿，拿现在知识阶级读书人的口吻里头所有的作为标准。假如从前认为错的，现在人人都是这样念的，那只好将错就错了。这个是所谓'习非成是'，既成事实，你没法子不承认的。可是有时候还没有到这局面，你也不必提早来鼓励错误的说法。"② 什么时候已经习非成是了，什么时候还没有，这就需要研究，这就是我们现在所说的"动态规范"。语言虽然在变化，"可是语文这东西，唯其在人的生活当中，已经成了极密切的一部分，所以总是带有极强的保

① 李荣：《普通话与方言》，《中国语文》1990 年第 5 期。
② 赵元任：《语言问题》，商务印书馆 1980 年版，第 124 页。

守性"①，所以可以说"除非是火星上跑来一个人研究地球的语言，而他自己没有语言的。自己有语言的人，他对于一般语言的判断跟辨别力量，总是具有极深的成见跟偏见的，这是很难免的"②。我们不去否定人们的语言感情，但是，我们要清醒地认识到许多感情都是一种偏见而已。有了对语言变化的这种辩证的观念，提出语言有一个动态的标准是可能的，相对的稳定也是为了沟通交流的方便，相对的稳定并不排斥变化。这实质上就是运动和静止的辩证关系，只承认静止不承认运动是近视的，只承认运动不承认静止是迷惘的，语言规划需要准确地把握运动与静止的关系。

现代人，如果有极端偏执的人认为语言是不可规划的，那么他肯定错了。他不要以为他没有正视过语言规划就认为语言不可规划。他也不能因为他觉得自己能说会写，并且他从来没有接受过语言规划教育，就否认语言规划的存在。那样的话，他就错了，他说的话、他写的字无不受到历史上曾经出现的语言规划的影响。如果他还不承认，那么他写的字为什么不是甲金大篆呢？

总之，语言是变化的，但是，语言是可以规划的。语言规划是立足于接踵而来的动态的"今天"，面向相对的"未来"的工程。

五　语言利益无法回避

语言规划与语言利益紧密相关，然而，语言利益往往只能偏重于大多数人的语言利益（社会公益），至于如何对少数人的语言利益进行救济则比较复杂。所谓的"民主"只能是少数服从多数，"少数服从多数"是大多数国家的一种政治组织原则，"民主与集中"始终无法分离，这种政治哲学的研究本文不拟深入，但是，我们也无法隐匿这个问题而蒙蔽人们。利益冲突，在阶级社会里永远都无法避免，但是，不管存在多少利益冲突，人们依然存在着各种各样的共同的需要，存在着公共秩序和公共政策的需要，这些公共政策、公共秩序是当今世界里国家、国际社会赖以存在及其和平发展的重要保证。语言规划，为当今社会的和平与发展做出了自己的贡献。

---

① 赵元任：《语言问题》，商务印书馆 1980 年版，第 10 页。

② 同上书，第 39 页。

第二节　语言规划研究的主要内容

各国的语言规划具有一定的共性，也有一些自身的特点。就中国来说，语言规划一般包括三个方面的主要内容：语言本体规划、语言地位规划和汉语国际教育规划。

一　语言本体规划

语言本体规划，又叫语型规划，是指建立统一的语言标准和规范，实现语言的标准化。语言本体规划是语言规划得以实施的基础。

语言本体规划，主要涉及口语、文字和书面语系统。语言本体规划主要包括：（1）语音的标准化（定音）；（2）文字和词汇的标准化（定形和定量。另外，还包括民族文字的创制问题）；（3）语法的规范化（词汇的搭配关系和词汇的组合顺序，可以称为定性和定序）；（4）新词新语的整理与规范（定时）；（5）方言和普通话的关系（定地）。所有这些"定"（定，即规定、规范化），都是语言本体规划的关键所在。

没有规范就没有标准，也就无所谓有语言本体规划，在一定程度上也可以说就没有语言学。试想，如果没有语法规范化，任意的语法组合都是语言规则，那么，也就没有了语法规则，从而也可以说就不可能会有语法学。不独语法学如此，整个语言学也是这样。

此外，语言本体规划还要包括科学技术术语的标准化。术语的统一是共同理解的基础，是保证科学技术无阻碍发展的重要条件。

语文工具书的编纂工作，似乎也可以列入语言本体规划的范畴。只是这种工作是建立在已有的语言标准化的基础上进行的，也就是说，语文工具书本身不必担负起制定语言标准的责任，它只需要尽量贯彻、执行和引导这些语言规范标准的使用即可，同时，人们对语文工具书主动作为标准语言的典范也持肯定态度。语文工具书对语言的规范作用，特别是对中小学生来说作用很大，使用字典词典伴随着很多小学生的整个识字过程。当然，语文工具书与语言规范的关系，还与词典编纂的理念有关。

首先要有标准，才有可能推广这些标准，语言规划同样存在"不以规矩，无以成方圆"的问题。关于语言不立标准、放任自流的做法，以后的章节里会有所涉及，这里不详细说明。语言标准化不是一成不变的，语言规范是一种动态的规范，也是一种开放性的规范，但语言规划不是一种没有规范的规范。

有了语言标准，进一步的工作就是推广。"推广全民共同语和民族标准语是语言本体规划最重要的工作，在语言、方言复杂的国家里，这一工作尤为重要。"[①] 不进行推广的语言标准，对语言规划来说毫无意义。语言标准是用来推广的，所以，在制定标准时一般也要考虑到某些语言标准的学习难度、接受难度的问题。

笔者认为，语言标准的推广是针对特定的语言使用领域而言的，也就是说，语言本体规划还涉及语言的使用领域问题。确定官方语言，就是确定官方语言使用领域（场合、环境）的问题，官方语言并不规定语言使用的私人空间。科学技术术语的规范，主要是针对科学技术领域，科技产品的"俗名"并未完全杜绝，也没有必要让它杜绝。

二　语言地位规划

语言地位规划是选择某一种或者某几种语言，确立该语言的相对地位，使该语言成为官方语言或者媒体、教学语言，等等。语言地位规划涉及语言的声望，所以，有时也叫作语言的声望规划。

语言地位规划的内容主要有：配合政府制定语言政策，选择、确定标准语、共同语或官方语言，协调语言关系，保障公民的语言权利，等等。通常，许多学者把"创造、改革文字"归为语言的地位规划[②]，这是有道理的。但是，创造、改革文字既是语言地位规划，又是语言本体规划，笔者认为，相比而言说它是语言本体规划更合适。

语言地位规划通常从三个角度来进行分类：一是区域的角度，二是人群群体的角度，三是口语和书面语的角度。（1）从区域的角度，一般可以分为官方语言（全国范围内使用的语言）、区域通用语言和方言三个层次。（2）从人群使用的角度，可以分为政府工作语言、教学语言、行话、宗教语言等。通常所说的"领域语言"，就对应着不同的人群群体。（3）从口语和书面语的角度，分为口语的地位规划和书面语的地位规划。但是，口语和书面语是紧密相连的，不同于古代的言文分家。

---

① 陈章太：《语言规划研究》，商务印书馆 2005 年版，第 12—13 页。

② 如陈章太、郭龙生等。

另外，媒体语言较为特殊，可以分为全国性媒体语言（如网络语言、卫星电视语言）和区域媒体语言（如只对本地区服务的县市级媒体使用的语言）。媒体语言的使用人群基本上是跨人群的，各阶层各类人群都可能成为媒体语言的受众，但就目前来说大多数媒体语言（网络聊天语言除外）都是单向的，信息的发送和接收并不对等。如果把它单独列为"语言传播规划"，那么，媒体语言这一特殊情况将不再与语言地位规划的上述三个角度的分类相矛盾。

三　汉语国际教育规划

语言规划不仅是在一个国家的行政区域内对本区域的语言使用进行规划，还涉及语言的国际影响和国际传播的问题，这就是"语言传播规划"（当然，语言传播规划理应包括在本国内的语言传播规划。但是，这里特别突出面向国外的语言传播规划，即汉语国际教育规划）。

语言传播规划主要包括"确定传播范围；确定传播手段、方式与途径；建立传播机构与组织；组建传播队伍；完善相关法律规章，促进传播；传播语言是为了传播文化和价值观念"等[①]。这种类型的语言传播需要与新闻传播学等学科结合起来研究，需要语言行政管理机关与广播电影电视部门协作起来才能够产生理想效果。我们在这里所说的语言传播规划，更侧重于从语言教学的角度来谈论这个问题。

就汉语而言，我国的语言国际传播规划，可以称为"汉语国际教育规划"，包括海外华人社区的汉语教学和对其他外籍人员的汉语教学，当前的主要形式是外派汉语教师、国内大学接纳外国留学生和在国外设立孔子学院等。汉语国际教育是语言规划的一个重要组成部分，它是将一个国家纳入国际大背景下进行的语言规划，其基本立足点应该定位为向国际社会传播中华优秀文化和在国际社会中争取更大的国家利益，可以说，汉语国际教育规划是我国语言、文化、经济、政治、社会等多方面的要求。

汉语国际教育，应当是建立在语言本体规划的基础上的语言本体规划与语言地位规划的综合。汉语方言分歧大，汉语国际教育主要就是汉语普通话的对外教学。汉语国际教育规划的相关问题，在本书的第六章"我国的对外汉语战略"部分有简单介绍，可资参考。

---

① 郭龙生：《略论中国当代语言规划的类型》，《语言教学与研究》2007 年第 6 期。

四 本节小结

综上所述，语言规划的三个方面是相互联系的，语言本体规划是语言规划的基础，语言地位规划是语言本体规划的保证，汉语国际教育规划是面向世界的"大汉语"的语言规划。

有关语言规划的许多争议都是由语言本体规划引起的，有一个现成的、良好的、规范的本体语言是一种理想状态，如果能够找到一种理想状态的语言并且是现成的，那么，人们对语言规划应该都是欢迎的。正是因为很难找到这么一种现成的理想状态的本体语言，所以 Halliday（1990）说"语言规划活动的重点在制度，而非本体，也就是说，它规定的不是语言形式，而是语言与其使用者之间的关系"[1]，这是回避问题的一种方法。事实上，语言本体规划是语言规划中最为重要的内容——这也是语言规划这门跨学科的研究主要属于语言学的缘故，如果不是这样，把语言规划这个学科划入公共政策学、政治学、经济学等皆无不可。

汉语国际教育的实际情况对语言本体规划提出了修订的要求，语言本体规划不仅局限于国内的汉语使用的实际情况，还要照顾到海外华人对华语使用的要求和外国人学习汉语的需要，这就是有利于"大汉语"发展的语言本体规划，周小兵认为这是"大汉语原则"[2]。

就当前来说，语言规划的这三个方面，紧密联系，缺一不可，不能孤立地去看待它们。

语言规划的具体内容有，"（1）贯彻、体现国家在语言文字方面的政策；（2）确立语言地位，协调语言关系；（3）制定语言文字及其应用的规范标准和法规规章；（4）加强语言文字的规范化、标准化；（5）确定语言规划实施办法。此外，语言规划还要考虑如何协调、发挥相关机构、部门的作用，如社会团体、学术机构，以及教育、传媒、商贸、文艺、信

---

[1] 刘海涛：《语言规划和语言政策》，教育部语用所社会语言学与媒体语言研究室：《语言规划的理论和实践——第四届全国社会语言学学术研讨会论文集》，语文出版社 2006 年版，第 56 页。

[2] 周小兵：《对外汉语与语言规划》，教育部语用所社会语言学与媒体语言研究室：《语言规划的理论和实践——第四届全国社会语言学学术研讨会论文集》，语文出版社 2006 年版，第 157 页。

息、宗教等部门"①。这里列举的所有内容，基本上都是以语言政策为中心向四周展开的，而语言政策是语言行政管理部门的重要工作内容。正因为如此，研究语言规划的学者相对说来数量不多，这些学者主要集中于国家语委、教育部语言文字应用研究所等机构。除了这些机构的学者外，真正投身语言规划研究的学者数量有限，并且许多语言学学者认为语言规划是"他们衙门的事情""不是我们的事情"，因而，学习、关心、参与、留意语言规划研究的学者数量并不多，这不是正常的现象。语言研究，不应忽视语言文字的应用研究，从事语言文字的应用研究就不得不了解语言规划的内容。语言规划的内容应当远远多于语言政策的内容，这就需要语言学学者、其他学科的学者广泛参与到语言规划研究中来，只有这样，语言规划研究才不再是"圈内人语"，才能够扩大语言规划研究的影响力。语言规划包括语言政策，但又不仅仅是语言政策。

语言本体规划、语言地位规划，主要是从一个国家内部来说的，类似于一个国家的"内政"问题，而汉语国际教育规划主要是从一个国家以外的国际社会来说的，类似于一个国家的"外交"问题。当然，我们也可以把汉语国际教育规划融入语言本体规划和语言地位规划当中去，这样，语言规划的研究就可以分为语言本体规划和语言地位规划两大类，但是，我们考虑到汉语国际教育有一些自身的特殊情形，这种情形有别于一个国家内部的语言规划，所以，我们采用了三分的分类方式。

第三节　语言规划的研究对象

语言规划的研究对象是关于语言使用的各种语言关系，这又涉及语言态度、语言制度和语言集团等问题。

一　语言关系

语言规划的研究对象是语言社会的语言关系。关于语言关系，以往的认识有，（1）"语言关系（linguistic relationship）是指不同语言之间在语言结构特点和语言使用功能上的相互影响和相互制约的关系。这里所说的不同语言，既指有亲属关系的语言，又包括无亲属关系的语言，既包括语

---

① 陈章太：《语言规划研究》，商务印书馆 2005 年版，第 9 页。

言，也包括方言"①。（2）"语言关系是指不同民族之间由于社会、文化的相互接触、影响，而在语言上出现的种种关系"②。这两种认识中，（1）是包含（2）的，它们都是立足语言类型（方言类型）的角度来立言的。

我们认为，语言关系更应该从语言集团的角度来进行说明，语言关系既体现了不同语言（方言）之间的关系，也体现了不同的语言（方言）的持有者即不同的语言集团之间的关系。所谓语言集团，是指"一些具有共同的语言特征、共同的语言态度或情感、共同的语言要求的社会成员所形成的社会群体"③。例如，我们可以把同一个方言区里的人们看作同一个语言集团。语言集团，实际上也是一种利益集团，集团内部的人们在语言上有共同的利益趋向。

语言集团的存在可以有多种维系，如血缘、地缘、文化一致性、政治一体化、宗教信仰等因素。"大多数持久的集团，不论是小到面对面交往的伙伴，还是大到尚可分为地区的现代国家，或是同业协会，地段团伙，只要表现出值得研究的语言特色，均可视为言语共同体。"④

有关语言关系的问题主要包括：不同语言集团间能不能找到共同语，如果没有共同语能否找到或者创造出彼此之间都接受的通用语？不同语言集团的语言与共同语（通用语）的关系如何？不同语言集团对共同语（通用语）的态度怎样，对语言的认同感如何？不同语言集团之间的语言消费靠什么样的机制进行协调？不同语言集团之间的语言生产与语言消费之间的关系？不同语言集团之间的语言利益关系如何？

语言关系表现在语言上主要有如下一些类型：强势语言（方言）与弱势语言（方言）的关系；新词新语的产生和语言（方言）的消亡的关系；因语言（方言）接触造成的语言（方言）替代、融合、洋泾浜化、克里奥尔化；大区域通用语和小区域通用语。语言关系不是一成不变的，它随着社会因素的变化而变化。语言关系的变化，不排除语言自身的原因，但是，更多的时候可以从语言本身以外的社会经济、政治、文化等方

---

① 戴庆厦：《语言和民族》，中央民族大学出版社 1994 年版，第 60 页。

② 道布：《中国的语言政策和语言规划》，《民族研究》1998 年第 6 期。

③ 姚亚平：《中国语言规划研究》，商务印书馆 2006 年版，第 77 页。

④ ［美］约翰·甘柏兹：《言语共同体》，祝畹瑾：《社会语言学译文集》，北京大学出版社 1985 年版，第 36 页。

面找到原因。"语言的不断改变是自然①的现象，也是不可避免的。其原因是心理语言学和社会语言学这两种因素的结合。"② 语言接触可能会造成语言的消亡，"一种语言的死亡，并不是因为一个人类社会忘了怎么说话，而是因为政治或社会的原因，另一种语言把原有的一种语言驱逐出去而成了主要语言"③。我们可以这样认为，只要某个区域还有人生存着，该区域就不会发生语言消亡的事情，所谓的语言消亡也无非是一种新的（或者外来的）语言取代了原来的语言。对待语言濒危的态度，不能与生物物种的濒危等同起来，它可能与人们的保守思想和怀旧心理有关。语言关系还表现在语言的微观变化上，那就是语言变异。语言变异是普遍的现象，语言无时无刻、无处无地都在发生或多或少、或大或小的变异。语言变异，我们可以看作语言（方言）与语言（方言）变体之间的关系。

关于语言关系变化的原因，社会的因素要超过语言自身的因素，与语言集团的心理因素有很大的关系。语言集团的心理因素，主要就是指语言态度，语言态度是语言关系变化的重要原因。

二 语言态度

以往的学者对语言态度有过一些研究，语言态度的概念、语言态度的相关介绍，简单列举如下。

（1）"语言观念④又称语言态度（language attitude），是指人们对语言的使用价值的看法，其中包括对语言的地位、功能以及发展前途等的看法。语言观念是文化观念的一个组成部分，是文化观念在语言上的具体体现。"⑤

（2）"语言态度是一种社会心理现象，与政治、经济、文化、民族、宗教等非语言因素有密切关系。语言态度不同于语言观，语言观是人们对

---

① 作为外文汉译，该处译为"必然"可能比"自然"更合适、更恰当一些。

② ［英］爱切生：《语言的变化：进步还是退化》，徐家祯译，语文出版社1997年版，第290页。

③ 同上书，第261页。

④ 在汉语语境中，我们很少说"语言观念"，有时却会说"语言观"。我们所说的"语言观"通常包含了说话者对"语言学"的某种学术意识，这基本上就与"语言态度"无关了。在下面的自然段中，（2）引文"语言态度不同于语言观"使用的就是"语言观"。

⑤ 戴庆厦：《社会语言学教程》，中央民族大学出版社1993年版，第144页。

语言的总的看法和认识，探讨语言的本质，回答什么是语言，决定于不同的世界观和哲学观念。语言观是对语言理性的认识，语言态度则是对语言的心理性反映、主观性评判和功能性选择，决定于语言使用者的心理素质、语言的功能价值和上述的非语言的社会因素。语言观指导并决定人们研究语言的理论和方法，语言态度则影响人们对语言的应用，包括语言的选择、教学、规范、规划和发展等。区别语言观和语言态度是正确认识语言态度的基础。"[1]

（3）一个群体的语言态度是多种社会因素综合作用的结果，它往往与该群体所处的政治、经济、文化、宗教等非语言因素关系密切[2]。

（4）语言态度是社会态度的体现，社会发展、文化背景、性别、年龄、社会群体的紧密程度等都与语言态度有密切的联系[3]。

（5）"语言态度（language attitude）是指个人对某种语言或方言的价值评价和行为倾向。"[4]

（6）"语言态度不是与生俱有的，而是在后天的社会交往和言语互动中逐渐形成和发展起来的。语言态度对语言的发展、消亡，乃至人们的语言行为都具有重要的影响，但对于什么是语言态度，语言学界还没有一个完全统一的概念。克里斯特尔（Crystal 1992）认为，语言态度是人们对自己或他人语言的看法。法佐尔德（Fasold 1984：148）指出，在一些情况下语言态度被严格地限定为对语言本身的态度，然而语言态度最常用的概念还应包括对操特定语言的讲话人的态度，如果定义再宽泛一点，它还包括对与语言有关的各种行为的态度。特鲁吉尔更具体地指出，语言态度是人们对不同语言、方言、口音和其讲话者的态度，这些态度从肯定的到否定的不等；这些态度不仅在对讲话者的个人品质的主观评价中得到了显示，而且在对变体的'正确性'、作用、美感等属性的主观评价中得到了表现（Trudgill 2003：73）。人们发现对语言及其变体的态度似乎被限定在对人群的态度上。普雷斯顿指出：'一些群体被认为是体面的、勤劳的、智慧的，并且他们使用的语言或变体也是如此；一些群体被认为是懒

---

① 劲松：《语言态度与双语现象》，《双语教学与研究》1999 年第 2 期。

② 张积家、杨卓华、朱诗敏：《广东大学生对普通话和粤语的印象》，《心理学探新》2003 年第 1 期。

③ 郭熙：《中国社会语言学》，浙江大学出版社 2004 年版，第 74—75 页。

④ 游汝杰、邹嘉彦：《社会语言学教程》，复旦大学出版社 2004 年版，第 83 页。

惰的、傲慢的、拖沓的，并且他们使用的语言或变体也是如此……就民间的看法来说，这种联系是明显的，甚至延伸到语言或变体本身的语言细节中。德国人是严厉的，所以才会听到他们刺耳的腭辅音；美国南部的人是悠闲的、懒散的，所以才会听到他们懒散的被拉长了的元音……'（Preston 2002：40—41）。人们对不同语言的反应就体现出了他们对操该语言的说话人的态度。事实上，群体成见和语言事实间似乎也存在某些关联，这就为听话人了解说话人所属的群体身份，引发听话人对说话人所属群体的看法提供了线索，也使语言态度的测量成为可能。"①

学术界关于语言态度的介绍，还有一些，这里就不再去一一列举了。概括来说，语言态度就是语言集团的心理态度的一种，是对语言的偏好与评价、选择与背离。语言态度的差别很大，特别是对不同的语言集团来说，他们的心理上的保守与开放，安于现状与喜变乐新，饱暖思淫与乞食求生，善于交际与不善言辞，等等，语言态度和语言集团的这些心理状态与生存状态密切相关。当人们为了生计而奔波时，其语言态度是对语言的选择不加挑剔，只要能够挣钱能够养家糊口，听什么话说什么话，都无所谓，心理上没有太多对语言的要求。因为政治变故，语言态度表现为忠诚（或者是保守）态度的情况是存在的，比如说，法国小说家都德写的《最后一课》，就反映了普法战争结束后普鲁士对法语的摧残，法国人对法语表现出了极大的爱国热情。当然，《最后一课》是一篇小说，并非纪实文学。在一般情况下，经济地位的不同对语言态度的影响很大，影响面也很广，而政治的原因对语言态度的影响面可能会小一些。

语言集团的语言关系是很复杂的，其复杂性主要表现在两个方面，"从交往需要来看，各集团总要进行社会交往，这就会对民族共同语产生认同和归依，对其他集团语言产生认同或承认；但同时，从语言态度和语言情感来看，各集团又总会强调自己集团的语言个性，总是力图在全社会的融合与整合中，强调对自己语言特征的突出与保存，比如人们对自己的民族语言、方言、乡音都有强烈的依恋"②。这种"认同或承认"和"依恋"就是语言态度的表现。如果涉及民族关系，共和国与联邦之间的关系，国家与国际社会之间的关系，等等，这时的语言关系就更为复杂了，

---

① 徐大明：《语言变异与变化》，上海教育出版社2006年版，第80页。
② 姚亚平：《中国语言规划研究》，商务印书馆2006年版，第83页。

语言态度也表现出许多不一致的情况。所以，在处理语言关系的问题上，一般要谨慎、稳重、全盘考虑，不可轻率、不可大意。

关于语言态度的具体情况，当前我国社会不同阶层的人、不同民族的人的语言态度的状态和变化这一些内容，在本书的其他章节要具体介绍，在此不作详细分析。语言态度的研究应当是实证的，是建立在调查研究的基础之上的。

三　语言制度

语言制度，是指"一套语言规则，但这种规则不是指语言本身的语音规则，语义规则或语法规则，也不是指一个人或一个阶层在一定语境中运用语言的修辞规则和语用规则，而是指一个社会共同体用来安排各社会集团相互间语言关系的规则。具体来讲，语言制度有三个涵义：一是指语言地位的制度安排，即对全国通用语的选择与确定，同时，对其他语言和文字的安排。一个民族、一个社会、一个国家的人们一直说什么语言，这是一种习惯，但如果这个民族、社会、国家会说几种语言，如果组成这个民族、社会和国家的各语言集团所操语言、方言各有不同，那么，是选择其中之一种或几种，还是另选一种作为国家的官方语言或通用语言，则是语言制度。二是指文字的创制与选定制度，选用什么文字或怎样创制文字来记录语言，对现行文字要不要和怎么样改革与整理，也是文字制度。三是指语言文字的教育制度，即在一个地区、一个学校选定何种语言或文字进行教学，另外，还包括第二语言教学、双语教学、聋哑盲教学等各类语言教学中的语言问题"①。简言之，语言制度就是把语言本身和语言使用纳入社会制度的范围，把它作为社会制度的一个不可分割的组成部分。

语言学的本体研究，也会涉及语言制度。比如，我们经常说"语言是约定俗成的"，"相对稳定的语言规则是人们能够相互理解话语的重要基础"，等等。"约定俗成""能够相互理解"无不体现了一种语言制度，语言本身就是社会制度的一种，语言是语言制度的元制度。语言规划研究，就是一种对语言制度的规划。

制度语言学，是指"研究语言制度、从制度角度研究语言问题的科

---

① 姚亚平：《中国语言规划研究》，商务印书馆2006年版，第93—94页。

学"①。关于制度，我们可以认为"制度就是稳定的、受尊重和周期性发生的行为模式"②。制度研究是社会科学研究的重要内容，历史学不能忽略社会制度的变迁，政治学要分析各种社会制度，经济学中有一个分支学科叫制度经济学。制度经济学对语言制度学的研究已较为深入。

语言制度的研究方法，"不局限于语言本身的结构分析，不只分析普通话和方言之间的对应关系，而采取社会结构的分析方法，强调分析语言集团的语言关系；不是单纯地从语言结构或语言历史来判断某种语言措施或政策的好坏，而是加进了其他因素，比如关注社会共同体中各语言集团的关系和矛盾，研究为处理这种语言关系与矛盾应作出何种制度安排和采取何种语言政策。"③ 我们认为，语言制度的研究方法，除了关注语言学本体的研究外，更要注重社会学的研究方法、制度经济学的研究方法。

四 语言集团的存在

除了以上语言关系、语言态度和语言制度以外，还有一个问题需要涉及，那就是：社会存在中有没有群体（包括民族、国家等概念）这种实体？如果不承认群体（集体），只承认个人，那么，语言关系只是个人与个人之间的关系。许多政治学理论、哲学理论都指出，群体集体只是一种想象的存在，并非真实存在，民族和国家其实仅仅是一个"想象的共同体"。关于这方面的内容，在本书的其他章节会略有涉及，在此不多叙述。

我们暂且认为，一个社会一个国家内部，存在一个个不同的群体，并且这些不同的群体往往以群体内部的语言基本一致、群体外部的语言分歧很大为表征，这是语言集团存在的前提（即：承认集体的存在，而非只承认个人不承认集体）。一般认为，一个国家内存在着不同的群体，并且群体的层次大小也很不相同，大的群体里可以套装着一些小的群体，可以说整个世界就是由一个个错综复杂的群体群组成的。对于同一个语言集团来说，群体内部的语言具有相对的一致性。这些不同语言集团之间的语言

---

① 姚亚平：《中国语言规划研究》，商务印书馆2006年版，第94页。

② ［美］塞缪尔·亨廷顿：《变化中的政治制度》，王冠华等译，三联书店1989年版，第12页。

③ 姚亚平：《中国语言规划研究》，商务印书馆2006年版，第99—100页。

关系就是语言规划研究的主要内容。

五　语言的一般等价物

社会经济史一般认为，在私有经济的产生与发展过程中，商品交易经历了两个发展阶段：一个是"物物交易"阶段，另一个是"货币流通"阶段。货币为商品交易提供了一个公共平台，使商品交换的公平和效率都得到了极大的提高。

许多国家为什么要对语言本体进行规划呢？因为在语言的生产和消费这一特殊问题上，理论上，人类可以生产出无穷多的语言类型，但是不能保证每一种语言类型都能够得到语言消费者的普遍认同。人们根据什么来判断：奥巴马讲的是英语，普京说的是俄语，它们都是语言？又为什么说猴子的叫声不是语言，狼的嚎叫只是怪叫呢？因为狼和猴子的"语言"得不到人类消费者的认同。如果一个人创造出只有他自己能够懂的语言，那其实如同狼、猴怪叫，是不可以称其为语言的。语言是一种产品，产品的类型千差万别，而语言是需要交流的，这就可以拿商品来类比。

随着生产力的发展，在人类社会早期逐渐出现了剩余物品，这些剩余物品就可以用于交换。在人类历史上，最初的交换可能只是物物相易，到了后来出现了用贝壳、食盐等作为中介物，后来又用银子、金子作为中介物，这就是通常所说的"一般等价物"，"一般等价物"是方便交换的需要。人类对标准语的寻求，对语言标准化的渴望，其本质上，就是对"语言的一般等价物"的探求。这种"语言"的"一般等价物"是当今社会发展的需要。语言规划也起到了这么一个"货币平台"的作用，当语言集团的数量大于两个时，语言规划的意义就很重大。

目前我国的方言分歧严重，语言规划是协调不同语言集团的重要的手段，也是协调不同语言集团的语言关系的最佳选择。而这样的语言规划，就必须跳出个别语言集团的狭隘视角，找到一个公共权威来实施语言规划，所能找到的公共权威一般就是国家的政府机构，所以，一般情况下，语言规划的行为主体是国家的政府机构。国家政府机构通过语言规划手段来协调各个语言集团的语言关系，这是语言规划的重要任务。

六　本节小结

语言规划研究的主要内容是不同语言集团的语言关系，语言关系在人们的群体性心理上会表现出不同的语言态度。语言制度是对语言关系的制度安排，语言规划研究离不开对语言制度的研究。

第四节　语言规划的原则和任务

本节主要包括语言规划的原则和语言规划的任务两部分内容。

一　语言规划的原则

语言规划是否需要遵循一定的原则呢？关于这个问题，我们认为，在考察古今中外的语言规划实践的基础上提出一个宏观的原则是可能的，并且，这些宏观原则也可以用来指导未来的语言规划实践。当然，每个国家某一时期的语言状况和语言关系都有其特殊性，要想找到一个放之四海而皆准的微观的"语言规划原则"是不可能的。也就是说，语言规划的原则，其实主要是指语言规划实践的经验总结和语言规划研究的理论预期，语言规划的原则并不完全就是语言规划实践的"原貌"再现，也不是语言规划理论的纯理论性的演绎，它是建立在实践与理论的基础之上的。

由于语言规划的原则主要是宏观的，所以，我们一般称之为"语言规划的基本原则"，以突出其中的"基本"之义。在这里，为了叙述的简洁，径直称之为语言规划的原则。

以往的语言规划研究中，已有一些对语言规划的原则的介绍，陈章太的《论语言规划的基本原则》总结为，"从看到的一些文献，国外有些论著已有所涉及，如 E. Haugen（1984）提出语言规划的效率性、适合性和可接受性。国内有些论著也有所论述，于根元（1992）较早明确提出这个概念，提出制定语言计划要遵循科学、适用、稳妥、动态的原则，并对这些原则作了简要的说明；许嘉璐（1999：178—180）指出语言规划应遵循科学性、前瞻性、可行性原则；施春宏（2000）提出语言规划的原则是多层次的：第一层级是总原则，第二层级是一般原则，第三层级是具体原则，具体原则之下还可以有更具体的原则，以及下位具体原则；邹韶华（1996）概括前人关于语法规范依据的两个原则，即以逻辑事理为主的理性原则和以流行程度为主的习性原则；还有一些学者提出硬性原则、柔性原则和得体性原则等（陈章太、戴昭铭等1999）"①。需要指出的是，关于语言规划的原则，许多介绍是散见于语言规范化、现代汉语语法研究、异形词整理等具体的研究之中，这些内容也值得去全面地挖掘。

语言规划的原则，主要包括科学性原则，政策性原则，稳妥性原则和经济性原则（陈章太，2005）。这里提出的四项原则，主要是针对语言政策的制定与实施来立论的，语言政策不是语言规划的全部。所以，我们认为，语言规划研究不能仅仅局限于对语言政策的研究，语言规划的理论研究同样很重要，不能让理论研究滞后于实践本身。同时，如果我们从另外的角度来总结语言规划的原则，我们可以认为语言规划要遵循政治原则、经济原则、区域性原则、文化原则、公共政策学原则和心理学原则，这是以学科分类来确立语言规划的原则的，突出了语言规划的跨学科性，这样总结语言规划的原则也许是合适的。

关于语言规划的上述四个原则，我们可以做进一步的分析。语言规划的科学性原则，是指"制定和实施语言规划，要符合语言的发展规律和语言生活的特点，以及与之相关因素的实际，符合社会和群众的需要，使语言具有完善的交际功能，并正确有效地引导语言生活的健康发展。语言规划的科学性原则，具体包括求实性、动态性、人文性、系统性和可行性"（陈章太，2005）。求实性不难理解，我们不再详细分析。动态性，已经为语言学家们所认可，语言规划不是一成不变的，不是僵死的，而是阶段性的，是运动与静止的辩证统一。只考虑静止是"刻舟求剑"的行为，船已经走了，船上的刻痕还在那里；只强调运动，是"人不能两次踏入同一条河里"的论调，其结论是"此河非彼河，此人亦非彼人"，那样的话，人已经迷失了。从这一点上来说，语言规划的动态性，确实有一种"中庸之道"的味道在里面。人文性，是指"制定、实施语言规划，要充分考虑与语言关系密切的社会、文化、心理、观念、伦理、习俗等人文因素，以及语言使用者人的因素，充分体现人文精神"（陈章太，2005）。系统性也容易理解。可行性，主要侧重于可操作性强。"可行性"是一个过于普通、过于"一般"的词语，我们似乎可以说成"可操作

---

① 陈章太：《论语言规划的基本原则》，《语言科学》2005年第2期。本节引用陈章太这一篇文章的地方较多，为节约篇幅，其他几处引用直接在正文中以"（陈章太，2005）"的形式来标注。

性"，这样似乎更"专业"一些，也更具体明了一些。

语言规划的政策性原则，主要包括政治性、群众性、理论性原则。

语言规划的稳妥性原则，主要包括传承性、宽容性、渐进性原则。

语言规划的经济性原则，主要包括简便性、适用性、效益性原则。

总之，"语言规划的基本原则是语言规划中带有全局性的问题，它的正确与否，直接关系到语言规划的效果与声望。语言规划的主持者、制定者、实施者，应当依据语言、国家、社会与群众等的实际情况与需要，正确、恰当地确定语言规划的基本原则，以便有效指导语言规划的制定与实施，使语言规划取得成功，在社会生活和语言生活中发挥积极作用"（陈章太，2005）。

郭龙生概括的"中国当代语言规划方法论原则"主要包括：实事求是原则、与时俱进原则、辩证统一原则、积极稳妥原则①。

其他的关于研究语言规划的原则的专论，并不太多，有些关于语言规划原则的论述分散地隐藏于具体的语言学论著当中。

在我们看来，关于语言规划的原则问题，最需要注意的是语言规划的政治原则、经济原则、文化原则、区域性原则和可操作性原则，这种概括应该有其合理性。区域性原则是政治原则、经济原则、文化原则的一个内含原则，政治、经济、文化都具有区域性，超越空间的"普世"政治经济文化是不现实的，也可以说是不存在的。可操作性是对政治原则、经济原则、文化原则的一个限定，对政治经济文化的外延加以限定，并非所有的政治原则、经济原则、文化原则都具有可操作性。

我们在讨论语言规划的原则的时候，其实，需要一种轻松的气氛（当然，严肃是需要的），不能把太多的功与过归因于某些原则。也就是说，语言规划的这些原则，可以用来指导我们的语言规划实践，但是，这些原则需要灵活运用。至于语言规划的成败，受制于太多的因素，并非只要有正确的原则就一定能够使语言规划成功。

二　语言规划的任务

语言规划的任务是指语言需要对社会所起到的作用，也可以说，是语言规划对社会发展需要做出的贡献。语言规划的任务也与语言规划的实现

---

① 郭龙生：《略论中国当代语言规划的方法论原则》，《学术研究》2006 年第 12 期。

程度有关。

语言规划的任务，姚亚平的《中国语言规划研究》归纳为三大基本任务：

一是提高全社会的语言交往效率。"语言规划必须着眼于全国范围内整体语言交际效率的提高，整合社会的语言资源，让社会成员能够充分地使用各种语言资源，从而获得更大的语言资源使用效率"①。我们认为，在讨论语言规划对提高社会交际效率的时候，有必要分析一下"效率"问题在当今中国的重要性。中国目前还处于发展中国家这么一个位置，发展的任务很重，所以，在效率与公平的发展顺序上，中国选择了"效率优先，兼顾公平"的原则。这一个社会背景很重要，它也规定了语言规划必须服从效率的原则。

二是提高语言的社会凝聚力。"对于民族和国家来说，语言是民族团结、国家统一、社会凝聚的基本条件之一。"② 社会凝聚力，进一步讲，就是可能造成国家分裂或统一的推动力，古今中外的许多国家的分裂或统一都与语言有关，这部分内容可以参考本书中的"论语言政治"一节的内容。

三是提高本国语言的国际影响力。"当今世界，各国为了增强自己的语言经济力，大力实行语言推广政策。语言经济力是指某种语言使用地区或国家的国民生产总值占世界国民生产总值的百分比。"③ 这里所说的"语言经济力"固然是语言国际影响力的一种表现形式，但是，这项指标还不如说成"经济发展对语言扩张的宏观指标"，因为语言和经济已经形成了一种互为因果的关系，不是单向的谁决定谁。并且，不管是经济的发展还是语言的扩展，都是多因素综合作用的结果，语言不是经济发展的唯一因素，经济也不是语言扩张的唯一因素。我们认为，在既定的国情国力的基础上，大力发展汉语国际教育，积极向外国介绍、推销中国的语言文化，这是提高国际影响力的重要途径。

我们认为，语言规划的任务集中体现为五个方面。（1）语言规划能够促进国家"政通人和"。（2）语言规划服务于国家的"团结统一"。

---

① 姚亚平：《中国语言规划研究》，商务印书馆 2006 年版，第 70 页。

② 同上书，第 71 页。

③ 同上书，第 74 页。

（3）语言规划致力于国家的"繁荣昌盛"。（4）语言规划能够保障人民"安居乐业"。（5）语言规划可以实现"平等外交"。这五个方面，前三个方面体现为国家的内政，第四个方面体现了人民当家做主的地位，这四个方面也是"和谐社会"的重要表现。第五个方面涉及一个国家的外交问题。在外交方面，一直存在着"弱国无外交"的现实，同时，"不了解就可能有敌意"，对不了解的人和事保持警惕甚至敌意是人们的一贯做法。通过语言规划，让更多的国家了解我们，这也是实现"和平外交""平等外交"的一个重要方面。

语言规划的任务，会随着国情国力的发展而有所变化。但是，不管怎么变化，语言规划都要为国家的社会发展服务，是"积极贡献力量"，而不是"拖后腿"造成消极后果。因此，我们需要把语言规划的任务纳入国家每一个时期的情景叙事中来考察，而不是机械地对语言规划做出任务规定。

第五节　语言及语言规划的区域性

论述"语言规划的区域性"不是"语言规划概述"必备的内容，大多数的语言规划研究的著作也都没有突出强调其中的"区域性"。本书比较注重语言规划的"区域视角"。

"区域"是指"包含地理空间因素的人类活动"①。"区域"不限于指称"自然地理"，它包含着更多的关于语言、人和社会的因素。"区域学是社会科学的一门最新学科……采用多重分析与实践研究的综合方式，从地域和空维角度，对社会问题进行仔细、耐心的研究。"② 就语言学而言，历史观念、区域观念是非常重要的两大科学理念。语言规划更注重共时层面的研究，区域观念是语言规划最为重要的理念之一。

一　语言的区域性

方言和共同语的联系与区别主要表现在区域性上，"共同语是一个社

---

① 杨开忠：《区域科学学科地位、体系和前沿》，《地理科学》1999 年第 4 期。

② ［美］沃尔特·艾萨德：《区域学》，徐继成译，辽宁科学技术出版社 1992 年版，第 1—7 页。

会全体成员共同使用的语言，是全民族的通用语言。共同语是相对于方言而言的。方言是共同语的地域分支，是局部地区的人所使用的语言"①。

方言是一种区域性语言。方言具有区域特征，区域特征即"在一定区域之内多种方言所共有的语言特征。区域特征可以是语音的，也可以是词汇的、语法的"，"不同方言之间的共同特征有时是类型上相同的特征"②。语言的类型特征、地理特征和源流特征虽然可以是相关的，却是不同质的，但是它们都可以统一于"区域特征"这一概括：类型特征超乎时空，着眼于结构或功能的类型分析；地理特征是地理上横向扩散而造成的共同特征；源流特征是由于同源关系而形成的发生学上的共同特征③。城市语言调查、社区语言调查、少数民族语言研究等，也都是在特定的区域内进行的，分别针对不同的城市、城市里的不同社区、少数民族聚居区。社会方言也存在于一定的区域之内。

民族共同语是特定民族在居住区域内共同使用的语言，国家通用语是在整个国家行政区内通用的语言。国语、官方语言，也是就特定国家的特定行政区域而言的。人工的世界语，是就整个地球这个大区域来设计的。

在历史语言研究中，诸如对近代汉语官话标准音是南京音、洛阳音还是北京音等问题的争论，也是语言的区域性问题。即使不承认近代汉语官话有标准音，也要承认近代汉语官话要有其核心成分，而这些核心成分必定有其语言的核心区域④。

每一个词都有其区域性。如果把词看作一个相对自足的实体，"随着语言的历史发展，词的这种自足性也在发展、强化"，符号性在增强，理据性在减弱，词的空间区域性不可忽视⑤。"每一个词都有其时代性和地域性。时代性是指词只在一定的时段内使用，地域性是指词只在一定的地域内通行……论证词的时代性和地域性都是难度很大的工作，地域性比时代性更难……有的词从古到今一直使用，它们的时代性表现为'泛时性'。有的词没有地域限制，它们的地域性表现为'泛空性'。既具有'泛时性'又具有'泛空性'的词属于'泛时空性'词。汉语中有一批

---

① 马景伦：《汉语通论》，江苏古籍出版社 2002 年版，第 3 页。

② 李如龙：《汉语方言的比较研究》，商务印书馆 2001 年版，第 30 页。

③ 同上书，第 31 页。

④ 耿振生：《明清等韵学通论》，语文出版社 1992 年版，第 121—126 页。

⑤ 薄守生：《词汇的层次地位和词汇研究散论》，《北华大学学报》2005 年第 2 期。

'泛时空性'词，它们属于基本词汇，比如天、人、手、山、牛、东、来、大、一等。如果从一种语言的通史着眼，具有'泛时空性'的词不会太多，词库中的绝大多数词是有时代性和地域性的。"① 在研究历史词汇时，即使在时间上"错位"的"区域性"都可能有一定的作用，"结合现代方言来研究历史上的常用词变迁，是一个行之有效的办法，也是一片有待开辟的广阔天地"②，更不用说同一时间断面上的区域性了。如同"每一个词都有它自己的历史"③ 一样，我们似乎也可以说："每一个词都有它自己的区域"。

关于方言的区域分界，历来就存在着不同的认识。"虽然方言的存在是毋庸置疑的公认的事实，但是对能不能根据各地方言的不同特点，把方言划分为不同的区域，却有截然不同的看法。在方言学史上有的方言学家认为方言之间没有分界线。方言在地理上是渐变的连续体，在这个连续体的中间并没有一处是截然断裂的。但是方言特点渐变的结果，使处于这个连续的链条两端的方言差别十分明显，而两端的中间只是过渡地带，没有任何边界……另有一种意见认为不同方言之间存在截然的界线，而方言地理学的任务就是去发现这些客观存在的界线。这种想法，大约是受纯粹的自然地理学观念影响的结果，以为方言的界线和自然地理的界线一样，是截然可辨的。这两种说法都有合理的成分"④。当然，我们也可以认为方言不存在界线，"对于整个语言系统存在而言，不存在任何可以分割出来的完整的语言区域。而就语言生存状态的自然空间分布来看，语言区域的界线也只是在相对意义上存在。因此，在全部的语言现象中，没有任何一个被划定了的语言区域是孤立的、封闭的或是一成不变的"⑤，语言的区域界线不是真实的自然区域界线。但是，语言的研究离不开自然的区域，语言的客观存在和语言的主体"语言人"，都离不开自然的区域。

无论全球化会如何发展，任何语言变体的产生，都可以定位于某个起源区域；不管语言成分如何复杂，总是由不同的区域语言的层积、叠加、消亡、增生、互补和影响而产生的，即使成分再复杂的语言，也只能存在

---

① 汪维辉：《论词的时代性和地域性》，《语言研究》2006 年第 2 期。

② 汪维辉：《东汉—隋常用词演变研究》，南京大学出版社 2000 年版，第 21 页。

③ 徐通锵：《历史语言学》，商务印书馆 1991 年版，第 235 页。

④ 游汝杰：《汉语方言学导论》，上海教育出版社 1992 年版，第 42—43 页。

⑤ 裴文：《语言区域划分的时空观设定》，《语言研究》2004 年第 3 期。

于某一些具体的区域之中，无法脱离所有区域之外。总之，语言具有区域性。

二 语言规划的区域性

语言规划具有区域性。从大的方面看，语言规划的主体一般是国家或者特定的地区，它们存在于特定的自然区域之中。从小的方面看，一个国家的语言规划，无不表现为对本国内不同区域的语言的描写、论证、规划和安排，包括对本国内不同区域的语言关系的协调。

语言规划的区域性与语言的区域性相关联，语言规划的区域性离不开语言的区域性，但语言的区域性不能绝对地规定语言规划的区域性，语言规划的区域性还要考虑到语言之外更多的政治、经济、文化、社会的诸多因素。语言研究不是单纯的"自然地理"研究，语言研究无法脱离社会，更无法脱离社会中的人，语言是社会人的语言，不是"动物"语言，也不是"一个人的"语言，社会人是语言的主体。

语言规划是语言学中的一个分支学科，同时，语言规划又与政治学、经济学、社会学等密切相关。"Language planning theory has recently attempted to incorporate wider social, economic, and political concerns, and to explode the myth of objectivity in such activities…western conceptions are not automatically valid for the Third World."① 每一个国家的经济社会发展都存在着区域性的不平衡，这种不平衡也会影响到语言规划的实施。"语言总是与社会、文化、思想共变的，特别是当社会、文化、思想发生根本性变革的时候，语言，尤其是它的书面语言变体，一般也都会随之发生最显著、最深刻的演变，并且使这种演变对社会、文化、思想的变革产生微妙的影响。"② 当然，语言与社会之间的共变并非同构。"For most part, linguistic structure and social structure are isolated domains, which do not bear upon each other."③ 这样一来，语言规划的区域性问题就很复杂了，在语言规划的问题上我们就不能直接生硬地套用"区域性"这一概念。

---

① [English] Robert Phillipson. *Linguistic Lmperialism*. Shanghai Foreign Language Education Press, 2000. p. 86.

② 周光庆：《汉语与中国早期现代化思潮》，黑龙江教育出版社 2001 年版，第 464 页。

③ [America] William Labov. *Principles of Linguistic Change：Social Factor*. Peking University Press, 2007. p. 28.

综上，语言具有区域性，语言依存于一定的区域。语言规划具有区域性，语言规划是针对特定的区域进行的。语言规划的区域性与语言的区域性有关。研究语言规划，从"区域视角"来研究十分必要。这种研究视角能够推动语言规划研究的进一步深入，对建设全面、系统的"语言规划学"学科大有裨益。

第二章

语言规划实践简史

【本章地图】

本章主要包括两节内容，第一节我国语言规划实践简史，第二节国外一些国家的语言规划简况。

第一节我国语言规划实践简史，以历史发展为线索，分别对我国春秋战国时期、秦汉时期、隋唐及其以后、清末到新中国成立前、新中国成立以后五个阶段的语言规划实践加以介绍。对前四个阶段的研究，虽然以往的论述有一些（例如：从汉语规范化史、汉民族共同语发展史等角度的相关论著），但是，这类论述以"只言片语"的介绍居多（并且，几乎所有的人所引证的为数不多的"只言片语"，往往都是那几句相同的"只言片语"），而详细分析的研究很少。本节内容，也同样存在这种缺陷，历史虽长，翔实的内容却不多。现在看来，要想从浩如烟海的历史文献中"披沙拣金"地寻找本来就极为有限的资料，并不是件容易的事情。并且，这类资料，往往是多一条资料不足以推翻其他资料，很难有更多新的价值。在这一点上，我们甚至可以说，对于原本泛泛的历史，我们无法苛责这些历史的泛泛。第五个阶段的研究，资料较多，并且很臃肿、琐碎，对其进行梳理、以简驭繁也是个难度很大的工作。

第二节国外一些国家的语言规划简况，主要介绍了原苏联、美国、法国、加拿大、南非、秘鲁、澳大利亚、新加坡、欧盟等国家（及超国家组织）的语言规划简况。这些介绍也只是简单的介绍，除了相关国家的历史背景笔者查阅了一些历史书外，对语言规划实践的介绍基本上都是在"二手材料"的基础上进行的，这是一个缺陷。完全获得这些国家的"一手材料"，具有很大的难度。另外的遗憾是，国内关于此类研究的许多材料都存在着"辗转借鉴"的情况，许多材料大同小异。研究国外的语言规划实践，存在着很大的难度，因为需要了解那些国家的历史，唯其如此，才不会"断章取义"，而国内真正能够"正确理解"某个国家的"语言规划的历史"的学者为数极少，即使某个学者一直从事"某一个国家的语言规划"研究，他对这些国家的"历史细节"却也很难熟知，所以，不仅仅是笔者，就是对整个中国语言学界而言，研究"国外语言规划史"恐怕都是悲观的（分国别的系统的"语言规划史"研究在国内至今尚未出现，外国历史研究中的"专门史"也尚未把"语言规划"列入专门史的一个学科门类）。对于这类研究，我们恐怕要寄希望于研究外国历史的历史学家，只要他们愿意，哪怕是作为他们研究的"附庸"也是好的。笔者虽然仔细阅读了关于一些国家的历史的书籍，但是，那肯定还是很粗疏的，这也是本节内容的一个缺陷。值得庆幸的是，我们有为自己开脱的"借口"，那就是：我们介绍外国的语言规划实践，仅仅是大体了解一下情况就够了，我们的借鉴不是"仿造"，只要有了这样的立场，我们就不会出现"学习人家，结果学错了，人家原本不是那个样子的"的情况。这种"学习"的观念，李宇明简明扼要地归纳为"了解世界怎样做语言规划"。

　　这两节内容，虽然各有侧重，但它们都属于语言规划实践史的内容。对这部分内容的介绍，主要是为了给以后的各章节奠定一定的基础，本章内容是本书中的基础内容。目前，关于中国语言学史、外国语言学史的著作已有一些了，但是，这些语言学史著作中一般都没有专门针对语言规划史的相关内容。可以说，学术界关于语言规划史的专题研究，目前尚处于探索阶段。

　　本书初版（2009.12）至今已有 6 年多的时间。这 6 年多来，关于我国语言规划史的研究成果很少，单篇论文几近于无，专著、课题也不算多。特别值得一提的是，《民国时期语言政策研究》① 是一部非常优秀的语言规划史专著②，难能可贵。非常遗憾的是，该书的出版并未带动一批同类著作出版。在课题方面，2015 年度国家语委科研项目"明代语言政

---

① 黄晓蕾：《民国时期语言政策研究》，中国社会科学出版社 2013 年版。

② 当然，该书在史料的深入挖掘、在学理的高度提升方面还能够继续完善。

策与语言规划研究"、2015 年度国家社会科学基金项目"民国时期江南语言学家对中国语言政策和语言规划的影响研究"都是很好的选题，相关研究成果值得期待。

最近 6 年多来，涉及国外语言规划史研究的学术成绩很不错。比如说，有少量单篇论文涉及南非、缅甸、菲律宾、乌克兰、吉尔吉斯斯坦等国家的语言规划史。学术著作方面，无论是数量还是学术质量，都可引以为豪。比如说，《国外语言规划的理论与实践研究》① 涉及某些国家的语言规划史，这些国家（地区）包括：美国、加拿大、拉丁美洲、印度、印度尼西亚、新加坡、俄罗斯、波罗的海国家、前南斯拉夫地区、法国、英国、冰岛。在本章中，我们不拟过多地引述《国外语言规划的理论与实践研究》一书，读者如果想要进一步地了解这些国家（地区）的语言规划史，可自行参阅该书。这一段时期，徐大明主编的一套"语言规划经典译丛"是历史性的突破，这一套译丛可以很好地帮助我们"了解世界怎样做语言规划"，还可以提升我们对语言规划的理论思考。在本章中，只有很少一部分内容我们借鉴了这一套"语言规划经典译丛"，该套丛书中的某些重要观点我们已经吸纳到本书的其他章节中去了。所以，读者如果能够认真地阅读本书，则可以不必再费力地阅读该套译丛，但是，我们还是要在此强调该套译丛的重要地位。陈章太等（2015）《语言规划概论》也有部分内容涉及外国语言规划史的内容，作为"概论"类的教材，该书介绍的比较简略。赵蓉晖在评价《语言规划概论》时说，"历史上，中国的语言规划在思想与行动上都深受苏联的影响，但在本书中未能对此有适当的提及和阐述。作者主要关注了英美学派，但其所产生的社会与学术土壤不同于中国和苏联，这在一定程度上使我们对实践的总结偏离了原有的出发点，影响了理论构建和阐释的效果"②。

2016 年，两本新书《世界语言生活状况》③ 和《世界语言生活报告》④ 出版，这可以说是中国语言规划学发展史上的一件大事。作为"语言生活黄皮书"系列，这两本书在我们国内具有开创之功，它们可以为中国语言规划学的发展提供某些借鉴。遗憾的是，截至本书定稿时我们还

---

① 戴曼纯等：《国外语言规划的理论与实践研究》，外语教学与研究出版社 2012 年版。
② 赵蓉晖：《论语言规划研究的中国学派》，《语言战略研究》2016 年第 1 期。
③ 教育部语言文字信息管理司：《世界语言生活状况》，商务印书馆 2016 年版。
④ 教育部语言文字信息管理司：《世界语言生活报告》，商务印书馆 2016 年版。

没有能够完整地阅读这两本新书，所以，本书没有借鉴这两本书中的任何内容。从《世界语言生活状况》一书的目录来看，该书主要是分国别来加以介绍，每个国家的语言状况主要从语言格局、语言关系、语言教育、外语教育、语言政策、语言推广、语言服务、汉语教育与传播、语言冲突、语言规范、语言立法、语言动态、语言政治、语言经济、语言生态、语言传播、语言技术等方面展开论述，具体到某一个特定的国家可能只涉及这些方面中的某一方面，并非对每一个国家的所有方面都进行了全面的介绍。从内容篇幅来看，《世界语言生活状况》介绍比较详细的国家，所占篇幅一般在 20 页左右，介绍的相对简略的国家则不足 10 页。

　　总体上来说，近年来原创性的语言规划史研究确实不多，关于语言规划的某些"吹风会"不少，大"空炮"也很多。在这种情况下，我们确实应该进一步倡导那种脚踏实地、埋头苦干、潜心平和、扎实深入的语言规划史研究。语言规划史研究是"语言规划学"的一项基础工作，这项研究工作虽不急迫，但是，较为完善的语言规划史研究却可以作为"语言规划学"高度发展、完全成熟的标志。外国语言规划史研究确实可以帮助我们"了解世界怎样做语言规划"，并且，语言规划史研究还具有自己独立的"语言学思想史"意义（有时又被人称为"为了学术而学术"）。"为了学术而学术"的外国语言规划史研究，也许可以发现"应用研究"的某些短视，有助于"应用语言学"的长远发展。

第一节　我国语言规划实践简史

　　"语言规划"作为一个学科术语是近几十年的事，而作为一项社会实践则有着悠久的历史。本章分别从国内和国外的两个角度来概述语言规划实践的一些基本情况，本节介绍的是国内语言规划实践史。

　　在古代，生产力水平低下，社会经济不发达，各代政府大多都"重农抑商"，人民也大多数"安土重迁"，人口流动相对较少，社会条块分割，语言的统一性差，分歧大，所以，古代中国的语言规划的社会基础较差。古代中国的语言规划以自发性规划为主，自主性语言规划主要是秦代的"书同文"政策和后代的几次"官修"韵书和词典，自主的语言规划主要是从近代开始的。可以说，自主的语言规划，是时代的一个进步。

　　中国古代的语言规划实践，主要包括对文字、语音、词汇的规划，语法规划相对较少。历史地看，对文字的规划是最先进行的语言规划，并且贯穿语言规划的整个过程；语音规划起步相对要晚一些，韵书的大量出现主要是从中古时代开始的；词汇规划，主要体现在词典、方言词典的编写方面。

我们对中国语言规划实践史作探索性的粗略分期，主要分为春秋战国时期、秦汉时期、隋唐及隋唐以后、清末到新中国成立前、新中国成立以后五个阶段。

一　春秋战国时期的"正名"和"雅言"

春秋战国时期的语言规划主要是"正名"和传承"雅言"。

"正名"也是一种语言规划。孔子在《论语·子路》中说："名不正，则言不顺；言不顺，则事不成；事不成，则礼乐不兴；礼乐不兴，则刑罚不中；刑罚不中，则民无所措手足。故君子名之必可言也，言之必可行也。君子于其言，无所苟而已矣。"孔子的这种"正名"主要是为了保持封建等级制度。荀子有《正名篇》专门探讨名实论。古代的这种"正名"，类似于今天进行的科技名词、专用名词标准化的工作，只是这里的"正名"是个人的语言规划行为，不是由国家、协会、行会制定的语言规划。

"雅言"即雅正之言。雅言方便了当时各方言区人们的相互沟通，比如说，孔子弟子三千，这些学生都来自不同地方，方言差异肯定很大，那么，他们靠什么来交流、孔子靠什么来教学呢？孔子《论语·述而》中说："《诗》、《书》执礼，皆雅言也。"这里所说的雅言，《毛诗序》注："雅者，正也。言王政之所由废兴也。"可以推测，雅言是孔子当时的教学语言。另外，《史记·三王世家》有"文章尔雅"，《风俗通·声音》有"雅之为言正也"，《白虎通·礼乐》有"雅者，古正也"等关于"雅""雅言"的阐释。近代刘师培引用清代阮元的话说："雅言者，犹今官话也。'雅'与'夏'通，'夏'为中国人之称，故'雅言'即中国人之言"。雅言即夏言，是指原夏地的语言，即中原地区的语言，中原是周朝的政治经济文化中心。杨伯峻认为"雅言"即指"当时中国所通行的语言"，这里的"中国"，也是指中原地区，是周朝的政治经济文化最发达的地区。孔子在《论语·述而》中说的"雅言"，就是指用以传承的古正音作为读书音的语言，与孔子时代鲁地的口语应该有较大区别。

"雅言"应该说是一种共同语系统。"汉语历史上最早的共同语是春秋战国时期的'雅言'。'诗书执礼，皆雅言也'。如果没有最简单的共同语，就不能设想'合纵'、'连横'的说客们如何在霸主和国君们之间周旋，就不能设想如何整理出《诗经》和《论语》。秦王朝统一六国文字又进一步推动了共同语的发展。到了东汉扬雄《輶轩使者绝代语释别国方言》，则说明了当代的'绝代语'、'通语'已经有明确的界线和崇高的威信了。"① 如果说"雅言"是春秋时期的共同语的代名词，那么，后代对"言雅"的追求一直贯穿了整个历史。

当然，"雅言"与"官话"都不是现代语言学的术语。"'官话'这个名词并不属于现代语言学的术语体系，它是来自古代的称谓。正是因为如此，把'官话'纳入现代语言学中时常常会有种种的不适应，为了解决这个问题，许多学者都认可'官话只能有一种'官话方言却可以有多种。其实，古代'存雅求正'的'官话'只是一种'意念上的存在'并非真实存在，我们实在不好说'意念上'究竟有几种官话。"② "雅言"相比"官话"距今更为遥远，人们几乎无法断定其音系构成，所以，几乎没有哪位学者愿意探求"雅言"究竟有几种的问题。并且，在"雅言"与"方言"相对而称时，它们往往侧重于指"雅言词汇"与"方言词汇"。侧重于词汇，是因为古代训诂材料中能够找到的"雅言"主要就是一些散乱的"雅言词汇"，人们能够找到的关于"雅言"的语音描写、语法描述都非常少。即使如此，我们可以认为"雅言"属于一种共同语言系统，这种系统在当时应该是客观存在的，只是，当时的这种"客观存在"很可能如雾弥漫，边界模糊，并非泾渭分明。从《诗经》风、雅、颂的编排顺序来看，我们可以大胆地推测（尚不能作为学术研究来对待）："雅"在"风"后，"雅言"的势力在当时是很小的，还不如"风"（即"方言"）的力量大；至于"颂"言，可能是更早的历史上的"风"，也可能是更早的历史上的"雅"，也可能是那些"风""雅"的混杂。

自春秋战国以后，"雅"不再指称某种客观存在的语言实体，而成为众多的客观存在的语言实体的一种评判标准，这种"标准"却又不是一

---

① 李如龙：《汉语方言学》，高等教育出版社 2007 年版，第 7 页。

② 薄守生、赖慧玲：《关于语言学史和历史学科的关系的一点思考》，《新疆大学学报》2016 年第 5 期。

成不变的，不同的历史时期有不同的具体的标准。就目前来说，语言学中的"雅言"研究想象多于实证，亟待更多客观的、科学的研究。

二 秦汉的文字统一、规范化运动

关于秦朝的"书同文"运动，许慎在《说文解字·后序》中说："（战国时期）诸侯力政，不统于王。恶礼乐之害己，而皆去其典籍。分为七国，田畴异亩，车涂异轨，律令异法，衣冠异制，言语异声，文字异形。秦始皇帝初兼天下，丞相李斯乃奏同之，罢其不与秦文合者。斯作《仓颉篇》，中车府令赵高作《爰历篇》，太史令胡毋敬作《博学篇》。皆取史籀大篆，或颇省改，所谓小篆者也。是时，秦烧灭经书，涤除旧典，大发吏卒，兴戍役。官狱职务繁，初有隶书，以趣约易。而古文由此绝矣。"先是秦朝官方改革文字，推行小篆字体，后是狱隶们自发创制隶书。隶变是古今文字的分水岭，基本上是在文字统一于小篆的基础上（《说文解字》以篆书为规范）进行的，后来书吏们逐渐乐于使用隶书，而隶书往往又很不规范、很不统一。

为了进一步规范文字，汉初尉律规定"学童十七以上始试。讽籀书九千字，乃得为史。又以八体试之。郡移太史并课，最者以为尚书史。书或不正，辄举劾之"（《说文解字·后序》），从学校教学用字、政府行政用字方面进行一定的规范。到了东汉，汉灵帝曾"诏定五经，刊于石碑"，共刻石碑46座，立于太学前，史称"熹平石经"（"熹平"乃汉灵帝年号）。"熹平石经"上的文字在一定程度上起到了规范汉字形体的作用。这仅仅是从文字的规范上着手的，至于语音方面的规范，在当时的时代背景下尚难在全国成功推行。

汉代的"通语"或"凡语"。在汉代，流行范围相对较广、较为通用的语言被称为"通语"或"凡语"，当然，当时的流行范围往往也是区域性的，基本上相当于我们现在所说的"区域通用语"，而不一定就是指全国的通用语。西汉扬雄在所著的《方言》中，就有许多以通语或凡语来解释方言的例子，例如，"娥、嬴，好也……好，其通语也"，"嫁、逝、徂、适，往也……往，凡语也"，等等，这些"通语""凡语"是相对于各方言来说的，它们对不同方言区的人们的交流沟通起到了重要的作用。

三　隋唐以后的"正字""正音"和"官话"

隋唐以后，除了继续"正字"以外，语音的规范"正音"也有所发展，"官话"也逐步发展起来。

隋唐以后对学校的教学语言、政府的行政工作语言也进一步规范，到了清代出现了专门的"语言学校"，这些都是当时的语言规划运动的重要内容。

文字规范方面，唐代有颜师古的《匡谬正俗》、颜元孙的《干禄字书》、张参的《五经文字》、玄度的《新加九经字样》等，宋代有《类篇》，辽代有《龙龛手鉴》等，这些字书字典都对文字的规范起到了一定的作用。清代《康熙字典》是依据明朝梅膺祚的《字汇》和清朝廖文英的《正字通》加以增订而成，载古文以溯其字源，列俗体以注其变迁，共收 47035 字，一般字典中不易查到的生僻字往往该书中可以查到，不过，该词典的疏漏和错误也很多。道光时王引之作《字典考证》，改正其中许多错误。《康熙字典》流行很广，影响很大，对清朝的文字规范起了不小的作用，在中国辞书史上占有重要地位。

隋唐以后的韵书主要有《切韵》《唐韵》《广韵》《礼部韵略》《集韵》等，它们对语音规范起到了一定的作用。元代《中原音韵》参照北曲用韵，以大都（今北京）音为基准，又吸收"四海同音"的部分，从而成为现代汉语普通话语音系统的源头和基础。明朝的官定韵书是《洪武正韵》，是一部"存雅求正"的韵书。清代官修韵书《音韵阐微》以北方官话的标准音注音，此韵书的编写促进了官话的推行；《佩文韵府》，按平水韵 106 韵编排，有推广官韵的作用。

当然，唐宋"在韵书日渐'训诂'化的同时，也有微弱的'切时'呼声，这就是归并韵部，导致一系列'韵略'型韵书"①。

关于"官话"的问题。元、明、清三代皆定都北京，北京以其政治、经济、文化中心的地位使北京话的影响异常深远，北京话作为官府的通用语言传播到全国各地，发展成了"官话"。"官话"是当时重要的政府行政语言，与各地方言有较大区别。"明代出现了'官话'这个名称，'官话'本来是指官吏们所说的话，也就是官场上通行的

---

① 张鸿魁：《韵书发展史和山东》，《东岳论丛》2005 年第 6 期。

话，当时官吏们无论是在京城还是外省做官，都不可能说京城人和外省人听不懂的家乡话，客观上需要他们学说官话……官话的普及起初只是官吏们自发的行为，民间的平民百姓并没有说官话的需要，自然也不会去学。"① 明代谢榛在《四溟诗话》中说："及登甲科，学说官话，便作腔子，昂然非复在家之时。"就说明了当时的人们一进入行政领域，就需要学习官话，不能再使用家乡话作为行政工作语言了。赵元任指出，"近几百年——元、明、清、民国——以来，总是以北方，多少以近乎北京音的系统，认为是标准语。'官话'、'普通话'、'北京话'、'国语'、'国音'各种名称，都是代表大家公认的标准语。因为已经全国四分之三的面积，三分之二的人口多少会用，本来的语言就相近于这种语言了"②。当然，"官话"对各地的普通老百姓的日常用语不一定会产生很大的影响，特别是南方各地的方言差异还是很大。所以，"官话"主要是行政语言，却不好说它就是古代的全民通用语。自近代以来，人们有时会用"官话"来指称"民族共同语"，这时，"官话"不再是一种具体的、客观存在的语言，而是一种抽象的、主观认定的观念。

教学语言和语言学校方面。从史书记载看，元代已有对教学语言的官方规定，要求学校使用以大都语音为标准的"天下通话"进行教学。清代，雍正六年（1728 年），闽粤官员在汇报工作时，方言严重，影响交流，于是雍正下诏在广东、福建设立正音书院，帮助学员正音，掌握官话。清代俞正燮在《癸巳存稿·官话》中说："雍正六年，奉旨以福建、广东人多不谙官话，着地方官训导，廷臣议以八年为限，举人、生员、贡、监、童生不谙官话者，不准送试。"官话在当时成了重要的教学语言、考试语言、行政语言。正音书院的正音运动，一直持续到清朝末年。

四　清末切音字和民国"国语"

清末进行的切音字运动和民国时期对"国语"的研究与推广，使得中国的语言规划实践继续向前发展。

---

① 李纲、王宇红：《汉语通用语史研究》，中国广播电视出版社 2007 年版，第 18 页。
② 赵元任：《语言问题》，商务印书馆 1980 年版，第 101 页。

　　"切音字运动"是清末进步知识分子发起的一场汉语拼音化运动。卢戆章《一目了然初阶·中国切音新字厦腔》自称为"中国第一块切音新字"，又说"国之富强，基于格致；格致之兴，基于男妇老幼皆好学识理。其所以能好学识理者，基于切音为字，则字母与切法习完，凡字无师能自读；基于字话一律，则读与口遂即达于心；又基于字画简易，则易于习认，亦即易于捉笔。省费十余载之光阴，将此光阴专攻于算学、格致、化学，以及种种之实学，何患国不富强也哉"。卢氏方案发表后的 20 多年中，先后有二三十个拼音方案问世，形成了汉语拼音研究史上的第一个高潮。其中，有王照的《官话合声字母》和劳乃宣的《合声简字》。切音字运动虽然大都由个人或团体在民间推行，但它标志着我国语文现代化运动的开始，为后来的文字改革工作提供了一些经验。文字拼音化的思路，是把文字学纳入语言学的视野的一个重要的探索，否定了汉字是汉字、汉语是汉语的"有限相关"的经验哲学，同时它也是重视语音规范、重视口语的重大实践活动，对中国语言学史、中国语言规范学史有着重大的意义。

　　清末民初对"国语"的研究与推广。1902 年，京师大学堂总教习吴汝纶受到当时日语的启发，使用了"国语"这一名称，并就"国语"的学习问题向当时的管学大臣张百熙上书提建议。1903 年，张百熙向皇帝上书了《学堂章程》，提出"各国语言，全国皆归一致，故同国之人，其情易洽，实由小学堂教字母拼音始。中国民间各操土音，致一省之人彼此不能通话，办事多格，兹以官音统一天下之语言，故自师范以及高等小学堂，均于国文一科内，附入官话一门"，希望能够"以官音统一天下之语音"。这里的所说的官音，是指北京音；官话，指北京话。"由小学堂教字母拼音始"，有利于语言的学习，这种想法是值得提倡的。1909 年，清政府成立了"国语编审委员会"，1911 年通过了"统一国语办法案"，计划于宣统八年普及国语。1912 年辛亥革命爆发，计划未得实施。1913 年，国民政府成立了"读音统一会"，1916 年又成立了"国语研究会"，后来还成立了"国语促进会"等等，这一系列活动可以称为"国语运动"。

　　从社会发展阶段的角度来看，"国语是随着近代资本主义的扩展而兴起的一个概念。清末时期，语言学者卢赣章、王照、劳乃宣等人就提出了统一国家语言的构想。不管从历史还是现实的角度来看，汉语确定为国语是没有争议的"①。国语出现以后的汉语共同语与在此之前的汉语共同语有着很大的不同。

中国古代的语言规划有如下特点：语言规划的目的是巩固政权；语言规划的内容重文字轻语言，重书面语轻口语；语言规划工作主要由官方来组织，同时不排斥民间人士的参与，其途径主要是编写正字、正音的字书、韵书；由于历史的局限性，语言规范活动涉及面有限，主要影响对象为文化人，无法普及全社会。

民国时期，对口语、对语音的重视程度有了很大的提高。民国时期政府的方言政策主要包括两个方面的内容，"一是逐渐摆脱方言音和历史音的影响，将新的国音音系从传统的官话音系中剥离出来；二是进行大规模的方言调查，为民国时期语言政策的制订提供现实依据"②。

在对语音标准的选择、确定方面，语言规划也有一个发展历程，不是一蹴而就的。"从共同语语音系统的角度来看，民国时期国音音系的形成和确立过程是一个逐步减少历史、地域因素影响由杂糅的混合音系向一地的自然音系过渡的过程，在这一过程中北京语音的力量逐渐增强、其他方言语音的力量逐渐减弱；同时，由于中国拥有漫长的语言历史和复杂的方言状况，其他方言语音对于国音音系强大的参照作用始终存在，它是国音音系得以确立的基础和背景。在注音字母（既表国音也表方音）逐渐和闰音字母（表方音）脱离的过程中，国音音系逐渐由杂糅的混合音系向一地的自然音系过渡，表国音的注音符号（国音音系）从既表国音又表方音的注音字母（方音混杂的音系）中逐渐抽离出来、逐渐摆脱表方音的注音字母（其他音系）的影响；表方音的注音符号（方音音系）通过同表国音的注音字母（国音音系）分离逐渐形成了自身的相对独立的系统，形成方音音系作为国音音系的对照系统；作为结果，国音音系和方音音系以国音为主、以方音为辅、相互对照、同时并存的语言政策格局得以形成。"③ 民国时期语言规划的这个发展过程，为新中国成立后的语言规划提供了一定的基础。

---

① 熊南京：《二战后台湾语言政策研究（1945—2006）》，中央民族大学博士学位论文，2007 年，第 67 页。

② 黄晓蕾：《民国时期政府方言政策概述》，《中国社会科学院研究生院学报》2006 年第 4 期。

③ 同上。

民国时期的语言规划虽然不够彻底、完善，但它是中国语言规划史上的一个中间过程，不可忽视。

五　新中国的语言规划工作

新中国成立以后，国家把语言规划视作政权建设的有机组成部分，十分重视语言文字的规划工作，在有关"普通话"的学习、推广、普及工作方面成绩突出。

"普通话"这一术语在清末就出现了，后来到了1906年朱文熊在《江苏新字母》一书中把汉语分成了"国文"（文言文）、"普通话"和"俗语"（方言）三种，"普通话"即是其中之一，即"各省通用之话"。1931年，瞿秋白反对使用"国语"一词，并对"普通话"作了较为科学的解释。

新中国把普通话作为全国通用的共同语。1955年10月全国文字改革会议和现代汉语规范问题学术会议相继召开，从语音、词汇、语法三个方面确立了普通话的标准：普通话是以北京语音为标准音，以北方话为基础方言，以典范的现代白话文著作为语法规范的现代汉民族共同语。新中国语言文字工作部门先后采取了"大力提倡，重点推行，逐步普及"和"大力推行，积极普及，逐步提高"普通话的方针政策。1982年《中华人民共和国宪法》规定"国家推广全国通用的普通话"，2000年全国人大常委会颁布的《中华人民共和国国家通用语言文字法》确立了普通话作为国家通用语言的法律地位。这样，普通话作为我国的国家通用语言，有了学理上、政策上、法律上的根据。在推广普通话方面，对普通话的培训和测试工作也起了很大的促进作用，城市语言文字评估也在一定程度上起到了示范的作用。

在语言符号的规划方面，主要是汉字的简化、规范化和标准化。汉字简化，自古有之，历代的人们在自觉不自觉地进行着汉字简化的实践，"隶变"作为古文字和今文字的分水岭，既是一种简化又是一种规范化。"隶变"之后，简化字、俗体字也时有出现。新中国成立以后，我国政府先后进行了两次汉字简化。1956年国务院通过并公布了《简化汉字方案》，后来对《汉字简化方案》作了一些补充、修订，经国务院审批后，1964年编印出版了《简化汉字总表》，这就是第一次汉字简化。第一次汉字简化，可以说是非常成功的，收到了良好的效果。1977年发表了《第二次汉字简化方案（草案）》，该方案第一表 248 个汉字开始试用，到 1978 年下半年试用基本停止，1986 年国务院批转了国家语言文字工作委员会《关于废止〈第二次汉字简化方案（草案）〉和纠正社会用字混乱现象请示的通知》，第二次汉字简化失败了。第二次汉字简化之所以失败，主要原因是基础工作做得不够，急于求成。后来，国家语委研制的《规范汉字表》对汉字的分级与字量、类推简化、一简对多繁、异体字、新旧字形等问题提出解决方案，这是对新中国成立以来的汉字简化的一次总结性的规范，使汉字更能适应新时代的要求。

在词汇方面，主要有异读词的审音、异形词整理、新词新语的规范等。词汇方面的规范工作做起来难度更大一些。编写词典是词汇规范化的重要方面，特别是对识字时期的中小学生来说，词典的规范作用很大。当然，随着文化多元化的发展，词典促进词汇规范的作用正逐步减弱，如何使词典在新的时期适应社会、促进词汇规范是一个值得研究的问题。需要指出的是，各种"新词新语词典"在促进语言规范方面的作用有限。可以说，新词新语词典应该更注重描写而不是规范，主要起到帮助人们"备查"的作用，并且新词新语的生命周期一般比较短暂，真正能够流传下去的词语数量并不占多数。在词典应采取描写主义还是规范主义的问题上，有过一些争论，《语言多样化与汉语词典编纂》①是对这些争论的一个总结。词典可以担负语言规范化的作用，词典编纂实践与词典学理论可以在一定程度上体现出语言规划理论与实践的发展，可以说，词典编纂既是语言规划的指南针，又是语言规划的晴雨表。词典总是在字里行间渗透着某种精神，或者涉及语言规划理论的精神，或者涉及社会潮流的精神，或者涉及编纂者个人风格的某种精神，所以，大多数词典都具有时代性。词典之外，主要有一些词汇规范方面的相关文件。

汉语拼音方案的制定和推行，对推广普通话和方便人们识字都起到了很大的作用，现在的中文人名、地名等专用名词的英译一般采用汉语拼音的办法。在古代，给汉字注音的办法有许多种，包括描述发音方法的办法、读若、直音等，后来产生了反切注音法，反切注音是中国古代影响最大的注音方法，也是最为成熟的注音方法。在汉语拼音化运动史上，西洋传教士有一定的贡献。"汉语方言的拼音化运动也肇始于西洋传教士的方

---

① 薄守生、邓春琴：《语言多样化与汉语词典编纂》，《语言教学与研究》2006 年第 6 期。

言圣经翻译工作。虽然明代来华的传教士早已出版研究官话拼音的著作，意大利传教士利玛窦的《西字奇迹》出版于 1605 年；法国传教士金尼阁的《西儒耳目资》出版于 1626 年，但是为方言创制罗马字拼音方案，晚至 19 世纪 40 年代才开始，其原始动力即是来华基督教大量翻译和出版圣经，以便于在不识字的平民百姓中间传教"[①]。清末掀起"切音字"运动。中华民国在 1918 年公布了注音字母，这是中国历史上的第一个法定的汉语字母方案。后来，中华民国又在 1928 年公布了国语罗马字（后来改称"译音符号"），这是第一个法定的汉语罗马字方案。新中国成立以后，先后成立了中国文字改革协会、中国文字改革研究委员会、中国文字改革委员会、拼音方案委员会等委员会或分会，从事汉语拼音方案的制定和研究，1958 年第一届全国人民代表大会第五次会议正式通过了汉语拼音方案这一注音方案。从 1958 年秋开始，全国小学的语文课本采用汉语拼音给汉字注音。1982 年，国际标准化组织通过了把汉语拼音方案作为拼写汉语的国际标准。汉语拼音方案除了适用于汉语外，还可以作为其他文字创立的基础，比如帮助没有文字传统的少数民族创制拼音文字等。相对于中国古代的各种注音方法而言，汉语拼音方案有绝对的优越性，是一种确定的、规范的、系统的注音工具，在汉字注音、汉语教学、推广普通话、信息处理等方面发挥了极大的作用，产生了广泛的影响。

　　港澳台是中国领土不可分割的一部分，港澳台地区的语言规划也是中国语言规划的一部分。我们对港澳台地区语言规划史进行梳理的难度较大。港澳台地区的语言规划问题比较复杂，香港和澳门的自主性的语言规划相对少些，台湾是有自主性语言规划的。港澳台地区的语言规划实践也可以用它们的语言状况来加以说明，所以，本书把这部分内容放在第三章"我国语言现状的区域差异和描写"的第二节"港澳台语言使用的基本现状"中加以介绍，本章从略。

　　总体来说，新中国成立以后的语言规划成绩是显著的，语言规划实践基本上是成功的，当然也存在一些问题。例如，对文字改革的长期性、复杂性认识不足，在工作中存在急于求成的简单化倾向。当前，中国的社会状况与过去相比发生了很大的变化：经济突飞猛进，人口流动频繁，社会控制难度加大，思想文化多元化，等等，这些情况都对新时期的语言规划

---

　　① 范晓、李熙宗、戴耀晶：《语言研究的新思路》，上海教育出版社 1998 年版，第 289 页。

和语言政策提出了挑战。我们要总结历史经验，同时要关注历史上不曾出现的新情况，尊重语言规律和社会发展规律，及时把握时事变化，尽可能求真务实地进行语言规划，制定切实有效的语言政策。

第二节　国外一些国家的语言规划简况

国外语言规划的历史悠久，各个国家的语言规划理论和语言规划实践都有很大的不同，各个国家在本国发展的不同历史阶段上有不同的语言政策。可以说，国外的语言规划既有国别差异，也有历时差别，我们在这里无法对每一个国家在每一个历史阶段的语言规划都做出介绍，所以，本节内容仅仅是举例性的，无法做到全面系统地介绍国外的语言规划史。郭龙生曾列举过 10 部语言政策国别研究的著作，并指出我国目前语言政策及国别研究的现状特点①。

下面在介绍不同国家的语言规划时，同时介绍该国不同历史阶段的经济、民族、公共政策等方面的情况，不同的语言政策往往是以此为背景的，可以说语言政策是整个国家政策的一个有机组成部分。本节所举例的国家和超国家组织主要有：原苏联、美国、法国、加拿大、南非、秘鲁、澳大利亚、新加坡、欧盟。

这些举例谈不上是对这些国家的语言政策的全面的研究，但是可以作为一种引介，使我们简单了解一些国外的语言规划的情形，这或许会对我们国家的语言规划有或多或少的借鉴意义，本节的主要目的即在于此。同时，各国的语言政策一般都是有自己的历史背景和历史原因的，所以，本节内容也在试图解释造成各种语言政策差异的各种原因。

在本节的最后，我们还简单地探讨了国外语言规划理论的发展、流派与思想等相关问题。

一　原苏联的语言规划实践

苏联近现代简史。1898 年，在俄国成立了社会民主工党（即后来的共产党），在社会民主工党的领导下，俄国于 1905 年爆发了第一次俄国革

---

① 郭龙生：《它山之石，可以为错——语言政策国别研究学习感言》，《语言政策与规划研究》2014 年第 1 期。

命，1917 年 2 月爆发的二月革命推翻了罗曼诺夫王朝的统治，1917 年 11 月爆发十月革命，建立了世界上第一个社会主义国家。1917 年 11 月 7 日成立了俄罗斯苏维埃联邦社会主义共和国，其后，爆发了历时三年的国内战争，最后取得了胜利。1922 年 12 月 30 日，苏维埃社会主义共和国联盟正式成立，当时的联盟成员有俄罗斯联邦、乌克兰、白俄罗斯和外高加索联邦（包括阿塞拜疆、亚美尼亚和格鲁吉亚）。此后，苏联发展很快，成为美苏两个超级大国中的一极。到 1991 年，苏联解体。

原苏联约有 130 个民族，在 20 世纪 30 年代早期苏联有 130 多种语言，许多语言分属不同的语系和语族，并且各地方言土语分化严重，多语的情况异常复杂。所以，可以说，"无论是就民族的数量还是就民族的多样性而言，（苏联）都是世界上民族成分最为异质的国家之一"①。

沙皇俄国时代，沙皇俄国推行大俄罗斯沙文主义，当时俄语是国语，沙俄政府推行"义务国语制度"，强迫其他民族学习、使用俄语，把俄语作为唯一的教学语言、文学语言和艺术语言，对少数民族实行愚民政策，造成少数民族大量人口成为文盲。这样的政治统治，这样的语言政策，造成当时的民族关系非常紧张，少数民族对俄罗斯民族极端不信任，甚至是仇视。沙皇俄国使民族集团俄罗斯化的企图以失败而告终。

苏联建国前期，实行民族平等政策，鼓励民族语言的发展，民族语言一律平等，实现了国家语言生活的空前和谐。列宁实行了新经济政策，经济自由政策，这有利于语言的自发统一；但是由于当时的苏联处于经济复苏期，国内市场尚不统一，这便造成了各民族地区的区域性语言的发展。十月革命至 20 世纪 30 年代，苏联的语言规划实践主要有：（1）简化、改善文字书写体系，利于教育的普及；（2）文字拉丁化，主要是从中亚、西伯利亚等边远地区诸民族语言开始以拉丁字母取代阿拉伯字母，一些已经以俄文字母为基础的民族也准备拉丁化，这种文字体系的转改割断了历史，这个时期的文字改革运动不能说是很成功的；（3）为 50 个没有文字传统的民族创制语言文字；（4）大多数民族的文字开始改拉丁字母为基里尔（俄语）字母。"国语毕竟是由国家通过法律强制规定的，它不完全等同于一般习惯形成的通用语，在复杂情况下较容易发生问题。因此列宁

---

① ［美］戴维·马歇尔：《语言政治：作为苏联解体象征的语言及其后果》，中国社会科学院民族研究所等：《国外语言政策与语言规划进程》，语文出版社 2001 年版，第 122 页。

虽然从'理解需要'出发，支持在俄国推广俄语，但特别不同意搞国语。他在批评'自由派'时写道：'自然我们也是赞成每一个俄国的居民有可能学会伟大的俄罗斯语言。我们只不希望一样：即强迫成份。我们不希望用棍子赶人上天堂。因为，无论你们关于"文化"说了多少漂亮的话，但是义务国语总是带有强迫和强逼的。我们说，伟大而有力的俄罗斯语言不需要无论谁都应该在棍棒下面来学习它……强迫（棍棒）只能引起一个结果：它使伟大而有力的俄罗斯语言更难进入其他民族群众里面去，而主要的是加深愤怒和隔膜等。'在苏联，俄语是通用语，但从来不是国语，也就是说，苏共始终恪守列宁不搞国语的遗训。"① 1938 年苏共决定，将俄语作为所有学校从一年级起的必修课。后列宁时代，俄语成了"法理上"的官方语言，语言政策又变为对俄语的强迫接受。后列宁时代的这种语言政策，来源于对语言政治理解的偏误：苏共把语言差异看作造成民族差异的重要因素，而语言差异、民族差异又是实现共产主义的障碍，消除语言差异也就成了加速实现共产主义的奋斗目标之一，大有俄语将成为共产主义社会的共同的唯一的语言的味道，这种思想这种实践在当时是一种左派幼稚病的表现。

到了 20 世纪 50 年代，苏联的民族政策有所调整，开始强调民族逐步融合的观点。50 年代后期的教育改革，进一步强化了俄语作为教育语言的地位，规定"各加盟共和国和自治共和国的中等学校必须学习俄语"。苏共二十二大会议强调了学习俄语的重要性，赫鲁晓夫在一次演讲中鼓吹："我们掌握俄语的速度越快，建成共产主义就会越快。"勃列日涅夫进一步推广俄语，实行旨在消灭民族语言的"双语制"，提出"新的历史性共同体——苏联人民"的民族高度融合的理论。这种速进的人为的语言融合，引起了少数民族的抗议，甚至发生了教师罢课、师生游行示威的事件。出于政局稳定的考虑，勃列日涅夫迫于少数民族的压力，同意各共和国把母语作为他们自己的国语。

80 年代，戈尔巴乔夫的"新思维"和"民主化"，赋予了语言政策制定的"国有化"。"由于摧毁了马克思列宁主义神话的合理性……俄罗斯人和非俄罗斯人都发现他们有同样的需要，因为除了民族认同这个长期的主题之外，已经没有任何剩下的东西还可以提供合法的依据。民族认同

---

① 王智娟：《哈萨克斯坦：语言问题政治化的新发展》，《东欧中亚研究》2002 年第 3 期。

的冲突强化了民族认同的象征形式，其中一种主要的形式就是语言。"①
各加盟共和国对国语地位的人为的提升，各个共和国内部限制俄语和其他
少数民族语言的发展，并把语言列为从政、务工的重要条件，损害了非
"国语"持有人的利益，这种语言政策激化了各共和国内的民族矛盾，并
由此把各个加盟共和国推向了分裂的边缘，同样也推动了原苏联解体的
进程。

苏联解体后，15个独立的国家组成了俄罗斯联邦，《俄罗斯苏维埃联
邦社会主义共和国民族语言法》于1992年开始实施，该法承认俄语是联
邦各民族的族际交际语，同时保护联邦各民族语言的平等发展。各个独立
的国家各自提升自己的"国语"的地位，大多颁布了自己国家的"语言
法"，突出国语的社会功能。独联体国家还根据各自的历史传统推行新的
文字改革，近年来还推行了发展民族语言的语言政策。由于各个国家的语
言政策不尽一致，我们这里暂不按照国别一一列举。各国民族语言发展的
总体情况是，"语言问题在民族冲突中的作用增加；社会有意识地尝试干
预语言的发展；通过颁布和实施语言法改革语言的功能；将不同的双语类
型改造为民族语言为第二成分的双语；改变字母和文字；语言'扩张'；
加强对小民族语言的注意；恢复中断的文化语言传统，某些共和国趋向东
方，其他一些共和国趋向西方；将语言用于政治目的"②。俄语已经不是
大多数独联体国家的教学语言，俄语的影响力有所下降。当然，独联体国
家人民还有许多人在学习和使用俄语，那往往是出于经贸合作的需要。现
在的俄语受到了大量的黑话和外来语的影响，语言不再如从前那样稳定，
对交流造成了一定的影响。大众语言文化水平也有了很大程度的降低，这
也会影响到语言的进一步发展。当前，俄语和俄罗斯民族都需要新的
复兴。

回顾苏联解体前后的语言政策，可以看出这种语言政策有一个显著的
特点，那就是：语言政治。语言问题是导致苏联解体的原因之一，独联体
国家的语言政策也有造成国家分裂的危险。"曾使苏联解体的动力现在正
作用于独立的独联体国家，受到同样的离心力、同样的动因的推动，独立

---

① ［美］戴维·马歇尔：《语言政治：作为苏联解体象征的语言及其后果》，中国社会科学
院民族研究所等：《国外语言政策与语言规划进程》，语文出版社2001年版，第138页。

② 中国社会科学院民族研究所"少数民族语言政策比较研究"课题组等：《国家、民族与
语言：语言政策国别研究》，语文出版社2003年版，第21页。

的独联体国家内的少数民族正在要求更多的自治，甚至独立。"① 对此，我们在想，社会组织形式大小的适度并不容易判定，社会组织形式与语言的关系也非常复杂。

二　美国的语言规划实践

美国简史。美洲大陆原为印第安人的居住地。15 世纪末西班牙、荷兰、法、英等国开始向北美移民，到 1773 年英国已建立了 13 个殖民地。独立战争于 1775 年爆发，1776 年通过《独立宣言》，正式宣布建立美利坚合众国，到 1812 年完全摆脱了英国的殖民统治。1862—1865 年为美国的南北战争时期。随着资本主义的发展，19 世纪初，美国开始对外侵略、扩张。19 世纪末 20 世纪初，美国进入了帝国主义阶段，在第二次世界大战中美国垄断资产阶级大发战争横财，从此，美国开始登上资本主义霸主的地位。

美国从建国至今一直是一个多民族多语言国家，但英语是美国的最为重要的语言，是美国事实上的"官方语言"。当然，美国并没有宣布官方语言，英国也不曾宣布自己的官方语言，"英国人认为语言要有地位，并不是颁布几项法规就可以了事的，而是具有社会意识的个人做出自己选择的结果"②。《独立宣言》是用英语写成的，但这个宣言并未规定英语是官方语言，在独立战争时期这是一种"团结一切可以团结的力量"的策略。独立战争中诞生的美国宪法也未提及官方语言问题，然而美国宪法是用英语写成的。建国后，英语迅速发展，英语成为美国事实上的官方语言，英语是美国的政府工作语言和教育语言。

建国后对印第安语言的歧视。在建国之前的殖民统治时期，自诩为"上帝之选民"的衣冠楚楚的欧洲人就对"赤身露体"的印第安人充满歧视，说"印第安人是野兽"，一开始时不承认印第安人有语言。因为他们与印第安人之间真实地存在着交流并且还存在着交流障碍，于是后来又不得不承认印第安人有语言，但是印第安语是一种有缺陷的语言，是野蛮的

---

① ［美］戴维·马歇尔：《语言政治：作为苏联解体象征的语言及其后果》，中国社会科学院民族研究所等：《国外语言政策与语言规划进程》，语文出版社 2001 年版，第 140 页。

② ［美］戴维·马歇尔：《美国官方语言问题：语言权利与英语修正案》，中国社会科学院民族研究所等：《国外语言政策与语言规划进程》，语文出版社 2001 年版，第 337 页。

语言。国家建立以后，美国在观念上强化语言的一致性，强调美国语言的优越性。特别是建国之初，刚刚独立的美利坚合众国民族主义情绪高涨，学者政客们甚至认为美国英语要优越于它的源头——英国英语，更不用说其他的语言了。19 世纪到 20 世纪，美国本土主义兴起，后来又产生了由于移民和战争引起的仇外症，到了 1906 年，英语成为加入美国国籍的条件之一。

但是，霍拉斯·卡伦在发表的《民族与熔炉》（Nation，1915）中指出，"熔炉论"是不切实的，只有族群和差别性传统才是永久的，"一个人可以在一定程度上选择自己的服饰、政治立场、妻子、宗教信仰、哲学观点，然而他却无法选择自己的祖父"，民族差异是根深蒂固的。霍拉斯·卡伦倡导文化多元主义，认为美国是"各民族文化的联盟或联邦"，反对在"熔炉论"旗号下对少数民族实行的强制同化政策。"熔炉论"带有强烈的理想主义色彩。

在美国解构主义思潮的影响下，以及 20 世纪五六十年代的民权运动的推动，非主流人群的语言权利受到关注，有些地方还展开了争取民族语言权利的斗争，于是，美国开始致力于推进双语教育，后来也发展了双语选举。1968 年美国颁布了《双语教育法案》，双语教育在美国获得了合法的地位。六七十年代，双语教育得到了联邦、州和地方的组织机构、教育团体和普通民众的支持。双语仅仅是一种象征性的手法，而实质上语言民权具有很大的局限性。"除了这一段短暂的、被迫实行的自由化时期外，美国的英裔主体民族走的是一条坚定的语言与文化种族灭绝的道路，其根本目的是要镇压少数民族群体，并使其英国化。"①

从 20 世纪 80 年代后半期和 90 年代初期，"唯英语运动"在美国联邦范围内发展壮大起来，美国社会对双语教育批评指责越来越多，双语教育更多地为沉浸式英语教育所取代。1998 年昂兹提出的旨在废除加利福尼亚州学校双语教育的 227 提案（又名昂茨提案），在加州获得通过，新法律规定"加州所有公立学校一律使用英语来教少数民族学生学习英语和其他课程"，双语教育进一步式微。美国提出了要求确立英语为官方语言的英语修正案，如 1981 年的 S. J. H. 72 号，1983 年的 H. J. R. 169 号和

---

① ［巴西］爱德华多·埃尔南德斯·查韦斯：《语言政策在美国：文化种族灭绝史》，中国社会科学院民族研究所等：《国外语言政策与语言规划进程》，语文出版社 2001 年版，第 154 页。

S. J. R. 167 号，1985 年的 H. J. R. 96 号和 S. J. R. 20 号几个法案。"如果说当前的社会机制正在助长语言快速转用英语，那么为什么要通过一项会使人们感到憎恨的宪法修正案呢？没有足够的理由或数据使我们相信，目前从母语到英语的语言转用过程与美国历史上的一贯进程不同。当我们看到我们的文化是如何主要通过社会压力残酷地迫使转向英语，就会记起约翰逊说过的话：'在旧世界里没有哪个讲多种语言的帝国像我们这样残忍地强制全体国民使用一种单一的语言，而这还是一个自诩为"笃信人人生来平等"的自由共和国'（Johnson，1949，118—119）"①。在联邦一级的立法上，英语修正案未获通过。在州一级的立法上，有数个州通过了英语为所在州的官方语言的法律，如弗吉尼亚州和印第安纳州等，到1998年，美国有 17 个州通过了官方英语的规定，有的只规定官方语言，有的限制或者禁止非英语的发展。在"唯英语运动"的同时，也有一些社团组织反对英语官方化，反对唯英语化，不同主张的人士并由此展开了强烈的争论。在美国有大量的移民来自不同的国家，这些移民拥有他们自己的语言，特别是德语和法语的影响比较大，在殖民时期和建国初期，非英语受到不同程度的排挤，但在 19 世纪美国对移民语言还是采取了宽容的态度。

在解构主义的影响下，亚民族势力有所发展，美国的大多数州却采取了反解构主义的州语言立法，有许多州纷纷确立英语为本州的官方语言。在联邦层面，"2002 年《不让一个孩子掉队》法案的通过，宣布了美国双语教育时代的结束。'双语教育'这个术语彻底地退出了美国的教育历史舞台"②。当然，也有学者从"语言信仰"的角度来解释美国的语言政策，"到目前为止，美国唯英语运动的失败以及对双语教育目的的理解的失败（有人误解双语教育的目的是为了取代英语）说明美国的语言信仰之间依然存在着均衡的紧张关系"③。

美国各州的立法情况，详见表 2-1。

---

① ［美］戴维·马歇尔：《美国官方语言问题：语言权利与英语修正案》，中国社会科学院民族研究所：《国外语言政策与语言规划进程》，语文出版社 2001 年版，第 374 页。

② 罗豫元：《美国双语教育实施失败的因素分析》，《比较教育研究》2007 年第 1 期。

③ ［以］博纳德·斯波斯基：《语言政策——社会语言学中的重要论题》，张治国译，赵守辉审订，商务印书馆 2012 年版，第 126 页。

表 2 - 1　　　　　　语言问题上的公民投票（1980—2002 年）

年份	行政区	公投目的	赞成票占比（%）
1980	佛罗里达州戴德县	撤销 1973 年的双语条例	59
1983	加利福尼亚州旧金山市	反对要求印发非英语选票的联邦法规	62
1984	加利福尼亚州	要求联邦当局授权只印发英文选取材料	71
1986	加利福尼亚州	规定英语为官方语言	73
1988	佛罗里达州	规定英语为官方语言	85.5
1988	科罗拉多州	规定英语为官方语言	64
1988	亚利桑那州	规定英语为官方语言	50.5
1989	马萨诸塞州洛厄尔市	规定英语为官方语言并要求批准美国宪法英语修正案	67
1998	加利福尼亚州	结束双语教育	61
2000	亚利桑那州	结束双语教育	63
2002	马萨诸塞州	结束双语教育	68
2002	科罗拉多州	结束双语教育	44

资料来源：［美］塞缪尔·亨廷顿：《我们是谁——美国国家特性面临的挑战》，程克雄译，新华出版社 2005 年版，第 139 页。

土著语言。美国土著居民印第安人在不公正的待遇下，许多部族消亡，土著人口也相对减少，土著语言大部分消失，现存的土著语言已经为数不多，并且有一些行将濒危。面对土著语言濒危所引起的一些问题，20 世纪 90 年代初美国出台了《美国土著语言法案》，规定政府实施土著语言保护的政策，并为此批准了一项拨款。但是，保护土著语言法在执行上效果并不很好，并且拨款行动迟缓，并未从根本上改善濒危语言的生存状态。

基本上可以说，以英语为中心的文化霸权行为一直贯穿着美国的历史。"美国的语言政策的力量并不在于政府明文规定的法律、法令以及规定，而是在于基层的、迂回的、隐性的政策，甚至更大程度上在于植根于盎格鲁—撒克逊文明的语言文化这一源于欧洲、由英国殖民者移植到北美大陆，在同印第安语接触碰撞过程中逐步发展起来的意识形态"①。文化霸权吞噬着文化多元主义，"在倡导文化多元化的今天，这种文化霸权的行为是没有出路的，它违背了历史潮流。但是美国人毕竟创造了一个看似

---

① 蔡永良：《论美国的语言政策》，《江苏社会科学》2002 年第 5 期。

矛盾的奇迹：'不同种族，统一民族；单一语言，多元文化'"①。这里所说的文化多元化，无不受到解构主义的影响，"多元主义运动正在侵蚀着美国的立国之本……融合转向族性，合一变成分裂。族性迷信正在使美国不再是一个有能力改变和同化其所有人民的国家。我们现在不是在贬损一致，美化多元吗？中心还将存在吗？抑或熔炉将让位于幻想中的通天塔？"② 到今天，解构主义开始式微，解构主义受到了普遍的反击。

三　法国的语言规划实践

法国简史。法国近代史非常复杂，很难言简意赅地说清楚，在此不拟详述。现在的法国，基本上可以从第二次世界大战说起。第二次世界大战期间的 1944 年 6 月，法国宣布成立临时政府，1946 年通过宪法，成立第四共和国。到了 1958 年法国通过新宪法，成立了第五共和国，发展至今。

自 12、13 世纪，法语已经在欧洲占有一定的地位，在诺曼人统治英国期间法语一直是英国的官方语言。18 世纪，整个欧洲是一个"法语世界"。1919 年"凡尔赛和约"就是用英法两种文字书写的，法语也是1945 年成立的联合国的正式语言。第二次世界大战以后，法语在国际上的影响有所衰落，特别是受到了英语的严重挑战。

为了使法语得到更好的发展，1972 年法国设立了法语最高委员会及其他配套机构，政府有关各部成立了法语术语委员会。1983 年又设立了法语高级理事会、法语总委员会、法语咨询委员会，法语高级理事会由总统直接领导，法语总委员会对总理负责，总理亲自担任法语咨询委员会主席。20 世纪 80 年代法国设立了"法语国家事务部长"，专门处理法语国家的事务。1994 年法国颁布了"关于法语的使用法"（杜宝法），规定对违法行为处以罚款。"杜宝法"代表了法国的民族利益，反映了人民的意志和愿望。"杜宝法"第一条规定："根据宪法，法语是法兰西共和国的语言。法语是法兰西品格遗产的基本要素。法语是教育、劳动、交际和公共服务部门使用的语言。法语是法兰西共同体各成员国之间的特殊纽带。"教育教学语言、传媒语言需要用法语。

①　周玉忠、李文军：《"大熔炉，尚可；巴别塔，不可"——美国建国初期的语言政策》，《宁夏社会科学》2006 年第 6 期。

②　东来：《族性迷信与历史的意义》，《读书》1996 年第 12 期。

为了扩大法语在国际上的影响，法国对外关系部成立了法语司，主要负责资助国外的法语学校。除了这些学校外，在国外推广法语的机构还有法兰西联盟学院和法国文化中心。同时，法国还通过举行有关法语教学与传播的高层会议进一步加强法语的国际影响力。法国也大力支持有法语节目的广播电视和法语书刊。

四　加拿大的语言规划实践

加拿大简史。加拿大原居民为印第安人和因纽特人，17 世纪起法英殖民主义者先后入侵，在加拿大建立了殖民地。1756—1763 年，英、法之间的"七年战争"在加拿大地区展开，结果是法国战败，于是将殖民地割让给英国。1848 年英属北美殖民地宣布独立，成立自治政府。1867 年英国议会通过了"不列颠北美法案"，将加拿大省、新不伦瑞克和新斯科舍合并成为一个联邦，是英国的首个自治领，即加拿大自治领，1870—1949 年又有其他一些省加入联邦。1926 年英国承认加拿大在国际谈判和国际事务上的主权，获得了外交上的独立。1931 年加拿大成为英联邦成员国，其议会也获得了同英国议会平等的立法权。1967 年魁北克人党要求魁北克独立，1976 年该党在省选举中获胜。1980 年魁北克就独立一事举行了"公投"，独立未果。1982 年英国通过《加拿大宪法法案》，加拿大从此获得了立法和修案的全部权力。

加拿大除了原居民，英裔和法裔占有很大的比例。在"七年战争"之后，英国移民增长迅速，他们主要使用英语作为交际语言。英语较法语成了强势语言，这使得法语居民很不适应，法语居民在此后展开了一系列的与英语"分割天下"的语言战争。为了解决语言问题，1963 年成立了"皇家双语双文化委员会"，1969 年通过《官方语言法》规定英语和法语同为加拿大的官方语言"共同享有同等的地位和平等的权利"，这一规定又被写入 1982 年《加拿大宪法》。

加拿大魁北克省是法裔居民为主体的省份，他们并不满足英语和法语同为官方语言的规定，1974 年魁北克省通过了《魁北克官方语言法》规定法语是魁北克省唯一的官方语言，并就教育语言等相关问题做出了规定，极力排斥英语居民，在此之后，大批英语居民和以操英语者为主的企业先后迁离魁北克省。到 1977 年魁北克省又通过了《法语宪章》，规定在魁北克省只有法语书写的法律、法规和法令才是官方的，法语的地位进一步上升。

1988年加拿大通过《多元文化法》，提高多元文化在双语中的作用，保护所有的"遗产"语言，提高加拿大土著语言的地位，尊重非英语和非法语国家的移民的语言。加拿大的多元文化主义旨在鼓励带有技术、资金的外来移民到达加拿大，同时，通过文化多元化也可以缓和加拿大历史上长期以来的语言冲突。

"由于历史原因，加拿大境内人口以英语和法语为母语的居多。根据加拿大2001年人口普查统计，在29639035总人口中，以英语为母语的有17572170人，占总人口的59.3%；以法语为母语的有6741955（人），占22.7%；以英法双语为母语的122660人，占0.4%；以其他语言为母语的5202240人，占17.6%"①。由此可以看出，加拿大历史上的语言政策对语言的使用产生了很大的影响。

五　南非的语言规划实践

南非简史。南非在1652年遭到荷兰人的侵略，沦为殖民地。19世纪初南非遭到英国的侵略，后来又有大批欧洲移民进入。1910年英国将开普省、德兰士瓦省、纳塔尔省和奥兰治自由邦合并成南非联邦，作为英国的自治领地。1961年南非退出英联邦，成立了南非共和国。建国初期，南非实行种族隔离制度，南非人民在以曼德拉为首的非洲人国民大会（非国大）的领导下，进行了英勇的斗争，并最终取得了胜利。1994年，南非举行了首次由各种族参加的大选，非国大在大选中获得胜利，曼德拉当选为南非首任黑人总统，这标志着种族隔离制度的结束和民主、平等的新南非的诞生。

在南非，殖民统治、种族政策对南非人民的心理影响相当大，所以，南非语言政策在强调种族、身份、语言权利方面比较突出。

南非经历的殖民统治，分别列举时间、殖民者、统治时间、语言政策如下。

荷兰殖民统治时期（1652年至18世纪末19世纪初）。荷兰殖民主义者的后裔布尔人形成了一种有别于荷兰语的新语种"阿非利坎"语，这就是现在的"阿非利坎"语的前身。

---

① 周庆生：《中国语言生活状况报告（2005）》，商务印书馆2006年版，第390页。

英国殖民统治时期（19 世纪初—1910 年）。英语成为官方语言，阿非利坎语也在此期间创制了自己的文字。

荷兰殖民者与英国殖民者在南非统治期间，曾提倡南非使用单语，但都未成功。

种族隔离白人统治时期（1910—1994 年）。英语和荷兰语同时成为官方语言，1925 年阿非利坎语取代荷兰语成为两大官方语言之一。排斥非洲土著语言，白人社会控制社会分层，从而可以得到大量的非洲本地的廉价劳动力。种族隔离加剧了南非群体间的不平等和分裂对立，使得社会矛盾进一步激化。

民主南非时期（1994 年以后）。政府开始推行多元文化和多语政策，《南非宪法》规定 9 种土著语言也是官方语言，南非官方语言有 11 种之多。南非政府要求教育语言多样化，认为多语制是遏制种族民族主义的一种选择，承认土著语言是对灾难深重的南非本土人民自身价值的重新确认，这无疑具有相当的历史进步性。但也有学者认为，"南非作出 11 种官方语言决定的动因，并非来自为促进土著语言发展而进行大规模的语言或文化游说活动，而是协调各方利益的妥协之举"①。

在过去几百年里，南非一直是一个充满了军事冲突、种族歧视和种族压迫的社会，整个国家没有一个全国通用性的语言，也没有一个在民主的基础上得以认可的权威性语言，当时的所谓的官方语言却是用来为种族压迫服务的。

从民主南非各高校出台的语言政策看，要使 9 种官方土著语言都成为高校的学术语言这一目标难以实现。事实上，南非高等教育并没有实现向多语制的方向发展。另外，南非的语言政策在表达上模糊不清，语言政策、法规在语言表述上有许多矛盾之处。例如，官方语言有 11 种，要求各级政府使至少使用其中的两种，但是至于使用哪两种，则由各级政府自行决定。施行多语制是一项巨大的社会工程，它所要求的财政开支非常大，事实上，要想把 11 种语言开发成熟，南非政府在财政上是无法支持的。

在南非民主化进程得以保证、在语言与不平等的社会政治关联减弱之后，在人们对语言代表的"权利"和"尊重"的意识得以淡化以后，南非更多地从"交流工具"的角度对语言进行重新规划是可能的。

---

① 李旭：《南非高等教育语言政策管窥》，《西亚非洲》2006 年第 2 期。

南非的多语制，在很大程度上是对历史上的殖民统治和种族隔离的一种反动，具有进步意义。但是，在南非真正施行多语制困难重重，双语制是比较现实的，而这"双语"则是指英语和其他 10 种官方语言之一，但作为语言个体使用其他 10 种官方语言中的哪一种则有多种可能，无法统一。有鉴于此，英语的重要性仍是非常显著的。英语在南非的本土化也是很明显的，有别于"标准英语"，南非黑人英语这种南非英语亚语系也获得越来越多的认可。

几百年来以英语为主要语言的模式可能将会继续盛行，英语将不仅是一种大都市语言，而且是本土化了的交际语言。由于非洲以及世界各地的移民和难民不断涌入南非，南非语言体系可能会变得更为复杂。

六 秘鲁的语言规划实践

秘鲁简史。秘鲁原住民为印第安人，1531 年被西班牙占为殖民地。1821 年独立，建立秘鲁共和国。1835 年玻利维亚和秘鲁合并，称秘鲁—玻利维亚邦联，1839 年邦联瓦解。1948 年奥德利亚发动军事政变上台，1968 年贝拉斯科陆军中将发动政变后出任总统。1975 年莫拉莱斯将军接管政权，1977 年宣布"还政于民"。

在 1531 年之前，秘鲁是作为印加帝国存在的。印加文化是秘鲁最早的印第安文化，印加人属于盖丘亚印第安部族中的一个部。印加帝国时期的语言政策主要表现为，"（1）国家承认的盖丘亚语，以'钦查'南部的变体形式为标准，被定为唯一的官方语言。（2）学习盖丘亚语，对于当地的贵族阶层、文官阶层以及行政管理机构成员及商人来讲都具有强制性。（3）在国家统治阶层和行政管理部门使用盖丘亚语，限制各民族使用他们自己的语言或方言。（4）这种语言是通过'沉浸式'的方式，即把未来的统治者送到首都（宫廷）进行教育的方式掌握的。印加帝国主义的语言政策并不是语言同化，而是要保证印加人的文化传统受到尊重，其宗教信仰得到保持。以盖丘亚语为宫廷教育的主要用语，对于加强印加帝国各民族间的凝聚力是十分关键的，而这种凝聚力又是保持印加帝国的统一的必要保证"①。

---

① 中国社会科学院民族研究所"少数民族语言政策比较研究"课题组等：《国家、民族与语言：语言政策国别研究》，语文出版社 2003 年版，第 50—51 页。

1532—1821 年为西班牙殖民地时期。西班牙教会对语言教育垄断，宗教团体通过修道院和教区控制着印第安人的语言和生活。西班牙语成了殖民时期的国语，但是西班牙殖民者为了有效地控制秘鲁，需要和当地人沟通，所以，有些既会西班牙语又会当地语的人更容易得到官位，双语人增多。在当地语中，艾马拉语和盖丘亚语的影响力较大。同时，这也需要传教士学习印第安语。殖民者力促印第安人学习西班牙语，实行语言政策上的西班牙化，加速了印第安语言灭绝的历程。总体来看，殖民时期的语言政策，主要是西班牙殖民者推广西班牙语取代印第安语的语言政策。

1821 年以后的语言政策。秘鲁在脱离西班牙殖民统治之后，在很长的一个时期内，西班牙语依然是一种最重要的语言，印第安语在事实上还是照样受到歧视。殖民统治对秘鲁的语言使用产生了深深的印痕。"在秘鲁，语言灭绝政策也是与统治集团的种族灭绝政策相一致的，许多濒危或已消亡的语言不仅是因为讲这些语言的人转而使用其他语言，还因为土著居民人口的大量减少，甚至是整个语言集团的灭绝。"[①] 消灭种族是消灭语言的一种更为彻底的办法。

秘鲁语言的发展趋势。秘鲁的语言发展，可以与邻近的玻利维亚共和国 1996 年普查的情况进行对照，这两个国家的语言现状差不多。"到 2040 年（也就是在大约 60 年里），所有的 10 岁儿童都会掌握一定水平的西班牙语，在 22 世纪，这些土著语言将完全灭绝（参见 Albo，1980）。用社会语言学的观点来看，这种预测对于秘鲁土著语言的命运问题就更为现实和简单明了了。"[②] 这主要是社会方面的原因，"面对这种发展前景，对于那些使用土著语言的人来说，要让他们为保存语言做出努力，似有强迫之嫌，在诸多因素中，首先应使这些原始土著语言精制化。发展、丰富一种语言不仅要把它编成词典加以保存，而且更重要的是它能够有效地适应当代社会的需要，也就是使这种语言现代化，走出农村生活和家庭内部，广泛用于其他的领域"[③]。西班牙语已经在秘鲁成功地植入，"在秘鲁这样一个社会里，西班牙语已经成了主要的语言，拒绝西班牙语不但是荒谬的，也是与历史发展背道而驰的……与能够成功地选定，并推行土著的

---

① 中国社会科学院民族研究所"少数民族语言政策比较研究"课题组等：《国家、民族与语言：语言政策国别研究》，语文出版社 2003 年版，第 57 页。

② 同上。

③ 同上。

斯瓦希里语作为国语的非洲原英属殖民地坦桑尼亚相对照，秘鲁是一个不成功地选定、推行本土语作为官方语言的典型的国家，其主要原因在于秘鲁上层集团关注个人事业和道德，不关心土著语言及其使用者的事业和利益"①。秘鲁 1979 年宪法规定，西班牙语为秘鲁唯一官方语言，盖丘亚语和艾马拉语也可以在正式场合使用，但事实上西班牙语是秘鲁最为重要的语言。

七　澳大利亚的语言规划实践

澳大利亚简史。澳大利亚原住民为土著居民，17 世纪初，西班牙人、葡萄牙人和荷兰人抵达澳大利亚，1770 年成为英国殖民地。1900 年英国议会通过《澳大利亚联邦宪法》，1901 年澳大利亚成为英国的自治领。1931 年澳大利亚获得内政、外交自主权，成为英联邦内的独立国家。

在英国殖民者到达澳大利亚之前，澳大利亚是一个多民族多语言的国家，当时有 200 多种语言和方言。18 世纪末英国殖民者开始统治澳大利亚，1901 年澳大利亚正式成为英联邦国家之一，英语成为澳大利亚主流社会的语言。

作为一个多民族、多语言国家，澳大利亚的语言政策可以分为三个阶段，每个阶段的语言政策都与澳大利亚的经济发展及语言国情有着密切的联系。

第一阶段（1788—1900 年），以英语为主，其他语言为辅的自由放任政策。虽然这一阶段并未有官方语言政策的出台，但事实上是以英语为主的，不管是在日常生活中还是在学校教育中，英语的语言地位是最为突出的。

第二阶段（1900—1970 年），同化政策。澳大利亚联邦政府成立以后，出台了"白澳政策"，只允许欧洲白人（主要是英国人）迁入澳大利亚，不允许亚洲人、大洋洲人迁入澳大利亚。这一时期，政府致力于英语的推广，而对英语之外的其他语言则采取同化的政策。第二次世界大战以后，澳大利亚政府改变了"白澳政策"，开始鼓励各国移民，亚洲、非洲等国家的移民大量移入澳大利亚，澳大利亚居民进一步多元化。移民的多

---

① 中国社会科学院民族研究所"少数民族语言政策比较研究"课题组等：《国家、民族与语言：语言政策国别研究》，语文出版社 2003 年版，第 58 页。

元化，使人们认识到语言是一种权利，土著语言和外语的学习受到重视。

第三阶段（1970 年以后），多元文化和多语政策。政府肯定了英语的作用，继续在全国推行英语。同时，把各种非英语语言也都视为一种资源，人们也认识到多样化的语言（包括土著语言和外语）在促进澳大利亚的经济发展和对外贸易中起到了重要的作用。随着与亚洲国家的经济贸易、文化交流的进一步发展，澳大利亚也对亚洲语言更加重视。

澳大利亚英语是一种本土化了的英语。"澳大利亚英语变体形成最重要的时期是民族化时期，19 世纪 80 年代的《公报》（Bulletin）专栏为澳大利亚民族主义的滋生提供了场所……经过两百多年的演变，澳大利亚英语逐渐远离母体英国英语，最终形成了现在具有自己语言特征的澳大利亚英语。"① "澳大利亚是第一个制定明确语言政策的英语国家，它的许多语言政策对于澳大利亚英语变体的形成和发展起着积极的推动作用"②，澳大利亚英语已不是"标准英国英语"或者"标准美国英语"。

从总体来看，澳大利亚语言规划主要有如下几个方面。（1）确立并巩固澳大利亚标准英语的支配地位。（2）注重土著语言的保护和研究。（3）加强英语以外其他语言的教学。（4）注意提供各项语言服务③。

澳大利亚把语言看作资源，主要是源于其公民的移民性质，移民语言具有多样性，以及澳大利亚在国际贸易上所处的重要的地理位置，澳大利亚是许多经贸国家的交通要道，正是这两点，很容易使澳大利亚的语言与澳大利亚的经济社会发展联系起来。"澳大利亚是最早把语言看作资源的国家之一。在国家语言政策中把语言（包括社区语言）与国家的经济和贸易的发展相联系并明确列出优先语言，"④ 澳大利亚把语言看作资源主要是从经济利益和民族团结的角度来考虑的。

澳大利亚是一个典型的移民国家，也是比较典型的多语国家，其语言政策一开始就与移民政策和政治经济有着密切的联系。澳大利亚是一个多民族国家，其祖先多来自不同的国家和地区，现在又有相当多的移民，并且曾经沦为英帝国主义的殖民地，在这些背景下，澳大利亚的语言政策经

---

① 张沉香：《从社会语言学的视角看澳大利亚英语》，《外语研究》2006 年第 4 期。

② 同上。

③ 刘富根：《澳大利亚语言规划简述》，《语文建设》1999 年第 5 期。

④ 刘汝山、刘金侠：《澳大利亚语言政策与语言规划研究》，《中国海洋大学学报》2003 年第 6 期。

历了上述三个阶段的发展也就容易理解了。

八　新加坡的语言规划实践

新加坡简史。新加坡原为马来亚柔佛王国的一部分，1824年沦为英国殖民地。1942年被日本占领，1945年英国恢复其殖民统治，1946年英国将其划为直辖殖民地。1959年新加坡实行内部自治，成为自治邦。1963并入马来西亚，1965年脱离马来西亚，成立新加坡共和国，加入英联邦。

新加坡是一个多元种族、多元文化、多语言、多方言的移民国家。在多民族之中，以华人、马来人和印度人为三大民族。三大民族之外，还有欧洲人和欧亚混血儿。由于民族成分复杂，语言呈现多样化式样，各族群有自己的惯用语言。新加坡多语多方言非常复杂，语言系属主要有汉藏语系、印欧语系、马来—波利尼西亚语系、德拉维达语系。英语（原殖民者的语言）、华语（人口较多的族群华人的语言）、马来语（人口较多的族群马来人的语言）、泰米尔语（人口较多的族群印度人的语言）四种语言并列为新加坡的官方语言。马来语为新加坡的国语。从地理位置看，新加坡拥有很好的航海和贸易地位，英语是新加坡国际经济往来的重要媒介语言。英语也是新加坡基础教育和高等教育重要的教学语言。

关于新加坡种族的多样性，百年来的人口比例变化，可以参看表2-2。

表2-2　　新加坡历年各族人口简表（综合云惟利1996等文献制成）

年份	总人口	华人（%）	马来人（%）	印度人（%）	其他（%）
1824	10683	3317（31）	6431（60.2）	756（7.1）	179（1.7）
1836	29984	13749（45.6）	12538（41.7）	2932（9.9）	526（2.6）
1849	52891	27988（52.9）	17039（32.2）	6284（11.9）	1580（3）
1871	94816	54572（57.6）	26141（27.6）	10313（10.9）	3790（4）
1911	303321	219577（72.4）	41806（13.8）	27755（9.2）	14183（4.7）
1947	938144	729473（77.8）	113803（12.1）	68976（7.7）	25901（2.4）
1970	2074501	1579866（76.2）	311379（15）	145169（7）	38093（1.8）

年份	总人口	华人（%）	马来人（%）	印度人（%）	其他（%）
1980	2413945	1856237 （76.9）	351508 （14.6）	154632 （6.4）	51568 （2.1）
1990	2705115	2102795 （77.7）	382656 （14.1）	190907 （7.1）	28575 （1.1）
2000	3263209	2506144 （76.8）	453587 （13.9）	257793 （7.9）	45685 （1.4）

资料来源：徐杰：《语言规划与语言教育》，学林出版社 2007 年版，第 74 页。

新加坡的语言政策，大致可以分为三个历史阶段。

第一阶段英国殖民时期（1824—1959 年），"英语独尊，放任其他"的语言政策。英语作为殖民者使用的语言，处于优越地位，是官方机构使用的语言。对于英语外的其他语言，基本上是采取放任自流的措施，不进行特别的规划。

第二阶段独立前后（1959—1965 年），"确立国语，发展多语"的语言政策。为了团结马来西亚，为政治独立服务，把马来语定为国语。有许多人认为，新加坡没有大量的农业、矿业等资源，不具备独立国家的资源环境条件，必须与其他国家协作，为了加强与其他国家的联系，发展多语是非常必要的。多语之中，对新加坡来说英语和华语都很重要，新加坡与资源丰富的中国距离较近，新加坡可以从中国进口大量的物资，所以华语就很重要；还有英语，英语是国际商贸的重要语言，新加坡的商业发展离不开英语。

第三阶段当代时期（1965 年至今），"官方语言，各有所用"的语言政策。新加坡独立后，经过一段时间的发展，逐渐发觉新加坡具备独立发展的能力，资源问题是能够解决的，新加坡作为独立发展的国家还是可以繁荣起来的。虽然仍然规定马来语为国语，马来语对新加坡在政治上的作用却开始减弱。出于独立国家发展的需要，把英语、华语、马来语和泰米尔语定为官方语言，四种官方语言各有各的用处。英语是新加坡各族群的中立语，虽然它曾经是殖民者的语言。英语还是重要的商贸语言、教育语言。华语、马来语、泰米尔语分别是华人社区、马来人社区和印度人社区的社交语言，他们是新加坡人口的主体。

语言态度方面，"从情感上看，华人仍然认为方言最亲，华语次之；

而从功利考虑，则认为英语最有用，最具权威，方言最差"①。新加坡语言的宏观环境方面，"从当前国际政治、经济、文化发展的趋势来看，如果新加坡政府加大在华族中推广华语、华文的力度，在华族中形成英语、华语并重的双语社会是可能的。但是，如果只推广华语而不提倡华文，不但用华语来继承传统文化的愿望会落空，华语的使用价值将进一步下降而逐渐被英语所取代，新加坡将逐渐变成完全西化的社会，新加坡的华族事实上也将不再是真正的'华族'了"②。

由于英语在全球的大发展，华语在新加坡的使用空间受到挑战。为此，1979 年开展了华语运动，主要措施是加强华语的教学，鼓励多讲华语，减少华语方言的使用。经过一段时间的努力，新加坡华语运动取得了很大的成功，华语在新加坡的地位重新得到提高。

九　欧盟的语言规划

欧洲联盟是一个超国家组织，既有国际组织的性质，又有联邦的某些特征。欧洲理事会规定成员国的官方语言也是欧盟的官方语言，也是欧盟各机构的工作语言。欧洲联盟是一个多语言的超国家组织。为了保证机构的正常运转，欧盟需要提供大量的语言服务，主要是笔译系统和口译系统，为此花费巨大。

如果说欧盟有语言政策，那基本上可以说是一种"放任自流"的无规划的语言政策。欧盟不同于一般意义上的国家，也不同于一般意义上的国家组织，而"语言规划一般在国家的层面上进行"，欧盟的语言政策很难进行，决策困难。这就存在几个方面的问题，语言的效率性问题不得不考虑，语言的政治符号功能也不得不考虑，语言利益上的博弈也难以协调，所以，欧盟的语言政策至今是一种"无规划的语言政策"。欧盟语言政策在未来的出路，我们依然看不清会有何前景。

十　国外的语言规划流派和思想

从全世界范围来看，"语言规划"这个名称首先出现在西方国家，这

---

① 陈松岑、徐大明、谭慧敏：《新加坡华人的语言态度和语言使用情况的研究报告》，李如龙：《东南亚华人语言研究》，北京语言文化大学出版社 2000 年版，第 82 页。

② 同上书，第 88 页。

个名称对于中国来说是一个舶来品。从词源史来说，"语言规划"名称的出现为时不长，1957 年由威因里希（Ureil Weinrich）首先提出，1959 年豪根（Haugan）在文献中正式运用。在"语言规划"这个名称出现之前，语言规划的实践早已经存在。以文艺复兴时期为例，佛洛伦斯（1592）、法国（1635）、西班牙（1713）、瑞典（1786）等都纷纷成立专门负责语言研究的科学机构，以"保存和维护本民族语言的纯洁性"，使他们各国国内的语言更有效地进行交流。这时期的语言规划实践，以推进语言纯洁的语言规范化为主要表现形式，这在当时是非常必要的。以法国为例，当时在法国存在过这样的情况：剧作家拉辛在某地为了让人听懂自己的话，不得不借助于西班牙语和意大利语；1644 年马赛学会的女士们无法用法语与一位名流交谈；1789 年法国南部半数人口不懂法语。在这种情况下，法国科学院把规范法语的词汇、语法和拼写作为主要任务，以保证口语和书面语的正确和优雅，促进法兰西民族的形成和团结，这在当时是非常迫切的任务。随着语言规划实践的深入，语言规划的相关理论也越来越受到重视。

国外语言规划实践体现着国外语言规划理论的发展。语言规划理论主要有：语言纯洁主义、弹性规范学派、理想主义学派、语言治理学派，等等。影响语言规划制定的思想有许多类型，例如：语言多样化、语言同化和语言民族主义、语言纯净化（纯洁化）、语言国际化、语言本土化等。关于语言规划的理论、思想的问题，可以详细参见周庆生《国外语言规划理论流派和思想》[①] 一文，我们在此不再过多地转述该文的内容。

在这里，我们单独谈一下"语言纯洁主义"。通常，"语言纯洁主义"与民族国家的构建有很大的关联，民族国家的认同有一个历史发展过程。不管是单一民族国家、多民族国家，还是摆脱殖民统治而新建立的国家，它们都曾经试图通过语言的统一来促进整个"国家"的凝聚力。在那个特定的时期，语言也许确实起到了一定的作用。为了保证语言的统一，人们就需要关注语言的种种变化，语言自身发展的微小变化往往不至于引起人们的强烈反对，然而，外来词、外语的"入侵"对人们来说就格外敏感。曾经有一个时期，人们把本国语言中混入了外来词看成"致命的具有传播性的疾病"，以"疾病隐喻"来要求"语言"应当如清新的空气、

---

① 周庆生：《国外语言规划理论流派和思想》，《世界民族》2005 年第 4 期。

清洁的饮用水和干净的食品。也就是说，"语言纯洁主义"在当时最重要的任务是抵御"外语"词，而不是为了特别提防"本土语言"的发展变化。然而，在和平与发展的大前提下，国际交流日趋频繁，逐渐地"语言纯洁主义"也不再"固执"。可以认为，全球化就是对"民族国家"的一种解构，在全球化的时代，许多人都争相学习各种"外国语"，"语言纯洁主义"甚至已经不合时宜了。

　　总之，影响语言规划的这些思想都有其时代性，只有在恢复了这些思想的情景性的前提下，我们才能正确地理解这些思想，这就不得不重视对这些思想出现的大背景、大环境的了解。所有这些思想、思潮都非空穴来风，它们都受到大环境——社会思潮的影响（这些内容在本书的第九章第二节中有所介绍，可资参考）。对这些思潮进行梳理是必要的，遗憾的是，关于语言规划思想的大背景，大的思潮背景，基本上至今还没有学者专门进行归纳过。我们必须承认，语言是社会事物的一种，语言的发展、语言规划思想的发展，无不受到社会思潮的影响，而这些影响是无法从语言学内部寻找原因的，只能走出语言学既有的窠臼，走到社会中去寻找答案。

第三章

我国语言现状的区域差异和描写

【本章地图】

本章包括两节内容，第一节大陆语言现状的区域差异简况，第二节港澳台语言使用的基本现状。

第一节大陆语言现状的区域差异简况，对我国大陆的语言状况做一个大体的介绍。这方面的成果极其罕见，偶尔有一些，主要是零散的方言调查的资料，然而这类资料并不好用。本节主要是简要地介绍了我国的少数民族语言、方言的大概情况。

第二节港澳台语言使用的基本现状，主要是简单介绍了港澳台地区的语言使用现状，在介绍语言现状的时候也会涉及语言规划实践的内容。这一节内容，也是很简略地介绍。

本章内容，原则上应该是对我国的语言及语言使用的一个概括性介绍，但是这类研究难度很大。从国内既有的研究成果看，关于我国语言使用现状的描述，宏观研究不多，微观研究（如方言调查报告）为数不少，而唯独"中观研究"的成果罕见。本章内容，可以看作对"中观研究"的一种尝试。

本章的写作对我们来说非常艰难，特别是第一节中的内容确实很难写好，本章内容还有很大的修改、完善的空间。也正是这个原因，有一位语言规划研究专家曾坚持认为：在中国，根本就不存在"针对'区域语言'的研究"。对语言规划研究来说，本章内容是一个关于"语言国情"的问题，属于基础性的内容。但是，鉴于本章写作的实际情况，本章不是本书的重点章节。

　　我国的语言规划工作对全国范围内的语言调查、方言调查具有很大的促进作用。从 1956 年开始，国家为推广普通话而设立的"普通话语音研究班"培养了大量的方言调查专家。2008 年，国家语委在全国部分省份启动了"中国语言资源有声数据库"建设，这项任务至今尚未完全完成，也未能形成一个全国性的总结报告。2015 年，国家语委启动了"中国语言资源保护工程"，现在正如火如荼地进行。对于"濒危语言""语言保护"等观念，人们的认识并不统一，但是，这个问题又不能靠争论、投票来决定。如果允许争论，没有袁世凯的军警和公民团，争论是不会有结果的。如果允许投票，如果更民主一点儿，汉语即使到了今天也还是"老国音"。其实，我们把"语保"工程看作新形势下的一种方言调查未尝不可。我们把各地的各种方言都调查清楚了总是好事情，这是无须争论的。其实，方言调查可以看作"区域语言"研究的一种，只是，方言调查依然无法平衡"方言的微观调查"与"语言的宏观研究"这两个极端。即使如此，我们还是积极地拥护和支持"语保"工程。

第一节　大陆语言现状的区域差异简况

　　从国内既有的研究成果看，关于语言使用、语言状况的研究，目前国内尚缺乏"中观研究"成果。

　　微观研究，主要表现为方言点、少数民族语言点的描写分析。目前，关于方言点、民族语言调查的专著、论文已经不少了，各地区的"市志""县志"等一般也会包含"方言志"的内容。微观研究是宏观研究和中观研究的基础。既有的宏观研究的成果数量少一些，为学术界公认的质量较高的成果更少。从 2006 年开始，国家语委每年发布属于上一年度的《中国语言生活状况报告》，这可以看作属于宏观研究的成果。2008 年，商务印书馆出版的《中国的语言》也是一部大型的语言国情学术专著，主要侧重于我国少数民族语言的调查分析。

　　关于语言状况的"中观研究"的成果至今几近于无。我们假定这么一种情景，我们每隔十年都要向语言学界作一次国内语言状况的工作报告（国情咨文），面对的是语言界的学者（而不是像每年"两会"做的工作报告，面对着的是各行各业的人员），如果这个报告时间定为 2 个小时的话，这个报告该怎么完成？这确实是一件很难做好的工作，主要难点在于两个方面：一是不能空洞，不能泛泛而谈地介绍"我国有 56 个民族，各个民族基本上呈现出大杂居小聚居的局面，许多民族都是自己的语言，汉语是汉民族的共同语"，诸如此类的介绍未免过于空洞。二是不能琐碎，不能啰里啰唆地介绍"这个地点的方言里的这个元音，比 [o] 低一点，比 [ɔ] 高一点，圆唇又有点展"，诸如此类的介绍未免过于烦琐。语言状况的中观研究，确实很难做，但这也正是当前需要的研究。

语言现状的研究，特别是中观的研究，虽然难度大，它却是语言规划研究的基础之一，非常重要。语言现状调查需要深入每一个社会单元，不仅需要微观的描写，还需要宏观的牵合。

就目前来说，我们缺乏的是这种"中观的研究"。这项工作不是每一个语言学家都能够胜任的工作，需要有深厚功力的学者来做才能做好。如是看来，语言学家（特别是研究方言的学者）不能仅仅"细致细致再细致"，不仅要做方言点的微观的工作，还需要做一些"中观的工作"。世界上的许多事情，难就难在"恰到好处"。这里所说的"中观的研究"，笔者并没有一个"恰到好处"的标准，但是，笔者相信所有的学者都会对"太宏观"或"太微观"有一定的共识。所以，本书中所说的"中观的研究""中观的成果"中，"中观研究"特指"能够方便地为语言规划所使用的语言调查研究"。在此，对此定义作一界定，以免发生误解或争论。我们在这里突出对"中观的研究"的强调，是因为以往的微观方言点的调查和那些太宏观的概述，对语言规划来说都是用处不大，无法利用。也就是说，虽然已经存在大量的关于语言调查的研究，但是仍然"缺乏方便地为语言规划所使用的语言调查研究"。当然，这种"中观的研究"的表述并不十分恰当，但是，笔者确实很难找到一个恰当的简洁的说法，在此暂且这样表述。

对于语言规划研究来说，对语言状况太宏观的认识有一定的用处，但是对语言状况过于微观的认识一般没有太多用处，而对语言状况的中观的认识却是有着极大的用处。在这一点上，可以说，语言规划呼唤语言状况研究、语言描写的中观成果，语言学界也呼唤这类成果的出现。

关于国内语言现状的研究成果，主要表现在方言（少数民族语言）调查资料方面。然而这些方言（少数民族语言）调查不是语言现状的全部内容，方言（少数民族语言）调查资料一般都是微观的描写。语言现状还要包括：一地区不同语言（方言）之间的关系，不同语言的使用情况，不同语言主体的语言能力和使用倾向（语言态度），等等。

在这里，笔者主要从两个方面着手探索这个问题。一方面，笔者尽量利用一些既有的方言（少数民族语言）调查资料，收集一些专门的语言使用情况的调查资料，汇总分析。但是笔者的水平有限，不能充分地处理好各种材料。利用方言材料进行的专题研究、宏观研究、中观研究，并不容易做。在这方面，方言学家都深有感受，"在写作中，我们深感材料的不敷应用。几十年来，虽然有了大量的各地方言报告，但是，第一，汉语方言实在太多，未开发的方言还是多于已开发的；第二，已有的材料口径不一致，大量材料由于出于不同作者、不同目的，所包括的项目很不相同，有许多报告内容虽多，却难以利用；第三，不少方言虽已有人调查，但成果尚未正式发表，无法利用；第四，也不排斥某些材料可靠性不够，不敢使用"①。另一方面，笔者力所能及地进行语言使用的实地调查与调研，大多是非正式的方言调查，主要是获得一些感性的认识，与其说是调查，不如说是试图了解这些地方的语言及语言使用的情况。

语言现状的研究可以以全国为整体进行，也可以以一个跨省的文化地理区域、一个省、一个地区或者一个村落、一个工厂公司为单位进行研究，还可以以一个民族为调查对象进行研究。研究内容主要包括对方言（少数民族语言）的描写、社会方言、语言关系、语言态度、语言变体等方面。

概括起来说，中国的语言现状的宏观特点是"三多"：多民族、多语言、多文字。"就中国的情况而言，少数民族有 55 个，但是语言却有 80种以上，有人说甚至超过 100 种。这个问题还在调查研究之中。"② 2008年出版的《中国的语言》介绍了 129 种语言，这些语言分属于汉藏、阿尔泰、南亚、南岛和印欧五个语系。

一　民族语言学的角度

1949 年以前，对民族语言进行调查研究的成果很少，人们所知道的语种非常有限。新中国成立初期，为了民族识别工作的顺利进行，中央多次派民族访问团了解语言使用情况。1954 年罗常培、傅懋勣合作发表了

---

① 汪平：《方言平议》，华中科技大学出版社 2003 年版，第 11 页。

② 道布：《中国的语言政策和语言规划》，《民族研究》1998 年第 6 期。

《国内少数民族语言文字的概况》一文（《中国语文》1954 年第 3 期），
文中概括我国的少数民族语言有 48 种。1956 年国家开始了对民族语言的
普查工作，先后有七个工作队 700 多人参加，十年内新发现的民族语言有
16 种之多。改革开放以来，又有一系列的民族语言调查。新中国成立初
期对民族语言的调查识别工作，完全是为了服务于民族识别工作。1956
年开始的民族语言普查，主要为帮助少数民族创制文字服务。改革开放以
后的民族语言调查，主要是为了了解语言国情，为其他方针政策的制定提
供参考。

　　少数民族语言的使用情况，大致有以下三种类型，"1. 像蒙古、藏、维
吾尔、哈萨克、朝鲜这些有大片聚居区、人口在百万以上、文字历史也比
较悠久的民族，他们的语言除了在家庭内部、邻里和亲友之间使用外，还
在本民族的社会、政治、文化、教育、经济各个领域中使用，甚至在一些
邻近的或者杂居在一起的其他民族中也使用。在以这些民族为主体的自治
地方，执行公务时，这些少数民族语言与汉语是并用的。他们都有比较发
达的出版事业，有从小学、中学直到大学的本民族语言教学体系。新闻、
广播、电视、文艺也都广泛使用本民族语言。2. 有些少数民族，如壮族、
彝族和傣族，他们虽然也有成片的聚居区，在家庭内部、邻里之间，在农
村和小城镇主要使用本民族语言，也有传统的文字或者新创制的文字，但
是方言差异大，本民族的语言在社会上的应用不如上述蒙古、藏、维吾尔、
哈萨克、朝鲜等民族语言那么广泛，在政治生活中目前还仅限于口头交际
和少数重要文件的翻译。出版物也不多。教育上，一般只在小学作为一种
教学语言使用。傈僳语、拉祜语、景颇语、载瓦语的使用情况大体上也属
于这个类型。3. 其他少数民族，他们的语言只在日常生活中使用。在政治
生活、学校教育和集市贸易中往往使用其他民族的语言（主要是汉语，有
些地方也使用其他少数民族语言）。没有与本民族语言相一致的文字，一般
使用汉字。属于这个类型的少数民族语言相当多，大约占语言总数的四分
之三以上，使用人口占少数民族总人口的一半以上"①。

　　在文字使用方面，"中国的文字，除全国通用的汉字以外，现在有 20
个少数民族使用着 30 种文字（包括方言文字）"②。

---

① 道布：《中国的语言政策和语言规划》，《民族研究》1998 年第 6 期。

② 同上。

　　这种概括是非常宏观的，也非常粗略。粗略且不说，还存在着问题，那就是"语言和方言的划分也是一个复杂的问题。究竟差别大到什么程度才是独立的语言，至今无论在理论上还是实践上都还没有公认的标准"①。

　　因为语言的标准的不统一，还有一些其他因素，使得语言的数量也难以统一。例如，"在过去的一千年，欧洲语言的数目随民族国家的出现而增长。公元950年，欧洲只有6种语言：拉丁语、希腊语、希伯来语、阿拉伯语、古英语、教会斯洛文尼亚语。到1250年，在欧洲使用语言的数量达到17个。这个数目一直保留到19世纪初。在19世纪，国家的语言达到30个。到1937年，这个数目增至到53，而且自那以后，还在增加。每个'新'国家要求有自己的语言，语言成为民族（国家）的感情的体现"②。这样看来，介绍中国的语言状况只称说语言数量有多少，给出一个数字，这意义并不大，因为数量划分的标准都还是一个问题。当然，每当中国的语言的数量数字有所增加，那可能就是对中国的语言状况有了更加深入的了解，也可能是有了更加细致的描写。

　　中国语言状况最大的特点是语言丰富多样。

二　方言学的角度

　　方言研究主要是共时平面的语言描写，同时也研究与方言相关的一些问题。"（方言）形成问题与该地区历史人口结构的变动、历史行政区划的变化、自然地理环境、地区经济与文化的发展都有密切的关系。（侯精一　2001　李如龙　2001　游汝杰　1992）这方面的研究成果目前还不够多。"③ 就语言规划而言，这类与方言相关的"关系研究"更为重要。汉语方言分区，我们主要可以分为官话方言、晋语、吴语、徽语、湘语、赣语、客家话、粤语、闽语、平话等区域。

　　官话是汉语方言中最大的方言，官话的区域分布非常的广泛。"官话

---

① 道布：《中国的语言政策和语言规划》，《民族研究》1998年第6期。
② 李兴华：《从民族身份看欧盟多元化的语言政策》，《法国研究》2006年第4期。
③ 侯精一：《现代汉语方言概论》，上海教育出版社2002年版，第1页。本节内容引用该书的地方较多，为了节约篇幅、方便标注，在下面，我们用"（p.₁）"的形式在正文中标注，"p.₁"代表在该书的第1页。这种标注方式，仅限于本节内容。

方言分布于以下三部分地域的汉民族居住区和某些少数民族自治区：
1. 长江以北地区；2. 长江以南包括西南的四川、贵州、云南三省，湖北西北角，镇江至九江的部分沿长江地区；3. 河西走廊及新疆全省区……使用人口66000多万，占中华人民共和国总人口的64.51%，占汉语人口的67.76%……官话方言覆盖内蒙古、黑龙江、吉林、辽宁、北京、天津、河北、山东、河南、安徽、江苏、湖北、湖南、四川、重庆、云南、贵州、山西、陕西、宁夏、甘肃、青海、新疆、广西、江西、浙江等26个省市自治区的1500多县市的全部或部分地区，按照其内部差异又可分为北京、东北、胶辽、冀鲁、中原、兰银、西南、江淮八个次方言"（p. 4）。官话方言有几个大体上的特点。"1. 古全浊声母今读清音，塞音和塞擦音平声送气、仄声不送气。2. 鼻辅韵尾只有 – n、– ŋ 两个（– m 并入 – n）。3. 全浊上声归去声、去声不分阴阳，声调类别少。4. 大多数地区没有入声，没有入声当然也就没有塞音韵尾；有入声的地区有的有塞音韵尾，有的没有塞音韵尾。5. 单数第三人称代词用'他'。6. 家畜家禽表性别的语素在前。7. 语序，如官话方言跟南部一些方言'菜花'和'花菜'、'干菜'和'菜干'、'喜欢'和'欢喜'等不同……8. 有给予义的双宾句，指人的宾语在指物的宾语之前"（p. 11）。官话方言区很大，内部也存在一些差异，所以，有些方言学家认为把官话方言区作为一个大区并没有太大的意义，还不如把官话区划分为几个方言区。但是，相对于其他方言区而言，官话方言区的内部差异性相对较小，把官话划为一个方言区有其合理性。

　　晋语方言区。晋语的区域范围包括"山西省除南部以外的广大地区以及河北、河南、内蒙古、陕西等四个省区临近山西的地区，总共176个县市"（p. 41）。晋语方言区的划分标准问题："有无入声是区分晋语的标准。此外，还有一个地理上的条件，即必须是'山西省及其毗连地区'。应该说这是一条简单明了的、有效的标准"（p. 46）。山西省历来是一个较为封闭的区域，与外部的交流相对较少，内部交流相对较多，并且山西省历史悠久，这是晋语形成与稳固的重要条件。

　　吴语方言区。现代吴语的区域范围包括"江苏省南部、上海市和浙江省的全境，以及江西省、福建省和安徽省的小部分地区"（p. 67）。吴语的语音标准，主要有帮滂并、端透定和见溪群三级分法，"塞音三分""对内"具有很强的一致性，"对外"具有很强的排他性（p. 71）。

徽语方言区。徽语的区域范围包括"黄山以南，新安江流域的安徽旧徽州府全部，浙江旧严州府大部及江西旧饶州府小部分地区"（p. 88）。徽语的语音特点主要表现在五个方面。"1. 古全浊声母清化，塞类声母不分平仄以读送气清音为主（区别于吴语，全送气区别于江淮话）；2. 声调简化，以六调为主。古清去浊去有别，而调值有并于平上的（浊入常并阳去或阴上；区别于吴赣江淮）；3. 古鼻韵尾及 –i、–u 韵尾大量脱落或弱化（区别于赣语）；4. 全浊上保留读上声为主，连调变化发达而以前字变调为主（区别于赣语、江淮话）；5. 有鼻音式儿化小称音变（区别于赣语、江淮话）"（p. 91）。

湘语方言区。湘语的区域范围包括"湖南的湘江、资江流域和沅江中游少数地区，以及广西北部的兴安、灌阳、全州和资源四县"（p. 116）。湘语的语音标准问题，"历来对湘语的确认，是以声母的发音方法作为标准，即古浊音声母今逢塞音、塞擦音时，无论保留浊音或是浊音清化，不管平仄，一般都念不送气音"（p. 123），还有一些其他的特点。

赣语方言区。赣语的区域范围问题，"赣语区的中心地带在江西省的赣江中下游和抚河流域以及鄱阳湖地区。湘东、鄂东南、皖西南、湘西南等地区也有赣语"（p. 141）。赣语的主要特点有：古全浊声母今读塞音、塞擦音时，为送气的清音；遇摄三等鱼韵、流摄一等、臻摄开口一等、曾摄开口一等和梗摄开口二等文读字，许多地方的主要元音是 ɛ，或相近的 e 或 æ；"梗摄字一般都有文、白两套韵母"，"大小"的"大"读蟹摄徒盖切，"大姑、大娘、大姨"的"大"读果摄唐佐切；影母字开口呼多读 ŋ 声母；"菜梗"的"梗"绝大多数地方都读 u 介音；咸山摄一二等字的韵母主要元音有区别；除了吉安茶陵片的大部分地方没有入声以外，赣语区的其他绝大部分地区都有入声；"太阳"叫"日头"或"热头"（p. 144—145）。

客家话方言区。客家话是客家人讲的话，但是在方言分类上，还需要从语音上着手，不能认为凡是客家人讲的话都是客家话。客家话的区域范围，"主要分布于我国的八个省区（广东省，广西壮族自治区，福建省，台湾省，江西省，海南省，湖南省，四川省），二百多个县市。其中以广东省中部、东部地区，福建省西部地区，江西省南部地区的客家人住得最集中"（p. 155）。

粤语方言区。粤语的区域范围主要包括：珠江三角洲、粤中地区、粤西南地区以及粤北的部分地区、广西东南各县，香港和澳门也广泛使用粤语（p. 174）。

闽语方言区。闽语的区域范围主要包括：福建省沿海出口的江河流域，广东省的潮州、汕头、汕尾3个地区的15个县市和雷州半岛的4个县市，海南东部南部和西南部沿海12个县市；浙江东南部，苍南县大部分乡镇通闽南话、泰顺县部分乡镇通闽东话；台湾省大部分地区也通闽语；此外，南方各省区还有一些方言岛（p. 207）。

平话方言区是有些方言学者的划分，把它单独划为一个独立的方言区。一般分为桂北平话和桂南平话，主要分布在广西壮族自治区的某些地区。

三　关于《中国的语言》一书

关于我国语言使用现状的问题，《中国的语言》一书应当可以参考。

《中国的语言》全面介绍了中国境内129种语言的基本情况。该书详细分析了中国各种语言的分布、使用人口、使用状况、语言系属；语言的语音、语法、词汇特点；语言的方言情况，包括分布、使用人口、差异、特点；语言的书面形式及特色。针对当前学术界一些有争议的问题，如语言和方言的界限、语言的谱系分类等，该书都提出了独到的见解。《中国的语言》的描写框架和所收语言在国内外学术界基本已经形成共识。全书根据《中国大百科全书》早已经确定的语系、语族、语支的框架编排，共分为七编。第一编为导论，简要介绍中国语言调查的成就（包括汉语方言调查和少数民族语言调查），讨论中国语言的调查方法、谱系分类、语言和方言的区分、类型学特征、研究方法论，书面语的体系和类型等问题。从第二编起，按照语系（及其语族）的顺序，分别介绍了汉藏语系、阿尔泰语系、南亚语系、南岛语系、印欧语系、混合语等129种具体语言（其中包括分布在台湾省高山族使用的15种少数民族语言）的特点。针对"我国有56个民族，为什么会有129种语言"的问题，《中国的语言》在概论的第二章《中国的语言识别问题》作了简要回答——其主要原因在于我国一些民族使用两种或多种语言，如布依族、东乡族、哈尼族等。《中国的语言》还收入了分布在广西、四川、西藏、青海、甘肃等不同地区的5种混合语。中国各民族很早以来就互相杂处，其语言彼此接触、互相影响。《中国的语言》引入混合语的研究是一种重要尝试，目的是希望引起学术界对语言接触研究和语言混合现象的兴趣和重视，推动混合语理论及相关问题的讨论和研究。

四　关于"语言区域"和"区域语言"

我们在探索语言现状描写的"中观研究"的时候，可以考虑与方言分区的理论标准不完全相同的"语言区域"。关于"语言区域"的论述，中观的研究，笔者见到的成果很少。"语言区域：亦称'语言联盟'。一般指没有直接亲属关系的几种语言由于长期共处于一个地区而语言结构上产生共同特征的现象。这里所说的'语言区域'概念，与语言学通行的说法不尽相同。它包括有亲属关系或没有亲属关系的数种语言或方言存在的地域范围。因为在东亚大陆，语言发生学的关系跟扩散关系很难区别开来，这里借用文化区概念，从语言特征的相似性，如共同的语音、语法结构类型，同源词或关系词，来限定语言区。语言区可以根据共同的语言特征加以分类。语言区域是不同的语言社会长期相邻的结果，而不是不同语言社会统一合并的结果。研究语言区域现状及其发展规律，对于探讨人类文化的融合、同化以及人类语言未来发展的趋势有重要的意义，"① 这里定义的"语言区域"受历史语言学的思想影响较大。根据这种思路，语言区域的分区可以联系到文化区域的分区，"根据史前存在的南北两大文化区域的传统，根据南北汉语的不同语言特质，把汉语分成南北汉语二大语言区域；又可在南方汉语中的各个文化小区中，如吴越文化、楚文化、东南百越文化，划分南方汉语方言区域。处于语言区域中心的语言特质呈放射性状向边缘区域传播，因此，原来地处边缘区，本无亲属关系的语言，由于语言区域中心的长期扩散，数种语言长期接触，所以出现了系统化的共同类型特征。如东南沿海百越文化区的原南岛语，由于中原汉文化语言的强劲扩散影响，已由多音节胶着语转向单音节有声调的孤立语"②。其实，根据文化区来划分语言区，比传统的方言分区还有更多的弊端。再说，文化本身就是一个异常模糊的概念。"从语言上看，传统语言学家采用语言、方言、土语等概念来描述语言的内部差异；从文化上看，文化人类学家采用文化圈、主体文化、区域文化、固有文化、外来文化、亚文化、原型文化等概念来描述不同层次、不同特点的文化。社会语言学家更

①　邓晓华：《人类文化语言学》，厦门大学出版社 1993 年版，第 173—174 页。

②　同上书，第 175 页。

进了一步，他们联系语言使用者的社会特征研究不同的语言变体，进而认识语言的异质结构。如果我们联系文化特点来研究语言的异质性特点，就会发现，一个民族、一个社团的诸多社会变体都会形成不同的语言和文化变体，如果联系双语和双文化现象，问题就变得更加复杂。这样看来，豪根提出的语言和文化关系的四种类型就显得过于简单化和表面化，它们无法从本质上揭示语言和文化尤其是双语和双文化之间的关系。同一个民族使用同一种语言的人，因各种不同的社会文化环境可以使用不同的语言变体，双语和双文化人的语言变体就更加复杂。对于这样的问题，传统的语言学和文化学没有涉猎到，新兴的社会语言学、文化语言学虽有所涉猎，但还没有触及到问题的本质。这一方面说明双语、双文化现象的复杂性，同时说明我们对语言和文化关系的认识还有待于进一步加深，"① 这种观点无疑是可取的。"其实早期语言分区，方言差异必定比现在更为复杂，用'祖语'这个抽象概念来包涵整个东亚大陆早期的语言分区并不完善……至 80 年代，语言学者开始引用德国另一位语言学家 J·施密特提出的文化传播学派的'波浪理论'学说，取代'谱系树'理论，开始修正传统的观点。"② 方言差异是一个非常复杂的问题，把复杂的问题进行简单化的处理并不是一种很好的解决方案。"区域语言"的界定、划分与研究，有待于进一步完善。

我们平时在说语言的区域层次大小的不同时，一般可以用"全国通用、区域通用、民族通用、族内通用"来说明语言通用区域的大小，用"方言、区域通用语、国家通用语、国际交际用语"来界定不同层次的区域语言。这是一种比较科学的提法，但在划分区域的实践上也存在同样的难度。"区域通用语"应该是适应我国语言现状"中观研究"的视角的。

五　我国大陆语言现状的主要表现

总体来说，我国国土地表广阔，交通方便，人们交往频繁，存在着使用人口较多的"大语言"。我国南方地区，山河阻隔，在过去的时代农耕定居，交往较少，历史形成的方言隔阂较大。

语言的使用具有较大的统一性。普通话是全国唯一的国家通用语言，

---

① 邓晓华：《人类文化语言学》，厦门大学出版社 1993 年版，第 178 页。
② 王远新：《中国民族语言学：理论与实践》，民族出版社 2002 年版，第 309—310 页。

规范汉字是全国通用的文字系统，中国语言表现出明显的统一性。普通话和规范汉字是最主要的跨区域的通用语言文字。

关于我国的语言状况，还要注意以下几个方面：跨境语言的利用与开发问题；双语教育问题；语言使用问题、语言兼用问题、语言保持问题、语言转用问题和濒危语言问题；语言系属问题；传统文字（19 世纪以前的文字）、近创文字（19 世纪末至新中国成立期间创制的文字）、新创文字（新中国成立以后创制的文字）问题；专用语言（如宗教语言、舞台戏剧语言等）问题等诸多方面。

语言状况的调查，既不能仅仅局限于微观的方言调查，也不能仅仅是泛泛的语言态度的调查；调查结果的决定权不能仅仅是语言学家说了算，不能仅仅是学理的解释，也不能完全听由被调查人自己的感觉"自以为是"，不能是被调查人的空泛的感情用事。总之，语言调查，既是客观的，又是主观的，需要兼顾各个方面。所以，语言状况的调查并不是一件很容易的事情，甚至可以说，关于语言使用状况的调查比传统的方言调查难度还要大。

中国语言使用状况是我国语言国情的重要内容，也是我国国情、国力、国务的重要组成部分。语言国情是制定语言政策的重要依据，是语言学家不可忽视的研究内容之一。

第二节　港澳台语言使用的基本现状

港澳台地区是中国领土不可分割的一部分，港澳台地区的语言使用状况也是我们需要了解、需要关心的一个方面。本节内容，本应该与第一节"大陆语言现状的区域差异的基本情况"放在一起加以介绍，但是，为了整本书的篇幅协调考虑，并且两节内容各有其特殊性，所以，我们特别分出这个第二节来。

我们在介绍语言状况的同时，还涉及这些地区的语言规划问题，在这里，我们是把港澳台地区的"语言状况"的介绍和"语言规划"的情况合二而一地进行叙述。

一　香港的语言状况和语言规划

香港于 1997 年回归祖国，语言状况基本保持原有的式样，基本上是

"高层语言为英语，底层语言是粤语，而汉语（普通话）在这两者之外亦占有一定的地位"①。"香港现行的语文政策概而言之是一种'两文三语'的语言政策，不过'两文三语'并未在《中华人民共和国香港特别行政区基本法》（以下简称《基本法》）中予以表述。关于法定语文，《基本法》第九条规定：'香港特别行政区的行政机关、立法机关和司法机关，除使用中文外，还可使用英文，英文也是正式语文。''两文三语'最初是以香港特区政府语文教育政策目标的面目出现的。"② 自 1997 年到现在，普通话的使用有所增加，地位有所提高，但英语仍然是高层语言。

在香港的教育领域，主要以英语为教学语言。2005 年 12 月，香港政府颁布了《检讨中学教学语言及中一派位机制报告》，对初中阶段的教学语言维持原状，如："原则上，所有中学应在初中阶段采用母语教学，同时要致力使学生学好英语"，对使用英语教学的学校提出了一定的条件要求。以后的学校教学倾向于鼓励使用双语教学，英文中学同时以英语和粤语为教学语言，中文中学也进一步加强了英语的学习。

在媒体语言使用方面，香港的电台和电视台使用粤语最多，其次是英语，再次是普通话。

香港语文教育及研究常务委员会可以对教育教学语言的使用做出决策影响，但它仅仅是教育和人力统筹局的咨询机构，不是常设机构，更不负责整个香港的语言政策问题。

在香港，普通话虽然还不是高层语言，但是，推广和使用普通话是香港社会发展的需要，普通话在香港可能会有较大的发展。

二 澳门的语言状况和语言规划

葡萄牙占领澳门之前，澳门是一个汉语社会。鸦片战争开始后，又有一些英国人进入澳门。除此之外，也有少量的泰国人、菲律宾人来到澳门。这样一来，澳门自然就成了一个多语多方言的社会。

澳门是一个多语多文化社会，语言使用状况大体可以概括为"三文四语两字"，"三文"即中文、葡文、英文，"四语"即粤语、葡语、普通话、英语，"两字"即繁体汉字、简体汉字。据统计司 1991 年的统计，

---

① 周庆生：《中国语言生活状况报告（2005）》，商务印书馆 2006 年版，第 309 页。
② 周庆生：《中国语言生活状况报告（2006）》，商务印书馆 2007 年版，第 281 页。

讲粤语的人口占 86.3%，讲葡语的人口占 1.8%，讲普通话的人口占 1.2%，讲英语的人口占 0.05%，讲汉语其他方言和少数民族语言的占 9.2%，讲其他语言的人口占 1.1%。在一百多年时间里葡萄牙语一直是澳门唯一的官方语言，1992 年葡萄牙语和汉语同为澳门的官方语言。1999 年澳门回归祖国，《中华人民共和国澳门特别行政区法》规定："澳门特别行政区的行政机关、立法机关和司法机关，除使用中文外，还可以使用葡文，葡文也是正式语文。"这进一步地保障了汉语的官方语言的地位。

正因为澳门的多语现象，使得澳门的双语人口较多，"三语人""四语人""多语人"也有一定数量的存在。

在澳门使用的汉语主要包括粤语、普通话、闽语，还有一些汉语的其他方言。粤语是澳门人的语言标志和身份象征，社会上存在着各种各样粤语，比如"上海粤语""北方粤语""福建粤语"等。在澳门，普通话是一种高层语言，主要用于社交领域和官方场合，但是以普通话为母语的人很少，大多数"普通话"都属于"地方普通话"的类型，类似于"川普""滇普"一类的普通话。澳门普通话的另一种形态是"归侨华语"，这也同时是澳门普通话大多是"地方普通话"的一个原因。普通话在澳门的使用，以后会有上升的趋势。在澳门，闽语也有一定的使用。至于汉语的其他方言，主要是指澳门居民中，有些人来自吴语区的江苏、浙江、上海等地，这些居民在澳门的语言使用由于受"家乡话"的影响，会或多或少地表现出方言的影子。

葡萄牙语是国际上的一种重要的语言，澳门曾是葡萄牙的殖民地，所以，葡萄牙语在澳门也有一定的使用。澳门回归祖国以后，依然有一些操葡萄牙语的人员位居澳门政府高职，葡萄牙语也是立法领域的重要语言，大多数法律文件是用葡萄牙语书写的。

以英语为母语的人在暂时移居或者永久定居澳门后，大多数人依然使用英语，这主要包括英籍居民、菲律宾籍居民等。英语虽然不是澳门的官方语言，却是金融、商业、教育、科技等领域里的非常重要的语言。

泰国语、菲律宾语等，在澳门也有少数人使用。

关于澳门语言使用的人口统计，《澳门语言状况与语言规划研究》[①]

---

① 黄翊：《澳门语言状况与语言规划研究》，北京语言大学博士学位论文，2005 年。

中资料较多，可资参考。

澳门回归祖国后，从各种语言的彼此消长来看，中文的地位逐渐得到提高、增强；葡萄牙语的使用人口有所减少，但葡萄牙语的地位并未明显下降；学习英语的人数和规模呈逐年上升趋势。汉语使用中，普通话的使用得到了进一步的发展。

从社会语言学的角度来说，澳门的博彩语言也是一大特色。

长期以来，澳门的教育发展并不好，文盲较多，澳门居民的英语水平也比较低。由于汉语、葡萄牙语、英语的长期接触，澳门居民的语言有时表现出一种克里奥尔语化的倾向。

在未来一个时期内，澳门的双语政策将是重要措施，要加大双语教育力度，尊重保留使用葡萄牙语的人们，推广普通话，加强英语的学习和使用，促进语言规范地发展。

三　台湾的语言状况和语言规划

台湾是中国领土不可分割的一部分。元朝在澎湖设"巡检司"，管辖澎湖、台湾民政，隶属福建泉州同安县（今同安区）。自明代以来台湾就受到倭寇的不断侵扰，后来西班牙、葡萄牙、荷兰等列强相继侵扰台湾，1662 年荷兰签字投降，郑成功收复台湾。1684 年清政府在台湾设 1 府 3 县，隶属福建省。甲午之战后，清政府和日本签订了丧权辱国的《马关条约》，将台湾和澎湖列岛割让给日本。台湾从而沦为日本的殖民地，开始了长达 50 年的日据时期。1945 年 8 月 15 日，日本宣布无条件投降，台湾重新回归祖国。新中国成立前夕，蒋介石以及国民党的部分军政人员跑到台湾建立政权，直到今天。由此可以看出，台湾的历史是一部多灾多难的历史。

历史地看，台湾的语言状况，可以分为七个时期①。

（1）南岛语言时期（1660 年以前）。在此期间，台湾居民主要为原住民，在台湾的汉人很少。从原居民的语言和文化看，原居民语言属于南岛语系。

（2）闽南话和客家话移入时期（1660—1895 年）。郑成功收复台湾后，大批汉人移入台湾，主要是福建的闽南人和广东的客家人。汉族人口

①　周庆生：《中国语言生活状况报告（2005）》，商务印书馆 2006 年版，第 331—332 页。

很快超过了原居民的人口，闽南话和客家话成为台湾的主要用语。

（3）日语影响时期（1895—1945 年）。日本统治台湾期间，日本人在台湾设立"日语传习所"，采取"废除汉文，禁止台语"推广日语的做法。1933 年又实施"日语普及十年计划"和"日语常用家庭"方案。日本在台湾统治的 50 年里，加强日语的地位，限制汉语的使用，使得汉语在台湾濒临灭绝①。日语成为学校用语。

（4）"提倡汉语，取代日语"时期（1945—1955 年）。1946 年国民政府成立"国语推行委员会"，希望汉语能够在短时间内取代日语。

（5）"国语稳固，减少方言"时期（1955—1970 年）。国语推行取得了明显的效果，接着开始逐渐减少方言的使用，在学校里禁止学生使用方言。

（6）国语独尊时期（1970—1990 年）。国语成为全国一致通用的语言，严格限制在公共场合使用方言。

1945—1990 年这一阶段，国语的地位得到了很大的加强，日语的影响式微，方言使用也有限。国民政府推行国语实行"独尊国语"的语言政策，成效显著。

（7）多语多方言发展时期（1990 年至今）。随着台湾的政治变动，台湾岛内台独势力抬头后，本土文化得到进一步的发展，语言领域出现了本土化语言运动，提升了原住民语言、闽南话、客家话的地位，方言也成为公共场合使用的语言。在台湾，研制方言字和原住民语言书写系统的工作也有了一定的发展。

2001 年，台北市原住民事务委员会率先引进"语言巢"的概念。2007 年，"行政院"原住民族委员会公布《2007 年度原住民族语言学习暨语言巢实施计划》，正式提出语言巢政策②。"语言巢"的概念源自新西兰，20 世纪七八十年代，新西兰毛利族人面对母语濒危的威胁，自发性的以家庭为基础，在小区构建母语学习环境，1971 年出现了第一家母语幼儿园"Kohanga Reo"（毛利语意思为"语言巢"）③。

在台湾，台独势力时有发展，台独势力常常把语言政策作为"去中

---

① 仇志群：《台湾推行国语的历史和现状》，《台湾研究》1994 年第 4 期。

② 袁辰霞：《台湾原住民族语言政策与语言教育研究》，中央民族大学出版社 2013 年版，第 131—132 页。

③ 同上书，第 131 页。

国化"的一个突破口。面对"语言台独"，我们要从两个方面来看。一方面是国语的地位比较稳固，"语言台独"很难在短期内真正达到目的。另一方面我们要警惕"语言台独"，日本统治台湾50年差点就使汉语灭绝，语言作为中国文化的纽带的作用不可忽视。台湾在未来的语言政策，会随着台湾政治的走向而有所变化。当然，我们有时又不能过度敏感，不宜把各种语言政策都归结为"台独"势力在背后操纵。比如说，"语言巢"的提出就与文化本土主义、文化多样化观念存在着一定的联系，不一定都有政治上的诉求。

总体上来说，近年来，简体字使用升温，公文书写将改为由左而右横行排印，大陆的普通话的影响力有所提升。在台湾，国语是高阶语言，闽南话是中阶语言，客家话、外省话和原住民语言是底阶语言。在台湾的外语主要是英语。

纵观清代以来台湾的语言使用情况，我们大体可以概括为：官话独大、日语强势、独尊国语、多语并存的这么一个过程。甲午之战前，清朝曾对台湾进行过有效的统治，这个时期里，汉语官话和汉字是台湾的官方语言和教育语言，对后世影响深远。

第四章

语言规划的经济学分析

【本章地图】

　　本章共包括三节内容，第一节语言规划的经济学分析，第二节语言经济学在中国，第三节关于语言生态与保护的问题。

　　第一节语言规划的经济学分析，我们概括和梳理了以往的此类专题研究，运用经济学的分析方法，对我国的语言使用（普通话和方言）与区域经济的发展实例进行相关性分析，对语言、语言资源与语言环境研究作了一个简单的回顾和总结，提出语言"大同小异"的发展趋势是社会语言学的一个宏观结论。人口迁移对语言变异有一定的影响，语言的统一程度与区域经济发展具有一定的相关性。语言规划只是语言学的一个组成部分，而语言规划的经济学分析几乎是语言经济学的全部内容，也就是说，语言经济学基本上都是为了解决语言规划的相关问题。

　　第二节语言经济学在中国，指出 2008—2012 年是语言经济学在中国真正"起步"的五年，综述类研究现在已经无法进一步突破了。从基础理论上讲，"语言经济学＝语言规划经济学＋语言市场经济学"，"计量语言经济学"研究应当注意基本理论的"适应性"问题。在应用研究方面，"语言产业"的计量研究迫在眉睫，"语言距离"在语言经济学中有两种研究用途。

　　第三节关于语言生态与保护的问题。人们明确提出语言生态的相关观点的历史并不久远，是近些年来的事情，这种思考是非常有益的，但是，语言生态与自然生态是很不相同的两个问题，不能简单比附。语言规划的分析视角不仅仅存在经济学的视角，本节内容就是对语言规划的经济学分析的一个补充，经济学分析注重实证研究，而本节内容主要是一种思辨，本节内容与第一节的内容相互补充。几乎在所有人的认识当中，语言多样性是一种不经济的行为，实际上这也是接近事实的。但是，人们又看到艺术是语言多样性的一个栖息地，非物质文化遗产保护是保持语言多样性的一个有力武器，于是，许多学者纷纷提出要把语言作为非物质文化遗产的一个重要的组成部分。

本章是本书中最重要的章节之一，其中第一节、第二节是本章的主体。第三节可以作为第一节内容的一个"附注"。本章三节内容较为全面地概括了语言经济学的各个方面。

第一节　语言规划的经济学分析*

语言是一定社会、一定历史的产物，语言是人的语言，语言研究很难绝对孤立地就语言而研究语言。语言学是以语言本体为主要研究对象的学科，语言规划是以语言学为基础兼跨其他众多学科的交叉学科。语言规划涉及语言学，还涉及政治、经济、教育、传播、地理、文化、法律、社会、历史、心理和宗教等众多学科，语言规划研究要处理好国家、语言使用者、语言本体、语言环境等几方面的关系。

在概念方面，"关于语言经济学，至少到目前为止有以下几种提法：一是语言的经济学（Economics of Language），二是语言（学）经济学（Linguistic Economics），还有一个就是经济学与语言（Economics and Language）。Grin（1996）将 Economics of Language 定义为'理论经济学的一种范式，在对表征语言关系的研究中，使用经济学的概念和工具。它主要（但不是专门地）侧重于经济变量起作用的那些关系'，'经济学的特点不

---

*　本节内容曾发表于《制度经济学研究》2008 年第 2 期，在此略作修改。该文又被收入王辉、周玉忠主编的《语言规划与语言政策：理论与国别研究（续）》（中国社会科学出版社 2015 年版）。

本节内容在概念表述上，大多数地方用"成本收益"的说法，有极个别地方有"成本效益"的表述，但是这种个别地方是引用其他文献中的内容，笔者无法为了行文的一致性而改动原引用文献。"成本收益"与"成本效益"两个概念并不完全等同，收益主要指经济收益，而效益往往包括经济效益、社会效益等在内。但是，在本节所引用的文献中在提到"成本效益"的时候也是指经济效益，故而在这里我们可以对这两个概念不作区分，一律视为"成本收益"的表述。

在于它研究的话题，而在于研究那些问题所采取的方法，从这个意义上说，把经济学论证推理方法应用到语言问题就成为语言经济学的一部分'……说到底，是利用经济学的理论、方法和工具把语言作为一个变量、一个参数来分析语言对经济的作用与影响，其主要论据就是人力资本理论……Linguistic Economics 是从语言的角度来研究经济的学科。它可以被理解为研究语言经济（Linguistic Economy）的学科，如语言的经济价值、语言学习培训的经济效益等……也可以把语言作为分析经济学的一种方法……还可以从语言学角度出发，用经济学的方法来解释语言（如语言的演变、发展）等……Economics and Language 是一个宽泛的名称……涉及到语言的语义、语用及演化问题本身，还对经济学的语言进行了经济学分析"①。我们下面的研究基本上是 Economics of Language 的研究，不过，在具体的研究上要更系统一些。

以往对语言经济学的研究大致经历了三个阶段。（1）把语言看成一种民族归属，特定的母语造成了特定的人群，这些人群的经济收入有很大的差别。这阶段的研究，如美国黑人和白人的收入差距，加拿大以英语和法语为母语的人们的收入差别。母语是一种遗产，不需要个人奋斗就能够实现，而第二语言则是个人多劳多得的事情。（2）语言能力是人力资源的一个组成部分，语言技巧和其他技巧一样，都可以作为经济要素，可以通过投资获利。（3）语言对人们经济地位和社会地位的影响，并用经济学的成本收益分析来评价各种不同的语言政策，不同的语言政策的相对优劣比较成为一种量化上的可能。

语言的内部结构不会因为经济发展的不同而显示出太大的不同，语言没有优劣之分，只要能够有效地满足交际就行。但是语言使用的状况，如语言使用的多少、程度、参与经济的力度、地域差异等却与经济发展有着很大的关联。

一　语言规划的成本收益分析

经济学中影响消费的一些因素，如偏好、效用、替代效应、边际效益、价格弹性、收入约束、时间约束、机会成本等，语言也同样具有。从

---

① 张卫国、陈屹立：《经济学的语言与语言的经济学——语言经济学的一个综述》，《2006年中国制度经济学年会论文集（三）》，2006年，第329页。

语言的使用人数、社会的开放度、自由度、语言学习的难度、区域经济发展水平等方面，体现出来的学习成本、机会成本、心理成本、经济收益、心理收益、代际收益等内容，都可以用经济学加以分析。这是语言经济分析的基本前提。

雅各布·马尔萨克提出"信息经济学"时揭示了语言具有经济学本质[1]，即语言具有价值、效用、费用和效益，遗憾的是他自称是语言学的门外汉，对语言学的深层次的问题了解不多。后来有许多学者从成本收益角度来研究语言规划，主要有 Thomas Thorburn（1971）、Timonthy Reagan（1983）、Francois Vailancourt（1983）、Ridler 和 Pons-Ridler（1986）、Jonathan Pool（1991）、Francois Grin（1996）等，其中以 Francois Grin 的研究最为突出，以上这些研究，主要起自经济学家。到了后来，语言学家、教育学家等也加入语言经济学的研究行列中来，语言经济学得到了进一步的发展，主要有 Stanley（1990）、Kuo 和 Jermuded（1993）、Monica Taylor（1996）、祝畹瑾（1992）、戴炜栋（1993）、何自然（1997）、高一虹（1998），等等。

语言能力体现为人力资本，"语言本身也是一种人力资本"[2]。"语言经济学领域中，研究的最多、最深入的一个主题和人力资本理论息息相关，"[3] 人力资本的核心是教育投资。语言的成本主要是语言学习的成本、语言交流的成本、语言政策推行的成本等，语言学习的成本又包括语言教育中书籍费用、教师课酬、母语的区域跨度、语言学习者的机会成本等。语言的收益包括掌握某种语言比没有掌握这种语言多得的个人收入、社会地位改变所形成的心理收益、某历史时期"更有价值的语言"作为母语的代际收益、语言促进外贸的力度、语言保持对民族文化的保护价值、语言推广的政治收益等。"探讨语言与收入的关系主要从下面两个视角入手。一方面，某个人群或社会阶层归属于一个特定的语言种群，该种群在社会经济中实物和金融资产所占份额比较低，则归属于这一特定语言种群的社会阶层也将获得劣势的收入水平……另一方面，讨论第二语言对收入的影响。语言经济学家不是从种族歧视的角度而是从语言沟通费用的角度

---

① Marschak, J. (1965), Economics of Language, *Behavioral Science*, 2, pp. 135—140.

② Vaillancourt, F. (1989), Demolinguistic Trends and Canadian Institutions: An Economic Perspective. *Montreal: Association of Canadian Studies*, 3, pp. 73—92.

③ 张卫国、陈屹立：《经济学的语言与语言的经济学——语言经济学的一个综述》，《2006年中国制度经济学年会论文集（三）》，2006 年，第 321 页。

来考察这两者的关系。"① 从这一点上看，语言收益主要是学习"财富拥有者所使用的语言"而获得，似乎是语言因语言使用主体的贫富而或贵或贱。在研究中有些因子可以用金额表示，而有些因子无法用金额表示，经济评价并不是语言收益的全部。我们可以承认语言就类型学来说没有高级与低级之分，但是不同语言体现出来的经济价值却有高低之分；语言的经济价值取决于多种因素，主要是语言使用的程度与频率、参与经济活动的多少、人们的心理取向等因素。语言的经济分析，既包括语言个体的语言经济分析，又包括语言规划在国家层面的语言经济分析。这是语言经济分析的理论假设。

语言的网络效应，即语言的外部性，这可以看作语言使用领域里的"沉默的螺旋"理论。"假设一个群体由 n 个人组成，他们相互之间可以用共同语言 L 交流，必定有 n－1 个潜在的二元交际。如果认为由 A 发起（A－L－B）的 A、B 两人之间的交流同由 B 发起的（A－L－B）的交流是不同的交际，很容易验证，通过共同语言 L 会有 n（n－1）个潜在的交际发生。如果第 n＋1 个人加入群体，就会有（n＋1）n 个潜在交际，（n＋1）n－n（n－1）＝2 n，因此第 n＋1 个说同一语言的人可以给群体外的其他'网络'成员增加 2 n 个潜在的新交际的机会，进而带来直接收益。可见，语言的主要经济价值就是交际价值。"② 这种简单的模型就可以用以解释语言的网络效应。语言的网络效应主要体现为区域社会的乘数效应，而不一定就是个人收入的乘数效应。"语言群体规模扩大带来的社会边际收益要大于个人边际收益。但同时又出现了语言网络的另一种负外部性，即单凭语言学习的个体选择无法达到社会收益最大化问题。Jeffrey Church 和 Ian King（1993）就证明了外语学习中私人最优（源自个人效用最大化的学习投资）和集体最优（社会福利最大化）不一致。语言学习的个体目标和社会效益最大化不一致该如何解决呢？Church 和 King 认为，如果介入制度设计或管制，使个人决策效应内部化，可以增进集体福利。事实上，语言市场机制达到有效产出的必要条件是，使每个人考虑的是社会收益和成本（不仅仅是个人收益和成本），并基此做出决策。因

---

① 林勇、宋金芳：《语言经济学》，《金融信息参考》2004 年第 5 期。

② 张卫国、陈屺立：《经济学的语言与语言的经济学——语言经济学的一个综述》，《2006 年中国制度经济学年会论文集（三）》，2006 年，第 322 页。

此在语言市场网络外部性的前提下，集体福利最大化需要制度设计来使外部性内部化，以改善个人选择带来的低效性。"[1] 从这一点上来说，对语言规划的经济学分析其实是一种制度经济学的研究，语言规划就是着眼于社会福利的语言工程。

1. 定量研究和定性研究

当前，语言经济学定量研究还不够，可以说这是一个世界性的难题。与语言经济学相比，教育经济学通常被认为是一门较为成熟的学科。然而，"按照目前的研究手段，教育收益率的计算还难以准确无误，只能进行粗略估算。70 年代以来，作为教育成本收益分析方法论基础的人力资本理论本身受到怀疑和挑战"[2]。看来，教育经济学也不尽人意。语言经济学的许多研究，往往是用定性分析来描写或代替定量研究，这种以定性研究为主的成本收益分析，往往会给人一种读后"意犹未尽"感觉"很不过瘾"的味道，这是没有办法的事情。其原因就是在于研究的数据太难收集，在国家统计年鉴一类的数据中很难分解出哪些是语言的"纯成本"、哪些是语言的"纯收益"，甚至是连语言成本占教育成本的比例都只能靠估计（况且，教育成本本身就是一种估算，不是完全意义上的"定"量分析），没有专门的数据便无法进行定量研究。

定量研究在大多数情况下可以使研究结果更精确，但是定量研究要以定性研究为基础，如萨泽兰发表在 Nature 上的 Parallel Extinction Risk and Global Distribution of Languages and Species[3] 一文就属于定性不够，结论有些偏颇。量化研究最突出的学科是数学，数学中存在一些公理与定理，公理是原始命题属于定性的范畴，定理是根据公理用推断的方法证明出来的，可以说数学是以定性为基础的定量研究。崇拜定量研究，源于对实证的信任，但是，实证的事物并非都能够加以量化。语言的成本收益难以量化的原因之一，是因为对语言的成本与收益的定性模糊、不明确，以致很难独立统计。也就是说，语言成本收益具有很难"度量"的"性质"，定性是定量的前提。最近几年笔者一直在留意与语言经济学有关的数据，收

---

① 张卫国、陈屹立：《经济学的语言与语言的经济学——语言经济学的一个综述》，《2006 年中国制度经济学年会论文集（三）》，2006 年，第 322—323 页。

② 徐玮斌：《教育成本收益分析：实证方法探讨》，《教育与经济》1995 年第 3 期。

③ William J. Sutherland. （2003），Parallel extinction risk and global distribution of languages and species. *Nature*, 42（3），pp. 276—279.

集了许多数据，但是最后真正做起来时，发觉很难把那些数据中的"语言的原因所占的份额"分离出来，一度十分苦恼。有关语言的定量研究，确实存在"一个是量不够，一个是量不准"① 的问题。在具体的研究中，还是把定性与定量结合起来用比较合适。

关于以往的语言成本收益量化研究中数据的来源问题。在以往的语言成本收益量化研究中，以国外学者的研究居多，国内几乎就没有此类成果出现。综观各种研究数据的来源，从数据获得的可能方法来说，主要有下面几类。（1）语言成本，按照语言投资占教育成本的比例来估算。（2）小样本采访。采访一般采取电话采访或者问卷调查的形式，提问主要有先询问被采访者的语种及语言能力（一般是指外语），再问收入水平，按照会某种语言与不会某种语言分组统计收入水平，以此为样本记录。（3）在样本采访时，询问被访者收入水平，并且询问被采访者如果没有学习某种语言（或接受某种教育）的收入可能会比目前少多少。（4）采用平均收入法，一般分为受过高等教育的人的平均收入和未受过高等教育者的平均收入，再进一步换算成样本的收入。以上这些数据获取方法都存在一定的问题，主要包括以下六个方面。（1）语言学习成本在不同的国家、不同的方言区占教育成本的比例有很大的差别。"Grin 和Patrinos 在 1997 年所做的瑞士语言教育的研究中得出，教育支出中大约10% 花在了第二语言教育上（不包括高等教育）。这个数字可以作为参考，考虑到学习者学习外语的年限不同，笔者认为财政支出中语言的花费所占份额大约为 5% 到 15% ，"② 这种估算很难用于学习不同语言成本的计算。（2）被采访者对自己的语言能力的认识很不可靠，不能作为分组依据。曾经有一项针对欧盟地区的人民的英语能力调查，绝大多数被采访者认为能够较流利地使用英语交际，而与实际的语言能力测试结果悬殊。（3）被采访者对自己掌握一种语言与否引起的收入差的认识也只是一种估算，不同的人对估算跨度会有很大的差距，这种估算很难作为量化研究的基础。（4）在通过采访或者平均收入的各种方法中，对于收入统计的年限并不清楚，是工作年收入还是一辈子的收入在理解上也不尽一致，有研

---

① 于根元：《应用语言学前沿问题说略》，《长江学术》2006 年第 4 期。

② 宋金芳、林勇：《语言经济学的政策分析及其借鉴》，《华南师范大学学报》2004 年第6 期。

究教育经济学的学者是从 18 岁到 66 岁一段时间的收入来算的①，这里面也存在许多问题。（5）语言学习的成本也难以核算，特别是因为语言的区域差异引起的学习成本会有巨大的差异，一个中国人学英语的成本要比大多数欧洲人学英语的成本要高许多。（6）不同的调查者得出的数据可能会有很大的差别。以普通话的普及率为例，"1998 年 12 月 25 日《科技日报》报道，由中国人民大学新闻学院和日本国立国语研究所进行的一项语言调查得出结论说中国城市近 80% 的居民会说普通话。而《情况调查》的结果是城镇居民只有 66.03% 能用普通话与人交谈。应该说《情况调查》数据比较可靠，修正了前人的调查数据"②。有组织的调查尚且会出现如此大的差别，如果是由个人调查得出的数据那将是更加不可比较。"研究数据要能被世界上任何合格的研究者所认可。这就是说，一个研究者所获取的研究数据、资料必须有其合法性，能被其他的研究者在相同的条件下也可同性质地获取。表现于研究实践，研究者在进行具体研究时，其行动应该像物理学家或生物学家那样，以观察、实验的方法为手段，去收集可观察性的、可检验性的数据。失去这一点，整个研究也就失去其科学性。"③ 由此也可以看出，在语言成本收益研究中，为了追求研究的"过瘾"而进行的量化分析存在许多漏洞。当然，对语言成本收益分析还是有一些较为一致的定性认识：语言具有网络效应，语言的统一要比方言隔阂节约交流成本。

2. 一种分析的尝试

从理论上讲，"语言经济学能够通过同时考虑经济变量和语言变量之间的关系为语言政策提供有效的引导。语言经济学不仅通过严格地测量语言的货币费用和价值来讨论一国语言的经济效用，而且全面地测度语言政策的社会成本和个人成本以及预期的社会效益、个人效益和文化效益，从不同语言的总成本和总收益比较来指导国家语言政策"④。但是，这种变量的统计较为困难，很难切合实际。

对语言规划的成本收益分析的研究中，比较实际的，我们可以参考山

---

① E. 科恩、W. W. 休斯：《美国大学教育投资的成本收益分析（1969—1985）》，《教育与经济》1995 年第 2 期。

② 侯精一：《汉语规范化 50 年——谨以此文纪念〈语文研究〉出刊 100 期》，《语文研究》2006 年第 3 期。

③ 沃野：《关于社会科学定量、定性研究的三个相关问题》，《学术研究》2005 年第 4 期。

④ 林勇、宋金芳：《语言经济学》，《金融信息参考》2004 年第 5 期。

东大学宁继鸣教授的博士学位论文的相关内容。"间接成本是指除孔子学院设立和运营的直接成本以外，由制度、设立方式、环境等因素引致的，无法从现金角度直接观测到的成本。这种成本既不表现为孔子学院支出的增加，也不表现为设立主体负担成本的加大，而是降低孔子学院整体运行效率，削弱孔子学院完成使命的能力，影响中国语言文化的传播。间接成本的特点具有难以量化、不易分摊等特性，主要包括委托代理成本、契约不完全成本、协调成本、政治成本等。通过前面的分析可知直接成本是孔子学院设立和运行的主要成本，而且无论哪种设立模式所发生的直接成本都是固定的，不受模式的影响，可以把它作为一个常量。间接成本与设立模式有较强的相关度，会随设立模式的不同而发生变化，占总成本比重较小，所以可以认为任何一个成本收益因素的变化对间接成本的影响要小于对收益的影响。本文将采用增量分析法，定性地从成本和收益两个角度分析孔子学院设立和运行的效率，建立以各成本要素和收益要素为自变量，效率为因变量的成本收益模型。"[①] 孔子学院设立的成本收益方程可以表示为 $L = F\ (R_1,\ R_2,\ R_3,\ R_4,\ R_5,\ R_6,\ R_7,\ R_8,\ C_1,\ C_2,\ C_3,\ C_4,\ C_5,\ C_6)$，"无论哪个因素的变化，只要能够使得 L 增加，那么这种变化就是有益的，是我们所希望的；反之，如果一个因素的变化使得 L 减少，那么这种变化是有害的，是我们要规避的"。[②] 论文虽然是从孔子学院设立的不同模式的角度进行成本收益分析的，但是这种思路对语言规划的成本收益分析也有很大的借鉴意义。

我国的语言规划，我们可以主要考虑下面一些因子：政策决策和推行成本 Cp（policy）、语言学习成本 Cs（standard language）、语言学习的机会成本 Co（opportunity cost），所有语言个体的语言收入总和 Rb（balance）、促进外贸的收益 Rt（foreign trade），等等。另外还有，语言代际收益 Rg（relation between generations），未来的语言使用情况很难预测，一般可以认为学习强势语言时 Rg 为正数；语言的民族文化收益 Rc（culture），涉及通语和方言，与语言统一和语言多样化有关，对国族文化与民族文化分别产生不同的影响，将根据不同情况定性为正数或负数；语言的心理收益 Rm

① 宁继鸣：《汉语国际推广：关于孔子学院的经济学分析与建议》，山东大学博士学位论文，2006 年，第 117—118 页。

② 同上书，第 119 页。

(mentality)，可以认为使用人数过半的语言的心理收益 Rm 为正数；语言的政治收益 Rp（politics），与大国强国的语言有大的共通性可能会带来更大的政治收益，语言向其他国家广泛传播可能会带来更大的政治收益。我们暂且不把文字规划和外语学习列入成本收益分析，我们这里主要探讨语言规划中的官方语言和全国通用语的选择问题。我们把语言规划的成本收益用 F =（Cp, Cs, Co, Rb, Rg, Rc, Rm, Rt, Rp）表示，我们也可以采用"增量分析法"来比较语言规划的成本收益。为了简化起见，我们首先假定两个定性前提：（1）语言的统一有利于交流成本的节约（与语言的网络效应有关）；（2）语言统一后的收益基本相同，没有太大的差别，无论是学习哪种方言或通用语。于是，成本收益分析简化为对较低成本的探求。我们假定不同方言之间的学习难度相同（事实上，普通话音系较为简单，大多数方言的音系相对复杂，学习普通话的难度 D_1 略低，学习官话的难度 D_2 稍高，学习其他方言的难度 D_3 较高，难度系数 $D_1 < D_2 < D_3$ 基本符合实际）。于是，我们可以从学习人数（为简便起见，这里暂且不涉及民族语言）的角度设想几种情况。按照方言大区分类的人口统计如表 4 - 1：

表 4 -1 　　　　　　　　**方言人口举例** 　　　　　　　单位：万人

官话	晋语	吴语	徽语	赣语	湘语	闽语	粤语	平话	客家	民语
66223	4570	6975	312	3127	3085	5507	4201	200	3500	6661

数据来源：《中国语言地图集》，朗文出版公司，1988。

我们举例性地加以比较，设想：F_1 为规定官话为全国通用语（其成本记为 C_1），F_2 为规定吴语为全国通用语（C_2），F_3 为规定粤语为全国通用语（C_3），F_4 为普通话作为全国通用语（C_4），通过比较 C_1、C_2、C_3、C_4 看哪种方案更有利。从方言人口统计和上述假设来看，有：（1）$C_1 < C_3 < C_2$ 成立；（2）官话区学习普通话的难度不是很大，总体上是 $C_4 < C_1$，所以 $C_4 < C_1 < C_3 < C_2$，也就是 $F_4 > F_1 > F_3 > F_2$，从比较优势来看，选择普通话为全国通用语是理想的选择。

把语言规划作为公共政策时，它可以作为制度经济学研究的对象，我们可以考虑帕累托最优原则。帕累托最优，指资源分配的一种状态，即在不使任何人境况变坏的情况下，不可能再使某些人的处境变好。帕累托改进是在没有使任何人境况变坏的前提下，使至少一个人变得更好，通过帕累托改进可以达到帕累托最优。帕累托最优是公平与效率的"理想王国"，要达到帕累托最优，需要同时满足 3 个条件：（1）交换最优，即使再交易，个人也不能从中得到更大的利益，任意两种商品的边际替代率相同，所有消费者的效用都达到最大化；（2）生产最优，已经处于生产可能性的边界上，任意两种生产要素的边际技术替代率相同，所有生产者的产量都达到最大化；（3）产品混合最优，任意两种商品之间的边际替代率必须与任何生产者在生产这两种商品时的边际产品转换率相同。如果一个经济体不是帕累托最优，则存在一些人可以在不使其他人的境况变坏的情况下使自己的境况变好的情形（这被认为是一种低效的表现）。用以上 3 个条件来检验 F_1、F_2、F_3、F_4 的情形，选择 F_4 时满足条件（1）（F_1、F_2、F_3 都不满足），F_1、F_2、F_3、F_4 都不满足条件（2）和（3）。所以，$F_4 > F_1 > F_3 > F_2$ 是一种比较优势，不是帕累托最优。如果我们设想一种双语的体制，双语的流利程度相同，所有的人都能够用普通话交流，并且还能够用本地方言来交流，记为 F_{24}；所有的人都能够用本地方言交流，又能够用其他的某一种方言交流，用 F_{21}、F_{22}、F_{23} 标记。再试用以上 3 个条件来检验，F_{24} 满足上述（1）、（2）、（3）条件，F_{21}、F_{22}、F_{23} 上述（1）、（2）、（3）条件都不满足。从表面上看，双语制满足帕累托最优原则，但是，这种双语制是有前提的，即：一个人的双语的流利程度相同，且本地方言的保持不需要增加成本投入，这只是一种理想状态。美国有过双语教育的历史，后来基本上改为沉浸式英语教育，其原因主要在于本地方言的保持增加了成本投入。所以，语言规划至今尚难达到帕累托最优的"理想的王国"，就我国来说是 F_{24} 模式；语言规划实践中还是很重视比较优势，就我国来说是 F_4 模式。

　　语言规划的成本收益分析非常复杂。"由于社会、历史和经济等背景的差异，同一语言在不同地区所拥有的价值是不同的，对收入的影响也是有差别……语言政策实施所需要的所有投资都来自于财政收入，所以语言政策的实施也是一种财富的再分配。但是语言政策的经济分析本身无法给出在语言政策的实施过程中，哪些阶层获益、哪些阶层收益不明显或者没有收益。所以经济分析本身不能代替民主决策过程，它只是民主决策过程中的一个参考因素。最后，语言政策往往受政府的工作效率及相关决策人员偏好的影响，语言政策的效果无法达到最优。因此语言政策的制定应尽量避免决策个人化，力求科学。"[①] 就我国语言规划而言，就目前中国

---

　　① 宋金芳、林勇：《语言经济学的政策分析及其借鉴》，《华南师范大学学报》2004 年第 6 期。

的实际情况来说，不宜采取全国公投的方式进行决策。所谓的决策科学主要注意以下几个方面：加强理论研究，借鉴外国经验，实行专家指导，注重学校教育，进行语言国情调研，避免单纯的争论并且尽可能多地收集建设性的意见，等等。

当语言规划出于语言政治的角度考虑时，也可能在经济上是"划不来"的，不符合经济原则。例如，加拿大魁北克省1977年把法语作为官方语言，在此之前的5年多时间里，为了推行法语，损失了0.5%的财政收入，丧失了2%的就业岗位，法语教育与培训、法语翻译耗费几亿美元，大批非法语公司总部外迁，在此期间魁北克省语言政策的经济成本远远大于经济收益，但是"历经千辛万苦"还是把法语定为了官方语言。一个国家的语言政策，不仅要考虑成本收益的问题，政治导向也是需要考虑的重要因素，一个较为统一的全国性的语言是保证政令得以贯通（新闻广播能否被广泛地听懂）、民主能够上达（在民主选举中对方言的"翻译"可能会失真）的现代国家的需要。

正如费什曼所言，"无论怎么样，语言都是一种特殊资源，很难用现行的成本—效益理论来管理。原因是我们很难对语言进行度量，也很难把它同其他资源分割开来。然而，我们仍有足够的理由探讨语言与其他资源以及资源规划之间的异同。通过这种比较，语言规划的问题会变得较为清晰"①。对语言进行成本收益定量分析，虽然"很难"，但是几十年来一直有众多学者为之努力着。不过，笔者还是承认，研究的困难在于"量不够，量不准"，所以，在能够获得足够多的准确的变量之前，今后的语言成本收益定量研究很难取得突破性进展。

二　语言与区域经济发展的相关性分析

区域经济发展是一定人口存在的基础，人类的生产、生活离不开基本的地貌条件、气候条件、自然禀赋和经济条件。在当前经济建设为中心的形势下，人口的迁移，如移民、人口流动等，主要是由区域经济发展不平衡引起的，这种区域经济因素对语言产生巨大的影响。相对统一的语言，既是统一的国内国际大市场的要求，又能够在一定程度上促进统一大市场

---

① 中国社会科学院民族研究所等：《国外语言政策与语言规划进程》，语文出版社2001年版，第423页。

的形成，由此而来，语言的统一程度和区域经济发展水平表现出一定的相关性。

1. 人口迁移对语言的影响分析框架

从区域经济发展不平衡引起人口迁移、人口迁移引起语言和语言使用的变化的角度对语言进行研究的既有成果目前还很少，其主要原因有：（1）语言变异调查做得少，偶尔有一些关于语言使用或语言态度的调查研究，如《在京农民工语言状况研究》①、《东莞市工业区外来人口语言态度研究》② 等；（2）人口迁移的相关资料收集难度大，人口迁移主要是经济学、社会学、人口学等方面的相关研究，可资利用的相关资料也不是很多。

有关人口流动状况的研究，至少需要如下一些资料：流动人口统计数字、从哪些区域流向哪些区域、流动人口平均暂住期限、流动人口的主要社会活动范围、流动人口特征（学生、农民工、商人、高级白领等）、交通工具（火车、汽车、轮船、飞机等）的选择、交通频率，等等，所有这些资料统计难度都相当大，人员在不停地流动，抽样也比较困难，并且周期过长的调查可能会因"过期"而失真。

人口迁移与语言变异，主要体现在大城市里的语言变异，大城市拥有大量的外来人口，比如广州、上海、北京、天津、深圳、青岛等，人口迁移量都比较大。广东省外来农民工比较多，但是农民工的社会参与度却不一定很高，活动范围往往局限于工地和工厂之内。这些可以作为城市语言调查的重要内容。农民工返乡后，也会或多或少地对当地语言带来影响。

人口迁移是语言扩散的重要途径之一，城市对语言扩散也起到了重要的作用。"多年来，研究语言地理扩散的学者都假定创新形式的传播是沿着移民和交通路线进行的。"③ 语言与城市相关，"社会语言学家拉波夫指出：从城市外面看，城市始终是语言变化的发源地。而且变化在地域上的传播不是一条直线，相反的，而是以跳圈的方式从一个城市跳到另一个城市"④。

我们可以提出这样一些分析框架：某个语言要素因人口迁移引起的变化，像拉波夫《纽约城英语的社会分层》中调查［r］的发音一样，只是把受人口迁移影响较大的那些人列为调查对象；按照某些标准对移动人口

---

① 夏历：《在京农民工语言状况研究》，中国传媒大学博士学位论文，2007 年。

② 曹琴：《东莞市工业区外来人口语言态度研究》，暨南大学硕士学位论文，2005 年。

③ 徐大明：《语言变异与变化》，上海教育出版社 2006 年版，第 241 页。

④ 同上书，第 242 页。

分类，不同类别的移动人口对停留地的语言（总体或某个语言要素）的影响，不同类别的移动人口受停留地语言的影响引起自己语言的哪些变化；对流动人口采用某种综合评价，对因人口流动引起的语言变化采用某种综合评价，考察两种综合评价之间的关系，等等。这只是一些可能的分析框架，真正的分析实践很难。

2. 区域经济发展与语言统一程度的相关性研究

方言、区域通用语和全国通用语是在不同区域层次上的语言交际工具，它们的形成和发展与其所在的区域经济和政治都有一定的关联。自然经济成就方言的存在，"方言土语是封闭的自然经济条件下的特定小地区所形成的一种交际工具，有时是从民族公用语转化而成的，有时是离开民族公用语较远的"①。在自然经济之前是原始社会，按照历史语言学的假设，各种方言和语言都来自某种原始语族。在原始社会里，应当不存在方言。随着商品的产生，自然经济的发展，方言也得以产生。"方言土语当然也是一种地域变异。而且方言土语往往是一种异体，但方言土语是自然经济占支配地位的情况下，当交通条件不发达，与外界的交往不是那么急迫需要的'锁国'情况下生长和巩固的一种语言现象。这里说的地域性语言变异是指普通话、公用语（全民语言）在不同的地域引起的差异。"②经济的进一步发展，特别是资本主义统一大市场的形成，对语言的统一起到了很大的推动作用。"在社会统一的时候，统一是语言发展的总趋势。以个体小农经济为基础的封建社会政治上可以达到高度的统一，经济上则是分散的，不统一的，城乡之间、各地区之间的联系很松散。在这种情况下，一个社会或一个国家可以有一个统一的书面语，但不可能有一个统一的口语。罗马帝国时期的拉丁文和汉语的文言文就是这方面的两个经典的例子。要使口语走向统一，起决定作用的因素是经济的力量。世界上各地方言差别的消失和语言的统一，无不与资本主义的产生、发展相联系。为什么？因为资本主义的统一的民族市场打破了各地区人民之间的隔离状态，为语言的统一奠定了一个客观的基础。"③ 同时，语言的统一又对经济的发展起到推动作用。"语言是人类最主要的交际工具；语言的统一和

---

① 陈原：《社会语言学》，学林出版社 1983 年版，第 22 页。

② 同上书，第 218 页。

③ 徐通锵：《语言学是什么》，北京大学出版社 2007 年版，第 233 页。

语言的无阻碍的发展，是保证贸易周转能够适应现代资本主义而真正自由广泛发展的最重要条件之一，是使居民自由地广泛地按各个阶级组合的最重要的条件之一，最后，是使市场同一切大大小小的业主、卖主和买主密切联系起来的条件。"① 也就是说，语言的统一与经济的发展相互促进，这已经成为大多数人的一种共识。

　　然而，语言的统一程度与区域经济的发展之间是否存在严格的相关性呢？这个问题，需要做一个较为广大的区域的语言的调查统计，区域小了不足以说明语言统一的跨度。这种相关分析应该是一种同一区域关于时间序列的数据相关，不宜采用共时层面的不同区域的数据分析，然而我们缺乏这种数据。我们国家进行大样本的语言调查为数不多，可资利用的资料极少，我们采用《中国语言文字使用情况调查资料》的相关数据。这些数据基本上是 2000 年前后的数据，是一种不同区域的共时数据，委曲求全，暂且用这些数据进行分析。下面选取了属于非官话区的几个省市进行分析，有关数据如表 4-2 所示。

表 4-2　　　　　　　　　　　　抽样数据

部分省份	普通话人数（万人）	方言人数（万人）	国内生产总值（亿元）
广东	5791	8509	9662
浙江	3142	4508	6036
上海	1180	1650	4551
福建	2879	3339	3920
湖南	3418	6320	3692
江西	2661	4029	2003
山西	1378	3087	1644

　　注：a. 普通话人数（万人）是指能用普通话交流的人数，方言人数是指能用方言交流的人数，其数字均由《中国语言文字使用情况调查资料》（语文出版社 2006 年版）中统计的百分比乘以 2000 年第五次人口普查的数据而得。

　　　　b. 第五次人口普查数据来源于《中华人民共和国国家统计局第五次人口普查公报（第 2号）》的统计。

　　　　c. 2000 年国内生产总值（亿元）是《中国统计年鉴 2001》（中国统计出版社 2001 年版）的数据，数值经过四舍五入只保留整数。

　　利用常规统计软件 SPSS 对上述数据的相关性（Correlations）分析如

---

① 列宁：《列宁全集》，人民出版社 1958 年版，第 396—397 页。

表 4 - 3 所示。

表 4 - 3 语言与经济发展的相关性分析

控制变量			普通话	方言	生产总值
	普通话	相关系数	1.000	0.945	0.792
		显著性	0	0.001	0.034
		自由度	0	5	5
	方言	相关系数	0.945	1.000	0.672
		显著性	0.001	0	0.098
		自由度	5	0	5
	生产总值	相关系数	0.792	0.672	1.000
		显著性	0.034	0.098	0
		自由度	5	5	0
生产总值	普通话	相关系数	1.000	0.913	
		显著性	0	0.011	
		自由度	0	4	
	方言	相关系数	0.913	1.000	
		显著性	0.011	0	
		自由度	4	0	

a Cells contain zero-order (Pearson) correlations.

我们可以看出，普通话和方言的相关系数为 0.945，自由度为 5，检验的 P 值为 0.001，P < 0.05，相关性非常明显；普通话和国内生产总值的相关系数为 0.792，自由度为 5，P = 0.034，P < 0.05，相关性比较明显；方言与国内生产总值的相关系数为 0.672，P = 0.098，P > 0.05，P 值超出置信区间，不具有明显的相关性。偏相关分析中普通话与方言的偏相关系数为 0.913，自由度为 4，P = 0.001，方言对普通话的影响是显著的，也可以说明"普通话在方言之中，又在方言之上"[①]。在这里，我们可以用普通话代表语言的统一程度。

我们可以把整个地球看作一个区域整体，全球经济也就是区域经济。就全球范围来看，英语的统一程度达到了较高的水平，许多国家把英语作为官方语言或者第二语言，这与国际贸易的发展有一定的关联。这方面，

---

① 李荣：《普通话与方言》，《中国语文》1990 年第 5 期。

我们可以通过分析英语国家（包括英语国家之间，非英语国家与英语国家之间）的贸易额与全世界的英语人口（当然，英语人口的统计也难以"量准"，似乎可以用学习英语的人数估算）之间的关系，从而得到一些认识，在此我们不拟引入各种具体的数据进行详细分析。在殖民主义时代，经济的扩展带动了英语等列强语言的扩张；在全球化时代，语言的扩张成为英美国家维护经济扩张的重要手段。"Auberbach（1995）和Pennycook（1995）等质疑了人们普遍所持的英语只是个人作为获取经济机会的工具的观点，并认为英语在全球的传播是导致经济不平等日益加深的社会、政治和经济过程的部分原因。"① 从20世纪中后期以来，随着民族解放运动的展开，新的民族国家的建立，各国都加强了对国族语言的重视。"经济、政治的独立发展促进了语言的独立发展。"② 然而，在经济全球化的背景下，发展中国家的经济独立是一件非常困难的事情，原本独立发展的国族语言因此受到了一定的动摇，从这种情形中也可以看出"英语的统一"与全球经济的发展之间存在一定的关联。

就我国全国来看，"大力推广以北京语音为标准音、北方方言为基础方言的普通话，促进汉语向统一的方向发展。这是符合语言随着社会的统一而统一的发展规律的，它以经济的发展为基础，顺应建立民族统一市场的要求，用推广普通话的方法缩小方言的作用，逐步实现语言的统一。这种政策的成效仍旧决定于经济的发展，经济发展速度越快，实现这一政策的成效就会越大"③。由此我们相信，在未来的一个时期内，普通话的进一步发展还是主流，也是社会的需要。

我们相信语言的统一程度与经济的发展有一定的相关性，同一区域的时间序列数据分析应该相关性更大。对此，乔纳森·普尔的看法是"语言统一性是经济发展的必要的但不是充分的条件，经济发展是语言统一性的充分的但是不必要的条件（这里指描述上的，不是因果关系上的）"④。笔者基本同意这种观点。当然，我们也可以估计，随着经济的发展，在语

---

① 李丽生：《应用语言学研究的新路径——批评应用语言学发展概述》，《四川外语学院学报》2005年第2期。

② 王清智、黄勇昌：《对语言与经济关系的研究》，《河南大学学报》2003年第7期。

③ 徐通锵：《语言学是什么》，北京大学出版社2007年版，第235页。

④ 中国社会科学院民族研究所等：《国外语言政策与语言规划进程》，语文出版社2001年版，第11页。

言的统一程度达到了一个较高的水平之后，语言的统一程度会不再随着经济的发展而提高，而出现一定的语言保持。

语言与区域经济发展的相关性，体现了语言与社会的深层关系。一方面，语言在统一；另一方面，语言在变异，这些都必然会引起语言本体研究的内容的改变，就语言而研究语言的狭窄思路已难以跟得上语言变化的速度，这也促进了我们对"语言不是一个封闭的静态系统而是一个开放性的动态系统"① 的进一步的认识。

三 语言、语言资源与语言环境研究

语言交际的成本收益分析是语言经济学研究的重要内容之一，把语言作为交际工具是语言经济学的一个重要前提。与此同时，人们还认识到语言也是一种资源，认识到语言环境的重要性。人们对语言、语言资源与语言环境的思考和理解，似乎与人口资源与环境经济学的某些思路和方法相类似，虽然语言资源与自然资源、语言环境与自然环境存在着根本的不同。

人口资源与环境经济学是研究在经济发展过程中，人口与自然资源与生态环境之间的关系的一门学科，主要涵盖了人口经济学、资源经济学和环境经济学等学科，是一门新兴的边缘学科，这门学科至今还很不成熟。

与人口资源与环境经济学相比，有关语言、语言资源与语言环境的研究更加不成熟，至今尚没有定型的研究框架，已有的一些研究成果往往是零星的、泛泛而谈的、感性认识的，这类研究需要走的路还很长。下面我们把一些既有的零星研究成果做简单的归纳，试图呈现出语言、语言资源与语言环境研究的雏形，对这种研究的一般情形做一介绍，并给出了一种研究的探索。

1. 一般情形和既有研究成果

语言附属于人，人口竞争力是语言竞争力的重要方面②。语言人口即操某种语言的人的数量，同时还涉及教育程度、经济地位、社会地位、交际圈子等方面的因素。

---

① 徐大明：《中国社会语言学新视角》，南京大学出版社 2007 年版，第 2 页。
② 邹嘉彦、游汝杰：《汉语与华人社会》，复旦大学出版社、香港城市大学出版社 2001 年版，第 209 页。

在我国较早引出语言资源观的讨论的是邱质朴[1]，但是其讨论不够深入，也不够具体。瑞茨提出了影响语言规划的三种取向：即语言作为问题、语言作为权利和语言作为资源[2]。语言资源是一种特殊的资源，认为"语言是和国家的国土资源、海洋资源、矿产资源、森林资源、人口资源等一样性质的重要国家资源"恐怕是有问题的。"少数民族语言也应当像水库里的水和油田里的油那样，被作为一种可利用的语言资源来加以开发和利用，为文化教育、经济贸易的发展作出贡献。"[3] 自然资源是"在一定的时间和技术条件下，能够产生经济价值、提高人类当前和未来福利的自然环境因素的总和"，语言资源不是自然资源，不同于水和油。费什曼认为"语言跟农业、工业、劳力、水电等资源不同。就大多数非语言资源而言，未充分利用这些资源进行规划之前，就已经存在一定数量的资源了。语言也是这样吗？显然只是从其具有价值的意义上讲，语言才是一种资源"[4]。对于语言的资源价值，目前一般主要是从三个方面来论证的。（1）着眼于"促进贸易"。人们能用少数民族语言交流，可以更方便与那些数量极少的部分人进行经济交易。人们能用外语交流，能够促进外贸经济。（2）着眼于通过对外语言教学这种"语言出口"赚钱（就汉语国际教育而言，应当提倡普通话教学，不提倡用方言和民族语言，普通话是语言资源）。（3）建立语言资源数据库（国家语委已经建立了数个"国家语言资源监测与研究中心"），对语言资源进行动态管理与开发。总之，我们对语言的资源价值尚缺乏深入的研究，对语言资源的开发利用尚处于探索阶段。许多学者在提到语言的资源观的时候，往往是特别突出把濒危语言作为资源。

把语言规划作为公共政策来理解时，对濒危语言进行保护是一个充满希望的救济方式，但是，这里面无不充满着种种的矛盾和争议。大多数情况下，当前的濒危语言主要是语言行为主体对自己母语的舍弃，他们自己都不再珍惜，我们旁观者实在无能为力。"从本质上说……促使语言转用

---

[1] 邱质朴：《试论语言资源的开发——兼论汉语面向世界问题》，《语言教学与研究》1981年第3期。

[2] Ruíz, R. (1984), Orientations in Language Planning. *NABE Journal*, 8 (2), pp. 15—34.

[3] 周瓦：《从不同的语言观看美国双语教育之争》，《比较教育研究》2005年第8期。

[4] 中国社会科学院民族研究所等：《国外语言政策与语言规划进程》，语文出版社2001年版，第422页。

的动力都是来自人口、社会经济和政治等非语言因素。我们很难看清语言管理工作处理延缓语言的最终丧失之外还能做些什么。"① 有些语言学家主张要尽快建立语言档案，对濒危语言进行录音和记录，使其"类型学价值"得以保存，以弥补语言消亡带来的损失，这其实是一种迷惘、盲从的行为，因为这已经背离了保护濒危语言的本意。保护濒危语言原本是一种对弱势文化的尊重，对弱势人群的救济，对弱势人权的扶助，着意于生人，着意于"生者的权利"，而非死者，而非"死者的骨灰"，随着那些人的死去，留下一盘盘录音一段段记录，只能作为无人能懂的悼词，一般都会随着历史而灰飞烟灭。只要有人活着，就不存在对语言的数量不能攀升的担忧。总之，"关于扭转语言转用的责任依然是一个问题。有些人认为世界上存在道义责任，而政府有道义责任保护语言的多样性，就像政府有道义责任保护生物的多样性一样。持有这种观点的人会毫不犹豫地更加赞同语言权的观念。但是，他们的观点现在还难以让民族国家或民族国家所建立的相关机构信服。尽管有扭转语言转用成功的案例，但是语言学家似乎更乐意从职业的角度在语言消亡以前记录下这些语言。我们必须找出语言丧失的最终责任，可是，现在的状况似乎是把这种责任转嫁给了语言的使用者。不论我们如何将语言丧失的原因与语言政策、社会因素、经济因素、宗教因素和政治因素联系起来，事实似乎说明，语言多样性的丧失与其说是语言灭绝的结果，还不如说是语言自杀的结果"②。

　　语言环境，有狭义的和广义的两种理解，即"（1）语言学和语音学通用术语，指一个单位处于注意重心时其所在语段（或篇章）中在其附近或与其相邻的某些部分。语言环境的特征会影响话段某一位置上某一单位的选择，从而限制其现次或分布……（2）语言环境指与作出某一观察相关的社会语言学环境"③。前者狭义地将其理解为语言的上下文，后者广义地看作语言外部环境。同语言资源相联系的"语言环境"，不是指上下文，而是类似于语言的外部环境，我们可以定义"语言环境"为"一种语言（通常是强势语言）和其语言变体或其他语言的各种关系的总和"。

---

① ［以］博纳德·斯波斯基：《语言政策——社会语言学中的重要论题》，张治国译，赵守辉审订，商务印书馆2012年版，第242页。

② 同上书，第243页。

③ ［英］戴维·克里斯特尔：《现代语言学词典》，沈家煊译，商务印书馆2000年版，第128页。

把语言环境提到更高的认识高度，原本来自对语言污染的担忧，在当前主要来自对语言生态危机的顾虑。经济学上一般称环境为公共财产或者公共物品，把引发外部负经济现象的物品，如大气污染、水污染等，称为负的公共物品。语言污染是对语言规范和常态修辞的背离。语言环境是对语言纯洁度和语言多样性的一种总体性评价，这种评价可以用语言人口统计加以分析。我们提倡对语言进行动态的规范，对语言环境予以适当的关注。

语言与人口、语言资源与自然资源、语言环境与自然环境、语言经济与社会经济，似乎都有可以类比的方面，但是它们之间并不是等同的。从内部逻辑来说，语言、语言资源、语言环境与语言经济需要相互结合着来研究，单单研究语言资源或语言环境都会存在许多问题，难成系统。

2. 一种研究探索

在这里，笔者试图从另外一个角度来分析语言、语言资源和语言环境，其框架包括语言人口密度、语言人口接近度（操某种语言的两个人之间的空间距离）、语言容量（特定区域内能够有效交际的语言类型的最大数）等。按照自然地理地貌分类，根据《中国语言地图集》的方言分区，从历史地理角度排除作为天堑影响交通的高山大河的存在，选取了属于华北平原的黄河以北（在 1128 年以后黄河主要在现行河道以南摆动，现行黄河以北地区基本稳定，距今已有 880 年的历史）的北方官话区的75 个县区来研究。基本数据见表 4-3。

县区	户数	人口	面积
75 个[a]	8429433[b]	29778957[b]	64486[c]

注：a. 包括天津市的静海县，河北省的深泽、无极、辛集、藁城、晋州、新乐、除了涿州市和高碑店市以外保定的 23 个县区、沧州的 16 个县区、衡水的 11 个县区、大城、文安、霸州，山东省的茌平、聊城城区、除了临邑以外德州的 11 个县区、临清、高唐，共 75 个县（县级）市（县级）区。

b. 数据根据《中华人民共和国全国分县市人口统计资料 2001 年》（群众出版社 2002 年版）相加而得。

c. 根据行政区划资料和地理统计资料相加而得，单位为平方千米。

根据上述数据，我们可以做如下计算。

语言人口密度：$d = p/s = 29778957/64486 = 461.79$（人每平方千米）

按照人口呈正方形排列时，语言人口接近度：$h = \sqrt{s/p} = 46.53$（米）

假设同一个家庭内部能够很好地交流，事实上，在中国一个家庭内多语的现象并不多见。语言容量公式：$c = (1 - q) \times \dfrac{e}{h} \times \dfrac{f}{p}$（c 为语言容量，e 为个人频繁活动的平均距离，h 为语言人口接近度，f 为户数，p 为人口数，q 为通话质量），计算得 $c = 0.00608353$（$1 - q$）e（种）。其中，$0 \leqslant q < 1$，0 表示勉强能够通话，通话质量越高越接近 1，但是理论上只要存在两个或者两个以上的家庭 q 值就达不到 1。语言容量 c，是假定某一个特定区域在与区域外在封闭的状态下在本区域使用的语言的总数；通话质量 q，理论上是随着考察周期 t 和距离 e 的改变而改变的，一般来说在 t 确定的情况下 e 变大时 q 变小，在 e 不再改变的情况下 t 变大时 q 也变大。因为语言容量是指最大容量，所以 q 可以取极值 0，如果个人频繁活动的平均距离是方圆 50000 米的话（在当前情况下，假设 e = 50000 米是可以接受的），语言容量 $c = 304.18$ 种。

这种分析框架是探索性的，只是一种假设模型。我们选择以上 75 个县区进行分析，主要因为这些县市满足我们分析需要的一些理想因素：地处平原交通方便、区域内部交往较多、方言区内部一致性较强、历史上的移民相对较少，等等。但是，也存在两个问题：（1）该区域不是与外界封闭的区域，该区域与全国全世界其他区域广泛地交流着，绝对封闭的区域是不存在的；（2）语言容量 c 以方言区内部较为统一为前提，得出一个大于 1 的 c 值意味着要打破这种语言内部的统一，所以，我们对 c 值理解只能是"可能的结果"而不是"存在的前提"。语言人口接近度 h 和平均个人活动距离 e 体现了语言（方言）间的接触可能性。语言容量 c = 304.18 种是一种理论值，就我们选取的 75 个县区来说，语言的实际数量可以看作 1（同属于一个方言区），在实际数量和语言容量之间有很大的空间，这并不等于说该区域 75 个县区一定要有 300 多种方言，这种分析或许可以用于解释某些现象，却不能当作确定语言数量的依据。语言分布不是人口分布的充分条件（除了"语言政治"强大有力的国家和地区外），人口分布可以给语言分布一定的解释。

语言人口密度、语言人口接近度、语言容量是对语言资源与语言环境的一种描述，条件相近的不同区域可以通过它们进行横向比较，在比较中发现不同区域的某些特征。但是，上述探索依然很不成熟，不能作为语言、语言资源与语言环境研究的全部框架，只能看作一种寻找"对语言资源与语言环境进行描述的工具"的尝试。就目前来说，语言、语言资源与语言环境的研究，任重而道远。

3. 关于语言发展的一个宏观结论："大同小异"

涉及语言的数量（语言多样性）和语言的质量（通话质量）的时候，许多问题就变得复杂起来，并且往往是因人们的个人情绪而使问题变得更复杂，其实，我们完全可以从客观实际来探讨这个问题。

我们在前面已经指出，"语言与区域经济发展的相关性，体现了语言与社会的深层关系。一方面，语言在统一；另一方面，语言在变异"。同时，我们还指出，就一个确定的区域而言，在时间 t 确定的情况下，语言的数量（语言容量）c 和语言的可交际程度（通话质量）q 是呈反向发展的，数量 c 大时质量 q 差，质量 q 好时数量 c 小。从这两个分析中，我们就可以得出结论：

在现代社会，随着社会经济的发展，强势的语言逐步排斥了弱势的语言，语言数量呈减少趋势，可以说"从大的方面看，语言在趋同"；而同一种语言在不同区域内又会变异出多种式样，即"从小的方面看，语言在变异"，综合来说，就是"大同小异"。

历史语言学中关于原始语族的假设，认为具有亲属关系的语言是从同一种原始语族分化出来的。利用前面提到的公式 $c = (1 - q) \times \dfrac{e}{h} \times \dfrac{f}{p}$，我们也可以对历史语言学的这个观点进行一定的解释。根据我们对上古社会的历史的一般认识，上古社会的原始人群群体生活，不能单个分离开来独立生活，他们一般不会长时间在某区域定居而是集体迁移集体流浪，整个人群类似一个大家庭，f = 1，人口 p 的增减都不影响 f，p =（f，+∞），人群内部流动性大、交往频繁，就语言使用来说，一群人与只有一个人相似，即实际上的 p≈1；由于人群是流动的，频繁活动的平均距离 e 无从找到计算距离的起点，e 无实值，人口接近度 h 最大值可以为 h = e，于是，上述公式可以计算得：$c = (1 - q) \times \dfrac{e}{h} \times \dfrac{f}{p} = (1 - q) \times \dfrac{e}{e} \times \dfrac{1}{1} = (1 - q)$，q = 0 时表示人群可以勉强通话，此时 c = 1，即同一个原始族群只有一种原始语族。如果按照现代社会里的语言使用来看，c = 1 应该是通话质量非常好，应该是：q 接近于 1 而不是等于 0，这种理论上的看似矛盾的根源在于原始人群人与人之间的无阻碍、无封闭、无孤立的生存状态，又由于人类早期的语言能力很差，人与人之间仅仅是勉强能够交流而已。就社会发展史而言，上古社会里，人与人之间是无阻碍、无封闭、无孤立的生存状态；后来原始人群分化了，特别是到了封建社会，人与人之间的有阻碍的、封闭的、孤立的状态已经非常严重；到了资本主义社会，人与人之间的有阻碍的、封闭的、孤立的状态逐渐被打破，又向着无阻碍、无封闭、无孤立的状态发展，这种种社会的变迁，直接决定着语言和语言使用的变化。

在现代社会里，当一个特定区域语言容量 c 非常大时，可能会造成交际困难，但是为了交际的效率，在大多数的情况下，人们会选择其中的一种更为通用的语言来使用，其他的语言（方言）会越来越弱，也就是说，表面上看语言容量 c 在增大，而实质上语言的统一程度在增强。由此看来，语言资源观绝对不能等同于对语言（方言）数量的崇拜，强势语言的发展也不能被看成语言环境的恶化。所以，历史地看，人口接触既是语言分化的原因，也是语言变异的原因，又是语言趋同的原因，语言的任何变化离不开人与人之间的关系的变化。

我们对"语言规划的成本收益分析""语言与区域经济发展的相关性分析"和"语言、语言资源与语言环境研究"三部分的研究，是一种构建语言经济学研究较为全面的框架的探索，粗疏之处难免存在。在研究中，我们采取了定性研究与定量研究相结合的方法。纯粹的经济学研究应该以定量研究为主要内容，然而，如鲁宾斯坦所言"人们生活在其中的是一个语言的世界，而不是一个函数的世界"[1]，语言经济学中的定性分析着实不少。语言规划只是语言学的一个组成部分，语言规划的经济学分析却几乎是语言经济学的全部内容；然而，对语言规划进行经济学分析仅仅是其中的一个视角，语言规划还包括政治、文化、社会等众多的因素。

语言规划本质上是区域规划的一个组成部分，也可以称为语言的区域规划，语言规划是通过官方的、非官方的调控方式推进某种特定的区域共同语的形成与稳固，有很强的空间维度，并且是相对的区域概念。现实中，在进行区域经济规划时，应当也可以把语言规划考虑在内。语言规划也要考虑时间维度，但时间维度往往仅仅是确定某种语言为区域共同语的根据之一，语言的具体的历史层次的分析具有太多的想象与假象，语言的时间规划具有更多的不可控因素。语言规划在时间维度上的规划，应当也可以借鉴类似"十五规划""十三五规划"等规划的某些经验，改进语言

---

[1]　Rubinstein, A. (2000), *Economics and Language*, Cambridge University Press, p. 114.

规划在时间维度上的某些不足。总之，语言规划是立足现实面向未来的工程，我们要处理好历史根据、区域根基和时间进程的关系，稳步地推进语言规划实践。

第二节 语言经济学在中国*

语言经济学研究主要起源于国外的经济学界，在 2008 年以前，我国有过零零散散的引进、介绍阶段。在中国，真正意义上的"起步"性的研究，应当从 2008 年算起。截至 2013 年年初，语言经济学的综述类研究已臻至善，可以认为"起步"期有五年时间。

目前，在基础理论创新和应用研究数据采集方面处于瓶颈期。语言学史上的语言经济学研究主要包括语言省力原则和语言习得的效率性问题。从基础理论上讲，"语言经济学 = 语言规划经济学 + 语言市场经济学"，"计量语言经济学"研究应当注意基本理论的"适应性"问题。在应用研究方面，语言产业的计量研究迫在眉睫，"语言距离"在语言经济学中有两种研究用途。

一 "起步"高潮五年

语言经济学研究在中国，真正"起步"应该从张卫国发表的《作为人力资本、公共产品和制度的语言：语言经济学的一个基本分析框架》[①]一文算起，截至 2012 年年底、2013 年年初已经经历了 5 年的时间。综观 2013 年以后的研究状况，语言经济学研究开始进入相对的平静期，"起步"之后要想"深入"确实很不容易。这样算来，2008—2012 年 5 年时间是语言经济学在中国高潮"起步"的五年。

在经济学界，在语言学界，2008 年之前也有零星的语言经济学研究，但那时的研究都相对零碎，那些论著发表的时间也相对分散。那时的语言经济学研究可能是一种"偶发"现象。2008—2012 年的语言经

---

* 本节内容曾以"起步、融合与创新：语言经济学在中国"为题发表于《语言文字应用》2015 年第 3 期，在此略作修改。

① 张卫国：《作为人力资本、公共产品和制度的语言：语言经济学的一个基本分析框架》，《经济研究》2008 年第 2 期。

济学研究却有了很强的"自觉"意识，这与之前的研究截然不同，划界井然。

语言经济学研究的"起步"阶段，即是"对国内外研究现状进行系统综述"的阶段。到了 2013 年以后，我们很清晰地发现：语言经济学的研究现状综述已臻至善，几乎再无漏可补。自此之后，语言经济学已经不再是刍狗；与此同时，作为一门已经"起步"了的学科自此也更难"深入"。语言经济学现状综述已臻至善，主要体现为如下两个方面。

（一）语言经济学在国外的产生和兴起综述

张卫国《语言的经济学分析：一个综述》① 把语言经济学在国外的产生和兴起脉络系统化，这是我们国内首次把语言经济学学科背景、因果关系、发展脉络整合在一个学术系统之中。

（二）语言经济学在国内的引进和发展综述

张卫国、刘国辉《中国语言经济学研究述略》② 对此作了全面系统的总结，认为"中国语言经济学研究起步于 20 世纪 90 年代末，2004 年以来逐步形成了研究热潮，但尚处于以介绍和借鉴国外语言经济理论及实践为主的起步阶段"。我们把张卫国、刘国辉提到的"20 世纪 90 年代末""2004 年以来"统统称为语言经济学研究的"前奏"期，那时尚不足称"起步"。我们把 2008 年定为"起步"期的起点。

就研究现状综述方面而言，张卫国、刘国辉《中国语言经济学研究述略》之后再也无法继续"起步"；不然的话，任何的"继续"研究都可能是"低水平重复"或者"变相抄袭"。在研究水平上的"量变"已达极限，人们已经在热切呼唤"质变"的到来。

不能再在研究现状综述上面打转转了，我们需要把语言经济学研究引向深入。不过，"目前语言经济学研究在中国尚未形成气候，但是学界逐步认识到语言经济学的重要性"③。即使如此，我们不能总是躺在温床上等待，我们更要奔赴相迎，尽快破冰，突破瓶颈期，尽快让语言经济学研究切实地提高上来、深入下去。在当前这样的关键时刻，挑战与机遇并存，我们要"充分发挥语言经济学优势，加强原创

① 张卫国：《语言的经济学分析：一个综述》，《经济评论》2011 年第 4 期。
② 张卫国、刘国辉：《中国语言经济学研究述略》，《语言教学与研究》2012 年第 6 期。
③ 同上。

性研究和应用研究"。

二　基础理论建设目前处于瓶颈期

语言经济学基础理论建设方面，以往的既有理论在目前已经无法适应语言经济学的深入发展了，我们必须要有所突破，拓展理论、严密逻辑、助力应用。当然，我们并不是要摒弃一切既有的基础理论，而是要丰富既有理论，发展既有理论。

（一）　回避"把简单的妇孺皆知的语言问题搞成复杂的经济问题"

语言是一种特殊的存在，它和其他的一切经济要素都有着本质的区别。这突出的表现是语言"附着"在"人"上面，附着得很结实，很难分离，这就避免不了人们对语言会很有"情绪"。语言问题大多为"语言人"的自身体悟，并且大多数人常常会"自我感觉良好"，这些问题通常都不会像经济学中的那些货币金融理论那么复杂。举例来说，大学里的现代汉语教学比古代汉语教学还要难，因为大学生们觉得他们已经识字、能说、会写，句子都懂词语都会，于是他们就自以为再去学习现代汉语就没有必要了[①]。古代汉语则不同，古汉语里他们至少会遇到一些生字生词不会读、不知道如何解释，这就需要他们去查检、去学习。与此相似，面对语言经济学，很多人宁可"先入为主"地加以排斥，有些人会问："语言还用得着再来个经济学吗？"有些人自以为语言是"小儿科"，没有必要让一门学问变得那么高深，他们宁可排斥语言经济学，也不愿耐心接受、虚心学习，这都是一些非常普遍的心理。

语言经济学有广义的语言经济学和狭义的语言经济学之分。狭义的语言经济学首先是经济学，而不是一般意义上的传统的语言文字学，语言经济学与现代语言学却有所关联。所以，语言经济学首先要研究的是"语言的经济问题"，而不是"貌似经济学的语言学"。比如说，薄守生在《语言经济学：非主流语言学与非主流经济学的牵手》[②]中认为，周有光

---

① 薄守生、赖慧玲：《古代汉语教学的困惑与思考》，《中国大学教学》2007年第7期。

② 薄守生：《语言经济学：非主流语言学与非主流经济学的牵手》，《中国社会科学报》2010年1月19日第8版。

"不太准确地"把"边际效益递减"套用到"汉字"研究上①，虽然周有光自己认定他是"用通了，被接受了"②，但是，我们认为那不属于狭义上的语言经济学。当然，周有光的这个研究确实促进了语言学的发展，丰富了语言学的基础理论。同时，我们把周有光的这种研究纳入广义的语言经济学之中则无不可，语言经济学不可能与语言学毫不相干，广义的语言经济学始终离不开语言学。

（二）张卫国"框架"之外尚可另有支架

张卫国（2008）把"语言是一种人力资本，语言是一种公共产品，语言是一种制度"作为"语言经济学的一个基本的研究框架"。他说，"围绕命题一的研究已经是语言经济学中非常成熟的一个领域"，"从命题二的角度入手，将丰富语言政策和语言规划的经济学研究"，"命题三，虽然围绕它的研究暂时还比较少，但正如我们在讨论语言与制度的关系中所强调的，对语言的制度经济学研究具有极为广阔的前景，是语言经济学亟待研究和值得深入研究的内容"。这是我们国内最早、最系统的语言经济学学科"框架"，这篇论文可以看作中国语言经济学起步期的起点，首创精神功不可没。然而，这个框架只是一个"基本"框架，尚可进一步完善。对于"命题一"，我们现在还没有数据以供研究。"命题二"不够全面，通过"语言规划"的语言可能是"公共产品"，"自然而然"发生出来的语言不算"公共产品"。至于"命题三"，语言"制度"的定性尚待统一③。除了张卫国（2008）的"三层框架"外，笔者觉得至少还有如下一些支架。

---

① 周有光把经济学上的"边际效益递减率"套用到了语言学上，其实这种套用并不准确。在经济学上，边际效益递减率针对的是同一种商品，这些商品具有可以"相互替代"的特点。然而，"不同的汉字"具有不同的使用功能，并非"每一个"汉字都是"同一种"商品，大多数汉字相互之间并不能随意替代。

② 张宜：《历史的旁白：中国当代语言学家口述实录》，高等教育出版社2012年版，第10页。

③ 把语言作为一种社会制度，这在语言学史上是早已有之的提法。比如说，20世纪之初法国语言学界中的心理社会学派就说"语言是一种有自主性的制度"（梅耶，1906），国内岑麒祥在《普通语言学》（科学出版社1957年版）中对其就有较多的引述。一百多年来，关于语言是一种制度的提法在语言学领域里逐渐消沉了下去，如今在语言经济学领域把它又重新提出来作为一种新的说法，这值得我们反思。当然，这种提法要想获得一个较为充实、圆满的论证、发展，目前依然较为困难。

1. 语言生态经济学支架

我们可以认为，"当我们不把语言作为'物质外壳'而作为'精神感情'来看待时，'语言伦理学'似乎可以大显身手"①。这里所说的"语言伦理学"，大致与"生态语言学"相似，或者说它可以作为"生态语言学"的一个组成部分。这样看来，"语言生态经济学"也应该成为"语言经济学"的一个研究方向，可以借鉴"生态经济学"的某些研究思路。"语言生态"与"自然生态"不完全一致，但也可能存在某些相似性。有关语言生态危机方面的研究对语言政策的制定具有一定的影响，这种研究也可以看作"语言生态经济学"的一个组成部分。

2. 语言经济学 = 语言规划经济学 + 语言市场经济学

张卫国（2008）提出的"命题一"其实就是针对"语言商品"和"语言市场"来立论的，这一命题是语言经济学的重要组成部分，不可轻易丢弃。然而，语言很特殊，它不是一般意义上的商品，只提"商品"必然偏颇；于是，张卫国（2008）又提出了"命题二"即"公共产品"来为语言经济学打补丁。其实，"语言并不是完全意义上的'商品'，也非一般意义上的'公共产品'，语言具有更多的特殊性"②。这看似是非常矛盾的一种存在，处理不好就可能会显得格外混乱。

在这样的情形下，我们不得不把语言经济学一分为二，即"语言规划经济学"和"语言市场经济学"。"语言规划经济学"对应张卫国（2008）"命题二"，语言是国家层面的事业，不是产业，也与"个人"层面无关。"语言市场经济学"包括张卫国（2008）"命题一"，但又不仅仅是"命题一"，它既涉及个人的、企业、社会团体的"语言商品"，还涉及国家层面的以"盈利"为目的的"语言产业"。这样看来，"语言经济学 = 语言规划经济学 + 语言市场经济学"这公式涵盖齐全，不再存在遗漏和矛盾。

3. 作为"语言合同"和"语言默契"的制度

张卫国（2008）"命题三"即"制度"定性尚粗，我们亟须找到突

---

① 薄守生：《语言经济学：非主流语言学与非主流经济学的牵手》，《中国社会科学报》2010 年 1 月 19 日第 8 版。

② 同上。

破口。对于语言来说，"制度是人类自身创造的以降低交易成本为目的的一种约束"① 这种定性比较可取。语言交流可以看作一种营利性或公益性交易，为了减少交易的不确定性，提高交易的效率，人与人之间可以签订"语言合同"或者保持"语言默契"。在国家层面的外事活动中，国家间一般都要郑重其事地签好"语言合同"，不管是口头的还是书面的"合同"。在个人之间相互交往的层面，绝大多数情形下人们更倾向于"语言默契"。

如果说"语言本身是一种元制度"，这跟张卫国（2008）说"在鲁宾斯坦那里，语言本身就是一个函数，而非变量"一样容易陷入无休止的"循环"之中。经济学是探索变量之间的函数关系，但是，哪一种"变量"不能还原出更微观层面的"函数"呢？

（三）"计量语言经济学"研究基本理论的"适应性"问题

语言经济学的基本理论，例如人力资本理论、成本—收益分析理论都很有用，但它们也有局限性。这些基本理论，或者称为基础理论，在语言经济学的未来发展中都不能丢弃，必须保留下来，它们是语言经济学研究的"基石"，它们可以支持"计量语言经济学"的相关研究。然而，当我们把它们应用到语言经济学中时，我们又必须注意到它们的"适应性"问题。"语言因素"在这些理论中并不"单纯"。语言经济学的计量研究的最大困难在于变量的选取和数据的采集。一方面，我们目前尚没有现成的相关的语言经济学数据，这也许是因为国家统计部门、各类统计调查机构不知道获取了那些数据会有什么用处，这就需要语言经济学研究者们自己去调查、统计，从源头上获取数据。然而，这些数据的获取是一项异常浩繁的工程，任何研究者个人都很难独立承载，能够做到的往往只能是对微观的小样本进行宏观估算。但是，研究者个人获取的那些数据不一定能够得到学术界的广泛认可，这无疑在一定程度上弱化了语言经济学的计量研究的价值。另一方面，当好不容易采集到一些数据之后，我们却很难把"语言因素"从这些数据中分离出来。比如说，成本—收益分析中，成本我们可以用与语言学习相关的数据估算（取近似值，数值比"语言成本"的实际值要大），而收益我们却不能直接用操某种语言的人

---

① 朱成全、孙梁：《制度经济学视野下的语言问题研究》，《行政与法》2013 年第 8 期。

的收入的实际值（除非是翻译、外语教师等少数领域）①。

我们可以用一个系数来估算"语言收入"。我们可以统计出某人的收入 I 或者某行业收入 I_1 或者某地区收入 I_2，再调查估算出这个人的收入中语言因素的比重 α，那么，我们可以得到这个人的语言收入为 αI。如果我们估算出某地区某行业收入中语言因素的比重为 β，我们可以得到该地区该行业的语言收入为 $\beta_1 I_1$ 或 $\beta_2 I_2$。相对而言，计算单样本 αI 不会很难，这就是"个人打个人的小算盘"。只是，这种"小算盘"很少有人觉得有必要算出一个精确值来，这种个人行为大概可以不必纳入语言经济学的范畴。然而，计算多样本的 $\beta_1 I_1$ 和 $\beta_2 I_2$ 相当困难，主要在于 β 值在不同样本中的变化会很大。如果不是这样操作，把语言因素产生的收入夸大化，那就有可能会偏离语言经济学的轨道。李宇明说，"瑞士日内瓦大学经济学家弗朗斯瓦·格林教授的研究表明，语言能为瑞士每年创造 500 亿瑞士法郎的收入，约占瑞士国内生产总值（GDP）的 10%"②。只是，我们并不知道格林教授的统计数据是从何而来，也未曾读到与这个数据相关的详细的论证过程。"能说话会写字"不是唯一变量，语言经济学如果不严格控制这些 α 或 β 值，那么，我们甚至可以把整个 GDP 都看作语言收入，语言经济对国民经济的贡献率岂不是接近 100% 了？

三　应用研究实践正期盼破冰之旅

在语言经济学基础理论方面，张卫国（2008）给出了一个较为完整的"框架"。在语言经济学应用研究实践方面，黄少安等也给出了一个较为完整的"框架"③。当然，这些"框架"都还没有被钉死，这些"框架"依然可以拓宽、调整。

---

① 我们在对人类的各种行为进行分析的时候发现，人们在做某些行为时有无目的性或者说有无主动性意识是可以分析和论证的。一般来说，涉及投资、付出的行为，人们一般都会事先有一定的目的性（即经济学上的"投资动机"和"消费理性"），即使是"意外的成本"往往也会被人们很快就意识到了。涉及收入、获益方面的行为，其目的性或者说主动性意识相对来说稍弱一些，但一般也不至于毫无觉察。

② 李宇明：《语言的经济贡献度，在中国也能达到 GDP 的 10% 吗》，《数据》2013 年第 6 期。

③ 黄少安、张卫国、苏剑：《语言经济学及其在中国的发展》，《经济学动态》2012 年第 3 期。

（一）概括性介绍的五个研究取向

黄少安等（2012）认为，"语言经济学及其相关研究目前大体有五个取向：一是人力资本理论框架下的语言与经济关系研究，如语言与收入、语言动态发展、语言政策的经济学分析等传统语言经济学研究；二是用经济学方法来分析语言的结构、现象及相关语言问题，如 Rubinstein 等人所进行的语言结构、语义及语用的博弈分析等；三是用经济学的方法研究不同语言本身的产生、演化；四是经济学语言的修辞，即以 McCloskey 为代表的对经济学语言的研究；五是具体研究语言产业、语言经济战略及其与经济增长的关系"。

这里谈到的五个取向中，"取向一"在理论研究上已经较为完善，当务之急是采集有效数据、把这些理论付诸实践。其他四个"取向"，无论是理论上还是实践上都还不够成熟，尚待细化、深入。

（二）用经济学的方法研究语言（学）

这实际上就是黄少安等（2012）的"取向二"和"取向三"，这是"广义的语言经济学"的研究领域之一。在语言经济学研究上，人们越来越倾向于语言经济学在大多数情况下都作广义的理解，因为只有这样才能丰富语言经济学的相关研究。同时，广义的语言经济学还可以回避许多不太容易处理的学科分类问题，理性地对待学科壁垒。

如果按照"狭义的语言经济学"来理解，那么，认为"取向二"不属于语言经济学也未为不可。关于这个问题，下面的"语言学史上的语言经济学雏形"部分也会有所涉及、解释，这些雏形基本上都不属于"狭义的语言经济学"。

1. "取向二"结构语义语用的博弈分析

张卫国认为，"Ariel Rubinstein 等学者对语言结构、语义以及语用策略（Pragmatic Strategy）等问题所进行的一系列博弈论研究（Rubinstein，2000；Glazer and Rubinstein，2001，2004，2006）为语言经济学注入了活力"[①]。理性的谈话人为追求谈话中的效用最大化所选择的规则与正常情况下的通用语用规则并不一致，博弈在语用层面也许比语法、语义层面更为常见。

语言学研究中的"偏义复词"，例如"人物""窗户""国家"等，

---

① 张卫国：《语言的经济学分析：一个综述》，《经济评论》2011 年第 4 期。

就是一种语义博弈现象。蒋绍愚提出过"相因生义"的词义演变方式[1]，这有可能也是一种语义的历史演变博弈。在语法、语义、语用的博弈分析方面，国内目前只有零星的研究，尚需进一步的拓宽、深入、系统化。

2. "取向三"在语言学界尚无研究实践

黄少安等（2012）谈到研究语言的"演化"，这和"演化语言学"不尽相同。在语言学领域，"演化语言学"的研究范围非常广泛，有些内容类同于"历史语言学"，有些内容还涉及诸如"人类起源的生理印记"等内容。

黄少安等（2012）还谈到语言的"产生"。但是，曾经有语言学派公开宣称他们不欢迎探讨语言的产生问题，因为语言的产生比动物进化成"人"的问题还要复杂得多。

在我们看来，用经济学的方法来研究语言的"竞争和方向"也许较为可行，只是目前尚未有类似的研究实践。何大安有《规律与方向：变迁中的音韵结构》[2] 一书，该书并没有运用语言经济学的研究方法，如果该书与经济学家合作来完成，那可能会有更大的学术贡献。

（三）关于 economic rhetoric 的中译名称

黄少安等（2012）"取向四"中提到"经济学语言的修辞"，这大概译自 McCloskey 的 *The Rhetoric of Economics* 书名。汉语中的"修辞"很容易被人误会为语言学的分支学科"修辞学"。作为书名，石磊把它译为《经济学的花言巧语》[3] 也让人费解。作为书名，我们更倾向于译为《经济学的文字表述方式》，是与经济学"研究方法"相对而称的"文字表述方式"。关于此类译名，韦森曾给出了一些诸如"经济学的语言与修辞""经济学本身的语言问题""经济学的语言""经济学语言措辞和修辞问题"[4] 等称呼。

由于中国本土的经济学主要是"引进"而不是创造，所以，中国的 economic rhetoric 首先面临的是怎么将西方经济学翻译成汉语的问题，中国本土鲜有"新 economic"的汉语表述问题。即使仅仅是在翻译的层面，

---

[1]　蒋绍愚：《汉语词汇语法史论文集》，商务印书馆 2000 年版，第 93—109 页。

[2]　何大安：《规律与方向：变迁中的音韵结构》，北京大学出版社 2004 年版。

[3]　［美］黛尔德拉·迈克洛斯基：《经济学的花言巧语》，石磊译，经济科学出版社 2000 年版。

[4]　韦森：《语言的经济学与经济学的语言》，《东岳论丛》2009 年第 11 期。

其中的学问还是很大。举例来说，easy-money policy 常被译为"宽松货币政策"，这实在不符合汉语的表达习惯，根本就不能够让熟练地掌握汉语的老百姓们搞懂。事实上，easy money 是英语世界里非常老百姓的一种表述方式。

（四）关于语言产业的一些问题

黄少安等（2012）认为，"语言产业的外延和内涵是什么？这是最基本的理论问题。目前国内学者已经对语言产业的概念作了一些界定，但是还不规范，语言产业的概念还没有统一起来"。语言产业可能包括翻译、语言教学、语言技术、影视字幕配音等。在教育、外交、传媒、旅游、游戏、影视、戏剧等活动中，语言都是一个非常重要的因素；但是，语言却不一定是核心的、目的性的因素，所以，我们不能把教育、外交、旅游等一切产业都看作语言产业。

语言产业主要依附于各种服务行业之中，"语言服务与各特定行业领域结合得更为紧密，离开具体行业领域，语言服务就不复存在"①。另外，近年来的"语言旅游"也值得关注。胡小玲指出，"在发达国家兴起的'语言旅游'项目，就为相关国家带来了可观的收益。'语言旅游'指的是以学习语言为目的的短期（一般是指一年以内）学习和旅游"②。在语言产业研究方面，我们亟须改变"雷声大雨点小"的状况，希望早日实现真正的破冰之旅。

（五）语言距离的两种理解

在语言经济学里，"语言距离"通常就是指"语言差异度"。张卫国认为，作这种理解的"语言距离"是语言经济学界的主要观点，可以详细参见"Linguistic Distance：A Quantitative Measure of the Distance Between English and Other Languages"一文③。"语言差异度"体现在"语言本体"上，更应该属于语言学的范畴。语言距离不仅体现在国别之间，不同方言之间也有语言距离的差异，只是国别之间的语言距离更为明显而已。"语

---

① 李现乐：《语言资源与语言经济研究》，《经济问题》2010 年第 9 期。

② 胡小玲：《论语言产业的结构性、外部性与发展方式》，《语言文字应用》2013 年第 3 期。

③ Barry R. Chiswick & Paul W. Miller. （2005），"Linguistic Distance：A Quantitative Measure of the Distance Between English and Other Languages"．*Journal of Multilingual and Multicultural Development*，26 （1），pp. 1—11.

言距离概念的提出以及把语言距离应用到国际贸易研究中去，对一国的对外贸易战略的制定和目标的实现都有借鉴意义，同时语言距离的测算与实验过程也可能对对外汉语的教学改革提供有益探索"（黄少安等，2012）。一般来说，国际贸易与语言距离呈正相关，与空间距离呈负相关，经济学界已有这方面的研究实践。

语言距离还可以理解为"语言人口接近度"（本书第101页），体现为空间距离，通过语言距离可以计算出"语言容量"。"语言容量"可以作为语言经济学的一个重要的概念。我们在考虑语言容量时往往仅把它当作一个共时层面的理论值来看待，事实上，语言容量更应该通过实地语言调查而不是通过计算来获得（笔者原来提出的计算公式也应随着社会的发展变化而进行适时的修改，原公式只是笔者的一个初步思路、本身也还不完善）。公式的计算方向可逆，有了通过实地调查而得到的语言容量就很容易计算出实际的语言距离。通过语言容量计算出来的语言距离是描述社会融合、政治民主、文化多样性的重要指标参数，对语言、经济、社会的发展都有重要的影响。

四　语言学史上的语言经济学雏形

在语言学史上不乏语言经济学思想的萌芽，但是，以往的这些"萌芽"都非常不成熟，不足以说明语言经济学早已产生，它们充其量算作语言经济学的"雏形"。这些雏形也不宜看成"狭义的语言经济学"，把它们纳入"广义的语言经济学"则无不可。

语言学史上的这些"语言经济学雏形"不属于"起步"之后的语言经济学，我们可以把它们上溯到百千年前。百千年前的这些"雏形"并非为语言经济学而提出、描绘，它们主要地归属于语言学，只是，当我们站在历史的今天用语言经济学的观念去观照它们时才发现它们也可以归属于广义的语言经济学。虽然它们不是为了语言经济学而产生、存在，但是，通过介绍这些"雏形"，在一定程度上能够"鉴往知来"地启发语言经济学的新发展，使其尽快突破当前所处的瓶颈期，从而有力地推动"广义的语言经济学"向前发展。

（一）两种不同的"语言省力"原则

中外语言学史上都曾有"语言经济原则"的表述。不过，这里的"经济"改称"省力"更好一些，因为"经济"是一个多义词、容易引起歧误。

从语言学史上来看，对于追求语言"运行"（比如发音）的"省力"不费劲和语言"学习"的"效率"短平快，人们都早已习以为常。"省力"和"效率"都很经济，追求"效率"其实也是一种"省力"原则。

下面，我们从语言的运行和语言的学习两个方面来探讨这个问题。

1. 语音语法语用方面的"省力"原则

人们在发音的时候，省音、弱读、连读、同化、变调、开合口、浊音清化、不完全爆破，等等，都能够在一定程度上"省力"。从英语演变过程中的元音大转移①可以看出（见图4-1），开合口方面也发生了转移，这也是为了省力。

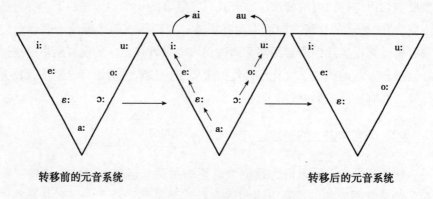

图 4-1 元音系统

事实上，除了在惊恐万分的非常状态下，一般人很少把嘴巴张到最大来说话。除了开合口外，现代汉语中的元音央化有时也可以省力，舌尖太前或太后都让人感觉不是那么自然，完全做到"字正腔圆"往往需要刻意为之才行②。

在语法方面，省力原则也有体现。比如说，汉语中的"承前省"非常普遍；代词的产生、代词数量由多到少逐渐"专用化"也体现了语法的省力原则。在语用方面，"合作原则"可以减少沟通障碍，也是为了

---

① 徐通锵：《历史语言学》，商务印书馆1991年版，第187页。

② 长期以来，语音学一直都在向自然科学研究方向靠拢，这有其合理性，因为语音是语言的"物质外壳"。物质的东西，自然具有一定的自然科学的属性。但是，语音不同于声音之所在就因为它具有心理属性，所以，语音学还与心理学存在着某种程度上的关联，并非仅仅止于口耳等生理器官的神经感知。

省力。

2. 汉字、文言影响教育普及、弱国愚民

中国近代史上，无数学者把中国贫穷落后的原因归为汉字、文言难学难用，影响教育的普及，从而造成了弱国愚民的现状。例如，《马氏文通·后序》中说，"余观泰西童子入学，循序而进，未及志学之年，而观书为文无不明习；而后视其性之所近，肆力于数度、格致、法律、性理诸学而专精焉。故其国无不学之人，而人各学有用之学。计吾国童年能读书者固少，读书而能文者又加少焉，能及时为文而以其余年讲道明理以备他日之用者，盖万无一焉"①。《马氏文通》的这个观点在晚清、民初非常流行，汉字、文言学习的低效率被认为是弱国愚民的罪魁祸首，当时的大多数学者都持有类似的观点。后来，鲁迅还发出了"汉字不灭，中国必亡"的呼喊。

为了普及教育，弘扬科学，语言学家们纷纷献言献策。根据他们观点的不同，这又可以分为两种情况。一种观点认为，应该大力发展语言学，让语言学助力语言教学，从而赢得更多的时间去学习自然科学知识，《马氏文通》即是这种观点。另一种观点认为，汉字难学，应该废除汉字，创制"字母文字"，这主要以钱玄同、瞿秋白、鲁迅等为代表。新中国成立以后，汉字简化、推行《汉语拼音方案》也是为了提高语言学习的效率，普及教育。纵观一个多世纪以来，汉语学习的"效率"原则一直是人们探求的目标。

（二）民国时期的识字经济学

汉语学习中识字是一个非常重要的环节，识字经济学实际上就是语言经济学。民国时期的识字实验已经非常成熟，我们可以从艾伟《汉字问题》② 窥豹之一斑。《汉字问题》也是以扫除文盲、普及教育为目标，是当时"中国教育心理研究所"同人的呕心力作。艾伟等学者从 1933 年开始用了 25 年时间作了大量的实验，统计了异常丰富的实验数据。近年来，关于"字频"统计的相关研究成果为数不少，只是它们还没有达到让语言经济学"拿过来就用"的程度，这些数据还需要进行一定的"转换"和拓展才行。

---

① 吕叔湘、王海棻:《马氏文通读本》，上海教育出版社 1986 年版。
② 艾伟:《汉字问题》，（上海）中华书局 1949 年版。

在语言学领域，齐普夫在 1932 年提出了 Zipf 定律，这个定律也可以用于识字经济学研究。现在看来，计量语言学和语言经济学联姻是可能的，它们可以服务于语言教学。当然，语言经济学并非止于微观的语言教学，它更在于探讨语言与经济的关系这样的更为广阔的宏观领域。

五　"深入"尚待日久

目前，语言经济学最缺乏的就是计量研究。当然，计量经济学在经过了长足的发展之后也暴露出了某些不足，这包括"计量经济学对当前经济危机预测与应对的无力引发了学术界对计量经济学在经济分析中角色与作用的争论"①。当然，计量经济学本来就是相对的科学，其研究对象和研究目标本来就是"理想化"了的对象和目标，这些"理想化"包括众多的"假设前提"。语言经济学的计量研究目前还几乎完全空白，语言经济学的相关计量数据我们都还尚未采集到，面对计量经济学的长足发展，这着实令人汗颜，我们亟须加强"计量语言经济学"研究。

语言经济学的基础理论建设非常重要，目前，所有的基础理论都还可以进一步的系统化，逻辑一定要严密。语言经济学的应用研究实践迫在眉睫，许多应用研究尚处于"前收集数据期"，期待实现"破冰之旅"。如果基础理论不扎实，那些数据、应用研究可能属于"盲动主义"；如果没有数据、没有应用，有些基础理论可能会陷入"幼稚病"的误区。完全可以说，语言经济学在"起步"之后，在当前、在未来的几年内，语言经济学发展已经到了最为关键的阶段了，我们都希望它能够早日破茧成蝶。

语言经济学在经历了"起步"之后，语言学和经济学已经在进一步地向更深的层次融合了，但是，语言经济学的创新却不是一朝一夕就能够完成的事情，它还有一段悠长而又艰辛的道路要走。我们既要目标高远，又要行动务实；学术创新是我们的目标，研究务实是我们的行动。语言经济学研究并不会去刻意追求"不鸣则已，一鸣惊人"，这就允许我们做一些距离最高目标有点远的务实的研究。当前，外语能力对我国居民劳动收入的影响、外语熟练度对我国对外贸易流量的影响、科技期刊的语种对吸纳科技论文及科技转化方向的影响、经济因素对强势方言的助推作用、方

---

① 刘丽艳：《计量经济学局限性研究》，《财经问题研究》2013 年第 3 期。

言灭绝造成的语言生态危机等，引入计量、突出实证，都是一些非常务实的前沿研究。当这些实证研究在国内做得比较成熟了以后，那时语言经济学可以实实在在地迎来一个飞跃性的创新。

　　语言经济学不是"与语言有关的所有的学问"，它只是这些学问的一个方面，一个分析角度。"与语言有关的所有的学问"范围异常丰富，语言经济学只是其中的一个组成部分，语言经济学只需要在自己的"假设前提"下成立即可。我们也可以不止有一个"假设前提"，还允许有其他的更多的"假设前提"存在。这些不同的"存在"有时可以"井水不犯河水"，有时也可以"水乳交融"，我们不能机械地把它们看成"矛盾"的对立存在，不管是何种情形，它们都是人类的知识系统，都是学问。人们对"语言感情"的认识有时也很难说是处于一种感性还是一种理性，"这些类似语言认同的语言感情十分顽固，并且有时是毫无道理可言，它们往往会严重地左右着一个国家的语言规划……语言规划中的'语言认同'直接与心理学相关……'自私的理性人'和'道德的理性人'是主流经济学的一个论证基础"①。很显然，语言经济学并没有主流经济学的那么一种"论证基础""假设前提"，但这丝毫不会影响语言经济学的存在、发展和壮大。语言经济学也不是不能考虑"非理性"，语言经济学还可以并驾齐驱的同时研究"自私"和"道德"，语言经济学里可以有"市场"，语言经济学也可以不研究"市场"，这些众多的看似相互矛盾的角度、方面在语言经济学的"大框架"里都可以百花齐放，都能够前程似锦。

第三节　关于语言生态与保护的问题 *

　　随着世界上的语言濒危现象日益突出，许多语言学家认为这是语言生态恶化的表现，发出了保护语言多样性的诉求。在考察生态语言学的一些研究之后，我们从语言多样性、濒危语言、国家发展模式、普通话推广、

---

　　① 薄守生：《语言经济学：非主流语言学与非主流经济学的牵手》，《中国社会科学报》2010年1月19日第8版。

　　* 本节内容的主体部分曾分别发表于《语言文字应用》2007年第2期和《汉字文化》2007年第6期。文章在此略作修改。

不可知论等五个方面作了冷静的思考，最后认为我们的语言政策要符合我们当前的国情。在本节的后半部分，我们还讨论了把语言作为"非物质文化遗产"的相关问题。

在全球化和现代化的冲击下，生态危机日益严重，人们越来越深刻地认识到了生态保护和可持续发展的重要性。"人们对生物多样性和传统物质文化的保护没有疑义。杀戮珍稀动物，砍伐珍贵树种，毁坏古代文物，都会受到舆论的谴责或法律的惩罚。但是，对须臾不离的语言遭受侵蚀，语言灭绝以及语言生态的恶化，却没有同样的忧虑和关注。"① 语言濒危问题在国际语言学界已经成为普遍关注的热点，联合国教科文组织将濒危语言列为世界语言规划（其实，"世界语言规划"并不真实，因为语言规划一般发生在国家的层面上）的重要内容，生态语言学也受到了一定程度的重视。生态语言学的定义现在尚未统一，我们可以暂且参照俄罗斯语言学界给出的定义："研究影响语言发展和言语活动的消极因素，研究丰富语言的方法和途径，完善言语交际的道德伦理及实用的公理体系的学科。"② 当前的生态语言学主要研究语言系统的产生和发展及其与自然、社会、族群等因素的相互关系，主要涉及语言多样性、濒危语言、语言主权、语言政策、语言习得、语言进化等方面的内容。

面对部分语言学家对语言多样性的诉求，语言规划研究者对语言多样性受到的威胁划分出了几个高低不同的层次。一是英语的国际传播，语言学家马庆株已经指出用英语进行教学"危害国家安全"③；二是在中国境内的弱势语言濒危，弱势方言也受到威胁。似乎是国家层面上出现了危机，国家内部的区域层面上也出现了危机，如此危机四伏的今天，我们的语言学家不能再坐而论道了，我们的语言学家还要去唤醒民众，"我们所需要的不仅仅是民众的意识，我们还需要民众的热情"④。与此同时，有些研究濒危语言的学者又要求我们不应过多纠缠某些名词概念的定义和阐释，不要停留于某些基本或浅层次的问题论争，否则会把濒危语言研究引

---

① 范俊军：《我国语言生态危机的若干问题》，《兰州大学学报》2005 年第 6 期。

② 华劭：《语言经纬》，商务印书馆 2003 年版，第 398 页。

③ 彭泽润：《"英汉双语教学"跟"国家汉语战略"矛盾》，《北华大学学报》2005 年第 2 期。

④ 范俊军：《联合国教科文组织关于保护语言与文化多样性文件汇编》，民族出版社 2006 年版，第 14 页。

向无意义的空谈，陷入形而上的纯思辨的死胡同，当前紧要的是抢救和保护的实际行动。但是；这些语言学家最起码要知道该保护什么，为了谁而保护，这是一切问题的前提。对于这个前提，还是免不了争论。

下面我们从语言生态危机论的立论基础即语言多样性的问题入手，并依次论述不同语言学家对濒危语言的认识与处理方法、国家发展模式的选择及不同行为主体的利益取向、语言发展规律及推广普通话的问题、在我国进行濒危语言保护的时机及对待不可知论的问题。

一 关于语言多样性

生态语言学的重要立论基础是语言多样性，并认为语言多样性与生物多样性非常的相似，以至于 William Sutherland 在《自然》杂志上发表文章指出"具有高度语言多样性的地区也同时拥有高度的鸟类和哺乳动物的多样性"[①]，这其实是指出了语言环境的重要性问题。语言环境是由人口、文化、经济、社会、交通、信息传播等因素构成的，也就是说，语言环境涉及社会环境和自然环境。其中社会环境是语言环境主要组成部分，并且社会环境最为复杂，社会环境是一个远离平衡的开放系统。自然环境也是语言环境的一个组成部分，比如地形因素，交通不便条件恶劣的区域是保持语言多样性的一个屏障。William Sutherland 看到的语言多样性和生物多样性紧密相关，正是区域地理相同的缘故，也就是说，交通不便、条件恶劣的地形既是保持语言多样性的一个屏障，又是保持生物多样性的一个屏障。这里无疑是肯定了自然环境对语言多样性的影响，但并不能说明语言濒危与物种消失具有相同的规律，"the reasons for extinction risk between cultural and biological diversity"[②] 其实不同，文化和物种的关联并不会那么表面化。因此，斯波斯基认为，"我们必须慎重地使用语言生态的比喻，因为人类对构成语言生态的组成部分尚不清楚，而且，我们没有理由从保护生物多样性的必要性隐喻到保护某种语言多样性的必要性"[③]。

语言多样性与文化多样性也不是绝对等同的。语言是具有文化属性，

---

① William J. Sutherland（2003），Parallel extinction risk and global distribution of languages and species. *Nature*，42（3），pp. 276—279.

② Ibid.，p. 279.

③ ［以］博纳德·斯波斯基：《语言政策——社会语言学中的重要论题》，张治国译，赵守辉审订，商务印书馆 2012 年版，第 9 页。

但是语言与文化的关系远非许多人想象的那么简单，文化具有超语言性，并不一定"一种人类语言的消亡，就意味着人类失去了一种文化"①。把语言作为一种记忆，"语言濒危和消亡对学术界和社会群体都有影响。一种语言消亡了，也就意味着语言学家失去了认识人类语言知识的一组重要数据。而对社会群体而言，每种语言都是某个群体智慧和文化的结晶，包含着那个群体的记忆，记录着那种文化的独特历史，并由此成为该特定群体的重要标志之一。因此，语言的消亡会带来一系列的社会文化后果"②，这种论述是可以接受的，但是这里依然无法具体地解释清楚语言和文化的关系。当然，认为"从一个词源的考证可以了解物质文化的变迁以至从物质文化到制度文化的演变过程。语言学成了物质文化史研究的重要手段……透过语言揭示物质文化起源和演变的历史，将可以补其他学科研究手段之不足，为人类往日的文明展示更加真实的图景"③，这种说法和做法或许是可取的。但是，人类语言的发展似乎很少有为了保存历史而特别地使用某些词语的情况，人为地为了保存历史而使用语言那将是语言交流的沉重负担。并且，我们在利用词源来考证历史文化的时候，那些词源往往仅仅是一种线索，需要大量的旁证才能进行。语言的替换与文化的转移具有不同步性，这就造成了语言的消亡可能不会导致文化的消亡。不同语言的互代、互补和单项替代几种不同情形对文化的传承也有不同的影响。

生物多样性对代内公平和代际公平都有重要的意义，它们是可持续发展的重要保证。可持续发展是指既能满足当代人的需要又不对后代人满足其需要的能力构成危害的发展。语言的代内公平问题，主要取决于当事人，也就是语言的主体者的态度，而不是取决于部分语言学家的认识。是否存在语言的代际公平的问题，我们尚难断言。我们不能预想后代人希望拥有什么样的语言资源，我们更难以想象后代人的个人生活靠什么方式变得丰富多彩。语言是人的语言，只要有人类社会的可持续发展就有语言的可持续发展。事实上，语言的可持续发展与环境资源的可持续发展是不能简单类比的。

从理论上讲，把语言的多样性等同于文化的多样性是有争议的，至于

---

① 普忠良：《从全球的濒危语言现象看我国民族语言文化生态的保护和利用问题》，《贵州民族研究》2001 年第 4 期。

② 徐大明：《语言变异与变化》，上海教育出版社 2006 年版，第 330 页。

③ 张公瑾：《语言与民族物质文化史》，民族出版社 2002 年版，第 9 页。

把语言多样性比附于生物多样性更是缺乏根据的，生物是自然的产物遵循的是自然规律，语言是社会的产物遵循的是社会规律。

二 不同语言学家对濒危语言的认识及处理方法

在濒危语言保护方面有两种截然不同的立场，一是某些语言学家跳出了当前"有用无用"的局限从长远的眼光出发要求保护濒危语言，二是作为行为主体的持濒危语言的绝大多数当事人更关心当前的发展问题而忽视濒危语言。

对于后者，不同的学者有过一些论述，例如，"方言消亡是大势所趋。变化是语言的本质特点，汉语方言也不例外。由于社会因素的影响，汉语方言当前和今后一个时期的变化趋势是'趋同'，这主要表现为弱势方言'趋同'于强势方言或普通话，也就是朝着消亡的方向发展。这是不可阻挡的历史潮流"[1]。对于方言问题，有学者建议采取的策略是："采用双言制应是一种切实可行的办法……语言总是要发展的，即使人们有了语言保护的意识，有些弱势语言或方言的消亡也不是人力所能挽回的，我们应该尊重这个事实。"[2] 但是，这并不意味着我们对语言的消亡坐视不管，因为"文化生态自控能力有限……必须根据实际情况对系统的调整进行强有力的人为干预，以使其朝着有利于民族社会繁荣稳定的方向发展……在语言替换的过程中，语言的工具性往往会掩盖语言的其他特性"[3]。语言的工具性往往代表着一种语言的效益，所以，对待语言消亡的态度主要取决于人们对效益的态度。"在中国的社会制度与民族政策的环境下，近二十年来由于政府一直面临着西方国家对中国政府'对少数民族实行同化政策'的舆论批评和外交压力，所以极力强调民族语言的平等地位和作为学校教育语言的重要性，"[4] 以至于"目前国内关于民族语言问题的讨论，在'文化象征'这方面强调得多，对'应用工具'这方面讲得相对较少。忽视了应用性功能这方面就可能对语言的认识偏向于感性化而做出脱离实际的判断"[5]。这是大多数的研究少数民族语言的学

---

① 曹志耘：《关于濒危汉语方言问题》，《语言教学与研究》2001 年第 1 期。

② 侯敏：《有关我国语言地位规划的一些思考》，《语言文字应用》2005 年第 4 期。

③ 曹志耘：《关于濒危汉语方言问题》，《语言教学与研究》2001 年第 1 期。

④ 马戎：《民族社会学导论》，北京大学出版社 2005 年版，第 157 页。

⑤ 同上书，第 143 页。

者的观点，而作为少数民族人民的立场却往往是更关心语言的应用功能，也就是"在实用价值和感情价值发生冲突时，多数人往往选择了语言的实用价值，放弃了感情价值"①。也就是说，弱势语言向强势语言靠近是不可阻挡的历史潮流，我们应当面对现实，正视现实，并且这也是大多数语言的持有者、语言的行为主体者所做出的自主选择。

对于前者，主要是一些生态语言学家的主张，认为语言濒危有损语言多样性，是一种语言危机。但是，这里面的相关论述都还缺乏足够的理论证据，并且濒危语言保护的呼声基本上都是从西方国家吹过来的，而中国和西方国家有着截然不同的文化传统，文化多元化是西方国家的一种追求也是一种现实，而中国却有着不同的文化传统。

三　国家发展模式的选择及不同行为主体的利益取向

不同的国家具有不同的发展模式，如果笼统归为两类，那便是发达国家发展模式和发展中国家的发展模式。发展模式具有普适性，也存在个体差异。

国家发展模式的选择问题。"发展中国家在政治发展过程中的总体特征是'后发性'……面对西方国家强大的'示范效应'和激烈的国际竞争，（后发国家）必须把西方历史上依次出现的若干时代缩为一个……早发的西方发达资本主义国家的自由发展不可避免地带来了许多盲目性，在探寻适合自己的政治发展道路中付出了巨大的成本代价……这在后发国家中得以避免。"②然而"这种因'后发展'而加速了的亦步亦趋，很大程度上不是发展中国家自己所能把握的"③。并且"发展的各目标间是相冲突的。发展中国家在经济发展和政治发展之间面临着一个顺序选择"④。语言政策也存在类似的问题，"在语言规划方面，也有两种不同的发展观，一种是大多数西方工业化国家早期奉行的'先同化，再多样化'的

---

① 何俊芳：《语言人类学教程》，中央民族大学出版社2005年版，第160页。
② 王邦佐、孙关宏、王沪宁、李惠康：《新政治学概要》，复旦大学出版社2004年版，第315页。
③ 邬沧萍、侯东民：《人口、资源、环境关系史》，中国人民大学出版社2005年版，第166页。
④ 王邦佐、孙关宏、王沪宁、李惠康：《新政治学概要》，复旦大学出版社2004年版，第323页。

语言发展战略，再就是中国实行的'统一多样'的语言发展战略"①。这种"统一多样"的发展战略是一个非常好的理想，却不容易操作，可操作性是作为政策的一个重要要求。

个人、族群、国家、国际组织的利益问题。"问题的复杂性在于，人类的态度本身常常与自己的实际行动之间存在着明显的不一致现象……一种合理的社会观念能否得到真正的实践，通常会与社会成员（个体的、各种利益集团的）所渴望的实际利益发生冲突。"② 个人、族群、国家、国际组织具有不同的利益取向，具有不同的权利自由，具有不同的义务约束，它们是几个不同层次的利益主体。"语言规划作为促进或者限制某些语言共同体利益的手段，在实施时需要慎重对待。"③ 在语言规划方面，个人、族群、国家、国际组织也存在不同的语言的利益问题。有些西方国家只承认个体权利而不承认集体权利的存在，然而，没有哪个国家不特别重视国家利益。至于联合国、国际组织，它是介于国家之间的组织，不是超国家组织，更不是凌驾于国家之上的世界政府，它的利益也不一定代表着人类的利益。

所以，我们在学习西方的过程中，往往处于一种不自主的状态，我们无法照搬西方国家的过去和现在。照搬西方国家的过去，可能会重复"不可避免地带来的"许多盲目性；照搬西方国家的现在，"在后发国家中得以避免"了盲目性或许又会因为省略了许多中间过程而造成"先天不足"的现实。面对不同层次的利益主体对利益的诉求，我们首先要做的是根据自己的实际情况牢牢把握我们的"国家利益"。

四 语言发展规律及推广普通话的问题

历史语言学的基本观点是人类语言是从统一到不断分化的，根据当前的不同的语言可能构拟出某些原始母语。当然，分化出来的各种语言也可能存在融合、接触以及部分语言消亡的现象，但是留存下来的部分语言也会继续分化。社会语言学承认语言变体的普遍存在，甚至可以夸张性地

---

① 周庆生：《构建和谐的社会语言环境》，《中国民族报》2006 年 5 月 30 日。

② 郑慧子：《生态危机、人类中心主义和人的天性》，《上海师范大学学报》2006 年第4 期。

③ 何俊芳：《语言人类学教程》，中央民族大学出版社 2005 年版，第 185 页。

说，除非世界上只有一个人（如果世界上只有一个人，那将已经不再有语言存在了），否则就会有各种各样的语言变异。由此我们在想，语言濒危与语言的分化或变异是不是可以在语言的数量上形成互补呢？

国家通用语、区域通用语、方言是语言的不同层次，我们可以说国家通用语是建立在区域通用语的基础上的，区域通用语是在方言的基础上产生的。普通话就受益于汉语的各种变体，普通话的"语言规范采用的基本上都是权威地域方言加权威社会方言的'双重参照系'"①。因此"如果有一天世界上只剩下一种语言，它将因缺少外来资源而枯竭"②。当然，普通话统一之后也会存在不同程度的"地方化"或者说"土化"，那就是普通话的新的语言变体，只是这种新的语言变体在一个时期内比方言具有更高的互懂度。在目前人类的目光所能及的范围内，在现代化、更高的生活水平还是人们的普遍追求的背景下，现代化进程中弱势语言的萎缩是客观的必然的趋势，这是语言自身发展的规律之一。"方言的萎缩、语言的统一成了任何人都无法阻挡的时代潮流，"③ 但"汉语方言的完全消亡也还不可能是近期的事"④。

使用过分分歧的方言进行交流是不经济的，形成一定范围内的共同语是社会发展的必然要求。"我们可以提倡让大家来使用共同语，但不能强制或不准他人放弃自己使用面狭小的母语。"⑤ 从理论上讲，人的语言能力异常强大，双语人是不会变为"超载的骆驼"的。"随着经济的发展和文化交流机会的增加，不同语言群体之间的交往会越来越频繁，普通话在社会交际中的地位会越来越突出，人们对普通话的学习和使用也会越来越主动，心理上的中华民族归属感会相应提高。"⑥ 在全国范围内稳步推广、巩固普通话是符合区域经济学、区域政治学要求的。并且，还有两点值得特别说明，其一是汉语的国际传播需要普通话和规范汉字，让一个外国人学习几种汉语方言和书写众多异体字的难度是很大的。其二是国家通用语

---

① 李宇明：《〈权威方言在语言规范中的地位〉补》，《语言文字应用》2005 年第 3 期。

② 张公瑾：《语言的生态环境》，《民族语文》2001 年第 3 期。

③ 李如龙：《汉语方言学》，高等教育出版社 2007 年版，第 41 页。

④ 同上。

⑤ 张公瑾：《语言的生态环境》，《民族语文》2001 年第 3 期。

⑥ 谢俊英：《中国不同民族群体对普通话的态度差异分析》，《语言文字应用》2006 年第 3 期。

是人们的实际语言需要，在区域广大的中国如果方言过于分歧而又没有普通话作为媒介，那么中国人的共同交际媒介是使用英语吗？就全球而言，语言越是多样化，作为抽象存在的"标准英语"的地位就越高，语言多样化的真正目标就更难实现。

语言濒危可能具有负外部性，而方言分歧必然具有负外部性，只有在保证尽可能多的人经济地交流的前提下的语言多样性才具有正外部性。外部性本来是经济学的术语，可以理解为，经济主体的行为对同其没有交易关系的第三方所产生的影响，或者说，一个或一些经济主体的行为，对另一个或另一些经济主体所产生的影响，虽然这种影响没有反映在他们之间的交易合同中。

五 时机问题和不可知论

这里讨论一下在我国进行濒危语言保护的时机及对待不可知论的问题。

我们不去争论濒危语言该不该保护，但我们有一个发展模式的选择问题，以及保护濒危语言的时间早晚的选择问题。"人们面对一个两难的困境：是选择追求效率和生存发展，还是选择坚持自己的传统文化与生活方式……当我们的生存和发展在一定程度上得到保障后，在不影响效率、不降低竞争能力的条件下，我们将尽可能地保护和继承我们祖先留下的文化遗产，就像欧洲人保护和继承他们祖先的文化遗产一样。"[1] 我们不去争论语言多样化的主张，但是我们认为当前的语言多样化实践要在不影响效率、不降低竞争能力的前提下进行，或者留待以后再去做这项工作。我们尚处于社会主义初级阶段，我们还是发展中国家，这是我们必须面对的现实。同时，在我们国家内部也存在着经济发展的不平衡问题，作为统一的国家，我们也应尽量避免因为经济不平衡直接引发的政治不平衡的扩大。

就语言的共时平面而言，语言的区域性是语言的重要属性。保护语言多样性的最务实的办法就是特别关注那些交通不便、气候恶劣的、人口流动极少的区域的语言状况，可以把特定区域的经济发展、教育扶持、语言多样性保护结合起来做工作，注重的是一种区域语言的多样性，而不是要求全国的每一个区域都要保持语言的多样性。这诚如斯波斯基所言："在

---

[1] 马戎：《民族社会学导论》，北京大学出版社 2005 年版，第 234 页。

语言生态领域，人们的思维不是从某一特定的语言开始，而是从某一特定的区域开始。"①

关于神秘主义或者不可知论的问题。在谈到语言文化的多样性的时候，有学者认为"社会优势是由政治、经济、文化的总体文明程度决定的，是一定历史时期的现象。从历史看，某个民族文明的高峰期至多也就是几个世纪，就像一个领先的长跑队员，谁也说不准他就一定能最先到达终点"②。就人类社会而言，我们目前尚未知晓，也不能去人为设定"人类的终点"。或许可以承认神秘主义或者不可知论也是人类文明的一部分，因为人类当前的知识和认识是有限的，而未来具有许多不确定性。在未知的前提下，许多事物是无法比较的，更不能以有用无用、先进落后、科学迷信、积极消极等标准去分类。然而，我们上面所有的观点都是在当前的已知的前提下立论的。

六　结语及综合讨论

就全世界而言，世界文明的多样性，不仅过去、现在存在，将来也会长期存在；同时我们也要看到，有众多的文明在历史上倾覆淹没了，这些倾覆淹没了的文明也并未危及后世的文明的多样性。我们需要有自己的民族自信、民族自豪感，但是我们也要避免狭隘的民族主义。不同的国家在不同的历史阶段具有不同的发展模式，发展没有统一的模式，既有的规律只能作为借鉴之用。要承认世界文明的多样性，不同文明之间不应该互相歧视、敌视、排斥，而应该相互尊重、相互学习、取长补短，共同形成和谐多彩的人类文明。同时，我们也要看到文明竞争的非理性因素，不同发展水平的文明之间的竞争也不是含蓄的，有些竞争甚至是鱼死网破的竞争，所以，我们既要知道什么样的文明多样性是我们所希望的文明多样性，我们又要看到这种希望的存在，我们还要知道这种希望得以实现的方式。

就我们国内而言，我们的文化存在着多样性，不同文化的和谐发展是我们建设和谐社会的重要体现。当前，我们最需要关注的是区域经济发展

---

① ［以］博纳德·斯波斯基：《语言政策——社会语言学中的重要论题》，张治国译，赵守辉审订，商务印书馆 2012 年版，第 9 页。

② 张公瑾：《语言的生态环境》，《民族语文》2001 年第 3 期。

不平衡而引发的对文化多样性的威胁，而不是去干涉个人因为发展的需要做出的对文化类型的自主选择；我们也不能以文化多样性为借口，任凭区域经济发展不平衡而导致的区域政治发展不平衡的加剧。

文明、文化、语言之间存在着紧密的联系，却不是简单的联系。文化多样性与语言多样性也不是绝对等同的。人类所处的自然生态已严重恶化，我们强烈呼吁所有的人都要行动起来珍爱自然环境保护自然生态。至于语言生态，我们还需要进一步研究。处于探索阶段的研究，一般是不能拿来作为制定政策的依据的。总之，语言濒危与物种灭绝不能简单比附，语言生态危机的说法有待于进一步研究。濒危语言研究可能会在一个时期内成为一个热门话题，但是我们对此持保守的态度。

濒危语言保护是否符合我们当前的国情，也是一个非常现实的问题。同时，我们注意到，现有的联合国协约、政府文件、学术论文中时有术语概念模棱两可的情况出现，如"生态""基因""软实力"等的使用就非常混乱。一般来说，作为学术论文，要谨慎使用各种术语，特别是借用其他学科的术语时一定要注意，只有意义毫无变化时才可以直接使用，如果意义有所发展、有所引申就要在使用时重新定义或者例释，大多数术语是有学科疆界的。仅仅"生态"二字尚无力实现生态语言学发展的要求，生态语言学有待于进一步夯实自己的基础理论，我们也希望生态语言学作为一个学科能够尽快发展完善起来。在此之前，我们当前的语言政策需要一个相对稳定的发展过程。

七　关于"语言作为非物质文化遗产"的思考

文化遗产的内容非常丰富，"文化遗产包括物质文化遗产和非物质文化遗产。物质文化遗产是具有历史、艺术和科学价值的文物，包括古遗址、古墓葬、古建筑、石窟寺、石刻、壁画、近代现代重要史迹及代表性建筑等不可移动文物，历史上各时代的重要实物、艺术品、文献、手稿、图书资料等可移动文物；以及在建筑式样、分布均匀或与环境景色结合方面具有突出普遍价值的历史文化名城（街区、村镇）。非物质文化遗产是指各种以非物质形态存在的与群众生活密切相关、世代相承的传统文化表现形式，包括口头传统、传统表演艺术、民俗活动和礼仪与节庆、有关自然界和宇宙的民间传统知识和实践、传统手工艺技能等以及与上述传统文化表现形式相关的文化空间"①。"语言"是非物质文化遗产的重要组成部分。

随着苏州昆曲被列为世界非物质文化遗产名录，各种方言"申遗"似乎也备受鼓舞，高淳方言"申遗"，长泰方言"申遗"，南通方言"申遗"，等等，可谓此起彼伏。在对具有"活态性"非物质文化遗产的戏曲的保护问题上，"许多学者建议设立生态保护区来保护"②。当然，也有少数学者反对把非戏曲载体的方言作为非物质文化遗产，认为方言如果不依附于戏曲、戏剧的话它们的价值不太稳定、固定。

《文化多样性与人类全面发展——世界文化与发展委员会报告》一书对"语言遗产"有较多的介绍③。通常认为，"'文化遗产'本身即'文明'冲突的产物"④。冲突本身就是一种激烈的比较，比较是无处不在的。"一个国家或民族的文化可分为两部分：民族性文化和世界性文化，或者说，民族性较强的文化和世界性较强的文化。不少西方学者和中国学者认为，科学技术及其物质文明是世界性的，是'发明'出来的；而人的价值、信仰、伦理、道德、制度、礼俗、艺术等是民族性的，是'创造'出来的。我们所说的非物质文化，也就是民族性文化。世界性文化具有可比性，有高低和优劣之分，有先进与落后之别。民族性文化具有相对性，每一个民族都有自己独特的文化传统和价值观念，它与其他民族的文化传统和价值标准是难以比较的。如宗教信仰、价值观念、伦理道德和风俗习惯等，无法进行比较和衡量。"⑤ 所以，在学理上，非物质文化遗产保护就绕不过这么一个"激烈的比较"与"不该去比较"的悖论。

语言是人类最后的家园，语言与文字的稳定守住一个文明⑥。人类制度与语言能力、语言选择及语言应用等问题息息相关。生物多样性、基因

---

① 《国务院发出通知：要求进一步加强文化遗产保护，决定从 2006 年起每年 6 月第二个星期六为我国"文化遗产日"》，《人民日报》2006 年 2 月 9 日。

② 宋俊华：《非物质文化遗产与戏曲研究的新路向》，《文艺研究》2007 年第 2 期。

③ 联合国教科文组织世界文化与发展委员会：《文化多样性与人类全面发展——世界文化与发展委员会报告》，广东人民出版社 2006 年版，第 202 页。

④ 李军：《什么是文化遗产？——对一个当代观念的知识考古》，《文艺研究》2005 年第4 期。

⑤ 何星亮：《非物质文化遗产的保护与民族文化现代化》，《中南民族大学学报》2005 年第3 期。

⑥ 薄守生：《人类最后的家园》，《光明日报》2006 年 8 月 5 日。

多样性是人类生命的保障，对于这种多样性我们必须非常重视，绝对不能大意。而对于语言的多样性，是否也是多多益善呢？"为我所用"的语言多与少的确定标准又是什么？似乎人类对此还没有一个理性的思考。在此重重悖论之中，我们认为，把语言多样化看作财富是有条件的，"从人类的角度来看，每一种语言都可以看作一笔财富，都为文化的共同积淀作出了一定贡献。但是，对一个特定的地区来说，这种财富并不一定是一种优势，至少从经济上讲不一定是优势。确实，有些例子可以证明事实恰恰相反，即贫穷地区有丰富的语言，反之亦然"[1]。对于这些问题，我们只能笼统地说："语言文化具有多样性是好的"。

在本节内容的最后，我们打算引用苏·赖特的一段话来结束本节内容的讨论。苏·赖特说，"生态语言学（Ecolinguistics）领域就是缘于对少数人使用的语言会灭绝的担忧而发展起来的。生态语言学家既是语言保存方面的活动家，也是消失中的语言表达方式的记录者。他们自信地认为，这些消失中的诸多表达方式可以让生活在发达地区的人们睁开眼睛，去看看自己在非循环性资源利用和污染中所犯的错误。生态语言学家主张语言的多样性显然是件好事，它同自然界的多样性明显需要保护一样，也值得保护。当然，这并不是真正意义上的比较，而是隐喻性的，而且要单纯地用保护自然物种多样性的理由来支持保护语言的多样性是非常困难的"[2]。

---

① ［英］彼得·伯克：《语言的文化史——近代早期欧洲的语言和共同体》，李霄翔、李鲁、杨豫译，北京大学出版社 2007 年版，第 11—12 页。

② ［英］苏·赖特：《语言政策与语言规划——从民族主义到全球化》，陈新仁译，商务印书馆 2012 年版，第 13 页。

第五章

语言政治与语言立法

【本章地图】

本章共四节内容，第一节区域政治学与语言规划，第二节论语言政治，第三节说语言法，第四节个人、集体、国家和社会。

第一节区域政治学与语言规划，对本书中所理解的区域政治的概念作一粗略的介绍，并探讨了区域政治与语言规划的关系。之所以安排这第一节内容，是为了避免第二节、第三节内容显得突兀，本节内容能够起到"承上启下"的作用。不过，事实上，在阅读第二节、第三节内容时，是可以跳过第一节内容不读的。本节不是本章的主要内容，也不是本书的主要内容。

第二节论语言政治，主要讨论了古今中外的许多国家在立国之初一般都非常重视语言政治，并且，大多数国家的后来的语言政策多是建国之初的语言政策的延续。语言的统一或分裂与国家的统一或分裂之间的关系非常复杂，不是简单的决定与被决定的关系。在涉及国家的统一或分裂的时候，语言政策一般以稳健、谨慎的姿态出现。经济利益、贵族意识和政治社会化等方面，都与语言政治有很大的关联。语言政治还涉及社会变革的问题。本节内容是本章的核心内容，也是本书中的重要内容。

第三节说语言法，主要涉及语言法的价值，语言法的权利义务关系，语言法的实施与监督等内容。语言法基本上属于"法的三类分类法"中的"社会法"这一种法律类型。语言法有其特殊性，语言法也不宜直接套用是"软法"还是"硬法"的两分法。本节内容是本章的核心内容，也是本书中的重要内容。

　　第四节个人、集体、国家和社会，简单讨论了集体、国家和社会是否存在，以及它们与个人之间的关系，并指出语言是集体（社会）的产物，没有集体就没有语言。集体的存在需要公共关系的协调，公共政策可以调整集体中个人之间的关系，语言政策是一种公共政策。本节内容中只有"语言需要多少"一小部分介绍比较重要，在这一小部分内容中指出语言的种类数量的决定因素要包括语言政治的因素，集体需要多少种语言也要考虑到语言政治。本节内容，不是本书的重点部分。

　　本章这四节内容中，第二节论语言政治和第三节说语言法是本章的核心内容，也是本书的重点内容。总体上看，本章是本书中的重要章节之一。

第一节　区域政治学与语言规划

　　自然环境、资源禀赋的区域性比较明显，社会、历史、文化、民族、政权、法律的结构、分布与发展进程等也与区域性息息相关。所有这一切的自然环境、资源禀赋、社会、历史、文化、民族、政权、法律等都可以从政治的视角观察，这种观察我们可以认为是一种区域政治的研究实践。

一　区域政治学

　　区域政治学自古有之，只是在古代不一定明确提出区域政治学这一名称。我们今天在使用区域政治学这一概念时，有必要对这个概念做出一定的说明。现在，政治学、国际关系学、历史学等在使用"区域政治"这一名词时，大多数与"地缘政治"有关联。"地缘政治"通常专门指"地理位置接近的国家与国家之间的关系"，也就是国际关系，"区域政治"用来说明政治（国际关系、国内政治）在区域上的分异。区域政治是一个外延较为宽泛的概念。本书中所指的"区域政治"，不是专指"地缘政治"，凡是表现出区域分异的政治都是区域政治。

　　就空间大小而言，区域政治可以分为从宏观到微观的不同层次。从最宏观的层面来说，区域政治可以有海权政治、陆权政治、空权政治等。按照层次大小，宏观一点的，例如欧洲联盟、亚太经合组织、北美自由贸易区等等，这一类主要是以经济为纽带联结在一起的超国家组织（目前只有欧洲联盟）或国家之间的组织（例如亚太经合组织、北美自由贸易区等）。次宏观的，例如国家（联合国承认的区域政治实体）以及类似于国家存在的区域政治实体（尚未得到联合国承认），国家是当今世界的主要存在形式，以当前的情况来看，国家还将长期地存在下去。微观的，可以指一个国家内部的表现在区域分异上的政治，例如我国的东部政治、中部政治和西部政治等。再微观一些，例如长江三角洲地区、珠江三角洲地区等区域政治的存在，这一类区域政治主要是以经济为联结纽带。更微观地分，基本上可以按照我国的行政区划的单位来划分了，比如说，省市政治、地级市政治、县区政治、乡镇政治、村镇基层政治等。由此看来，区域政治并不一定以区域政治实体的存在为前提，即使没有某一个政治实体存在，也可以存在区域政治。

在一个国家内部，地方主义是一种区域政治。地方主义是人们对自己所属的次国家区域（国家内部的区域）的认同感。在西方，地方主义与地域本位（或者称区域主义）相联系。一般认为，有边界（边疆）就有地方主义，边界（边疆）往往就是不同区域的利益的边界（边疆）。就目前来看，即使全球化在蔓延，但是边界（边疆）在近期内不会真正消失。

区域政治的不同，往往可以表现为区域结构的不同。区域结构，是指特定共同体的政治、经济、文化等表现在区域上的差异性，以及这些差异相互联系、相互作用的特点。人类活动空间按照各种各样的不同标准，可以划分出不同的区域，区域特征即区别特征，也就是区域分异。区域划分的标准各种各样，如民族、经济、人口分布、历史传统、地理位置等标准。但是，不管按照哪些标准划分的区域，都有一些基本的特征，这些特征主要有：（1）区位，也就是位置，大多数情况下侧重于指地球表面上（地表）的空间位置；（2）人文，地表是一个自然的概念，然而区域除了与自然相联系外，还有特定的历史文化、政治制度、经济结构等人文内容；（3）边界（边疆），边界（边疆）是区域存在的前提，边界（边疆）往往是一个抽象的存在，不仅可以指高山大河，还可以表现为人文特征，边界（边疆）要求内部相对一致、外部存在较大差异。通过分析区域结构，可以揭示出区域政治的异同所在。

在一个国家内部的区域政治，集中体现为中央和地方的关系上。我们可以看一下美国的情况，美国实行的是联邦体制，这是一种"多元"与"一体"的共生机制。历史上的美国，从联盟到"内战"，就是美国地域本位意识的积累与激化的结果。现在的美国，学者们常常将其描述为"一盘沙拉",地域本位意识依旧非常浓厚。在我国,我国是中国共产党领导下的共和国,纵观我国政治改革的历程,也可以看出中央向地方或者放权或者收权的历史,从新中国成立初中央直接控制全国的人、财、物,到 20 世纪 80 年代以来中央逐渐地适当地向地方就经济建设进行放权,无不贯彻了加强中央政治集权和为调动地方经济积极性而放权的辩证统一。

二　区域政治与语言规划

语言规划是关于语言区域空间的公共政策。语言规划涉及调整不同语言集团的关系的问题,大小不等的语言集团通常分布在大小不等的区域空间之中,"国家通用语"和"方言"的关系也可以说是体现为"区域一体"和"多元区域"的关系。所以说,语言规划也是区域政治的一个组成部分。

从区域政治的角度,语言规划特别要注意协调几种关系。(1)政治—经济协调,虽然说政治是以经济为基础的上层建筑,但是经济发展在许多时候是连续发展的,而政治改革往往是离散性地进行的,经济发展具有一贯性,经济改革政策和政治发展却往往具有阶段性,这样就造成了政治—经济关系有可能会出现"阶段性的不协调"问题。而它们这种"阶段性的不协调",可能会影响到语言规划的制定与实施,经济发达地区的方言可能会成为强势方言,这种强势方言可能会对其他方言和国家通用语产生较大的影响。(2)中央—地方的权利分配问题、义务承担问题,这又会影响到语言规划的进行,语言规划是国家的权利还是地方的权利?语言规划是国家的义务还是地方的义务?一般来说,地方一般不太关心语言规划问题(除了诸如加拿大的魁北克省,除了经济发达地区要求保护本地方言外),但是国家的语言政策最终还是需要在地方进行落实。(3)规范和鲜活、统一和多样的问题,这涉及"一体"还是"多元"的区域政治理念。(4)社会变化是区域政治的变化,也是区域语言的变化,现在,全国人口的流动加速,"居无定所"的人们增多,农民工进城务工,知识白领频繁跳槽等,都给中国的语言规划带来一些必须考虑的因素。(5)中国与世界,中国的政治发展与世界的政局走向,"英语帝国主义"与我国国内的公民汉语水平的下降,"美元贸易"与"货币多元"等对商品流动方向的调整也会对语言学习的语种选择、汉语的"出口"等问题产生影响。

　　总之，回避区域政治而谈语言规划是"一叶障目""掩耳盗铃"的行为，语言规划实践要考虑区域政治的影响。

第二节　论语言政治[*]

　　古今中外不乏语言政治的实例，通常，一个国家在立国之初特别重视语言政治。语言的统一或分裂与国家的统一或分裂之间的关系非常复杂，并非简单的决定或者被决定的关系，但这又是一个敏感的话题。当涉及政治时，人们制定的语言政策一般需要十分谨慎、稳健。语言政治涉及语言的经济利益和贵族意识，语言对政治社会化也有一定的影响。语言政治对社会变革也有一定的作用。

　　语言政治，一般是指以语言政策为手段，把语言作为重要的政治工具，通过语言规划来辅助实现国家的统一或分裂、民族的融合或本土化，借助于语言制度来加强社会控制，等等，是包括语言制度的决策、实施和反馈在内的整个过程。语言政治是语言的选择、使用、传播、规范、教育与政治相结合的产物。

　　语言政治自古有之，而真正正面地提出语言政治问题却是近些年来的事情。由于"应用语言学一直以来把语言视为是不具政治性，在研究上则忽视语言教学所处的具体的社会、文化和政治语境"[①]，因此语言政治的理论研究滞后于语言政治的社会现实。自改革开放以来，语言学界的主流都很忌讳把语言、语言学与政治联系在一起。在大多数时候，人们宁可把语言学归为自然科学，哪怕是他们意识到那样归类存在着一定的偏颇，他们也不愿意承认语言学和政治存在着关联。现在来看，在对待语言学与政治的问题上，我们不能再走极端了，我们可以反思语言政治这一个议题。

　　政治一词可以做不同的理解。"Pennycook 提出的应用语言学应关注政治、文化对语言教学的影响的观点在《批评应用语言学：批评性概论》

---

　　[*]　本节内容曾发表于《山西师大学报》2008 年第 6 期，在此略作修改。

　　[①]　李丽生：《应用语言学研究的新路径——批评应用语言学发展概述》，《四川外语学院学报》2005 年第 2 期。

一书中得到了更为深入详细的论述。政治一词是本书使用最频繁的词汇，也是最重要的概念。作者所言的政治并不是指一般意义的政治（即指政府、选举、国家制度等意义的政治），而是指权力或者权势（power）通过语言的运作。作者认为，权力在人们的生活领域运转就意味着权力与知识和语言有紧密的联系。权力不仅影响知识的建构，而且以不同的形式影响语言的使用，并通过语言影响意识形态，从而达到权力控制意识的目的。"① 从语言使用角度来解读权力关系显得更为笼统而宽泛，本文所说的"语言政治"主要就是指"一般意义的政治"，与政治学存在一定的关联。语言、语言学能够反映政治，政治可以规定语言政策。语言教育、语言传播都是语言政治实施的重要方面。

对语言政治进行系统论述的文献并不多见，其中有两篇文章值得注意。戴维·马歇尔在《语言政治：作为苏联解体象征的语言及其后果》一文指出，"本文所讨论的是，在促进民族动员及其由此发生的导致苏联解体的民族冲突中，语言与多元文化的不同动因是如何发生作用的"②。沙伦·恩德勒曼在《语言政治：语言立法对魁北克操法语和英语市民的影响》一文中指出，"本文追述了自1795年英国征服新法兰西以来魁北克法裔与英裔之间冲突的历史，随着城市知识管理阶层和民族自豪感的增强，魁北克法裔长期以来受到的文化和经济上的剥夺引发了一场要求变革的运动"③。但这两篇文章没有对语言政治进行系统地论述，只是举例性地从侧面说明了语言政治的某些情形。本节内容将对语言政治进行系统的论述，可以看作对语言政治问题的一个探索。

一　语言政治例说

古今中外，大多数国家在立国之初对官方语言的选择与语言标准的确立，都对本国或本朝代的语言政策有着至关重要的奠基作用。"语言政策的学术研究最初是从国家层面开始的。尤其在早期的学术研究中，研究重

①　李丽生：《应用语言学研究的新视野——〈批评应用语言学：批评性概论〉评介》，《现代外语》2005年第2期。

②　中国社会科学院民族研究所等：《国外语言政策与语言规划进程》，语文出版社2001年版，第122页。

③　同上书，第272页。

点都放在民族国家刚刚独立时所遇到的语言问题上"①。语言政治在国家建设中也起到很大的作用。

1. 在中国，古代的语言政治主要表现在文字和音韵两大方面

"盖文字者，经艺之本，王政之始"（《说文解字·叙》），"王政之始"便体现了文字的语言政治功能。秦朝统一前与统一后的各种形势非常不同，"今陛下并有天下，别黑白而定一尊；而私学乃相与非法教之制，闻令下，即各以其私学议之，入则心非，出则巷议，非主以为名，异趣以为高，率群下以造谤……使无以古非今。明法度，定律令，皆以始皇起。书同文"（《史记·李斯列传》），"分为七国，田畴异亩，车涂同轨，律令异法，衣冠异制，言语异声，文字异形。秦始皇初兼天下，丞相李斯乃奏同之，罢其与秦文不合者"（《说文解字·叙》），秦朝为了加强集权统治，把统一度量衡、文字作为强化国家统一的手段，政治效果明显。秦始皇统一六国文字主要在于规定汉字的"标准"写法，而不是创造新文字。按照今天的观念来说，秦始皇统一六国文字其实主要是一种"定形"的工作。

秦朝之后，汉熹平石经可以帮助校订经典，唐宋以后的字样"描写与规范并举"。隋唐以后的学校教育、科举考试，对汉字的规范也有着很大的贡献②。北宋发明活字印刷术，有力地推动了汉字的规范与统一。

一般来说，在国家分崩离析弥合之际，在社会动荡混乱初定之时，在言文歧异过大严重影响人们交流的紧急关头，历朝历代几乎都不会"危而不持，颠而不扶"，几乎都要采取"积极作为"的语言政治。在中国古代，口语从来没有完全统一过，异域交流在很大程度上要借助于"超方言"的汉字才能进行，这就决定了即使在和平时代也要不断地进行汉字规范，唯其如此方可能"政通人和"。

音韵方面，自隋以后，唐、宋、元、明、清等历代都有许多韵书出现，其中对语言政治影响较大的是各种"官韵"的制定与"正音"的推行。隋代，在"捃选精切，除削疏缓"（《切韵·序》）、"参校方俗，考核古今"（《颜氏家训·音辞》）的基础上，编写了韵书《切韵》，书成后

---

① ［以］博纳德·斯波斯基：《语言政策——社会语言学中的重要论题》，张治国译，赵守辉审订，商务印书馆2012年版，第66页。

② 金滢坤：《论唐五代科举考试与文字的关系》，《首都师范大学学报》2007年第3期。

"时俗共重，以为典规"（《刊谬补缺切韵·自序》），影响很大。宋代，皇帝诏令编纂《大宋重修广韵》（《广韵》），这是我国历史上的第一部官修韵书。元代，周德清因"欲作乐府，必正言语，欲正言语，必宗中原之音"而作《中原音韵》。明代，开国初奉行"车同轨而书同文，凡礼乐文物咸尊往圣，赫然上继唐虞之制"，编成官修韵书《洪武正韵》。在笼统的语言学史的观念上，人们常常把"明清官话"作为这两个朝代的标准的共同语。

　　需要说明的是，古代的官话与正音并不是一个绝对的概念，"官话"的定义很不统一①。"官话的核心部分是比较稳固的，是人们共同承认的官话成分；官话的非核心部分有些游离不定，可以因时、因地、因人的观念有些变化。"②"'正音'是文人心目中的标准音，它纯粹是一种抽象的概念，没有一定的语言实体和它对应，因此，它只存在于理论上，而不存在于实际生活中。"③"官话只是被看作一种仅仅是为了使用方便而采用的工具，使用它时带有'权宜之计'的心态，那么对它的标准也不会有太高的要求……人们的意识当中并没有认为统一的标准是多么必要，统一的标准音也就难以形成。"④"古代的'正音'书，大多是以'论南北是非、古今通塞'为原则，是'一半折衷各地方言、一半迁就韵书的混合产物'……这样的系统是不可能在现实中实行的，只能停留在纸面上。向来语言学家都不把这类音系看作标准音。"⑤胡明扬指出，民族共同语和民族标准语是两个不同的概念；民族共同语一般是自然形成的，可以没有明确的规范；"官话"正是这样一种民族共同语；民族标准语是有明确规范的民族共同语，是在民族共同语发展的一定阶段人为地推广的；普通话就是这样一种民族标准语⑥。可以说，在古代中国，不具有确立标准音的条件，标准音是现代语言学的产物。

　　共同语的标准音主要参照基础方言的语音标准制定，基础方言大多就是选取政治或经济或文化等的区域中心的方言。例如，伦敦方言作为英吉

---

　①　耿振生：《明清等韵学通论》，语文出版社 1992 年版，第 117—122 页。

　②　同上书，第 121 页。

　③　同上书，第 126 页。

　④　耿振生：《再谈近代官话的"标准音"》，《古汉语研究》2007 年第 1 期。

　⑤　同上。

　⑥　胡明扬：《北京话初探》，商务印书馆 1987 年版，第 14 页。

利共同语基础方言是由于伦敦的经济中心地位，多斯岗方言成为意大利共同语基础方言是由于多斯岗方言区的文化中心地位。经济优势、文化优势也会表现出某种政治优势，所以，可以说，共同语本身就是语言政治的自我实现。

训诂方面，也存在着语言政治的问题。古文经今文经的争论实质上是一个政治倾向问题，"疏不破注"是"正义"的要求，而有时为了政治需要还存在着故意曲解经义的情况。另外，古代的避讳和文字狱，也是语言政治的表现，体现了宗族观念和君主集权。在古代，"指鹿为马"是一种很变态的语言政治，这也可以说与训诂有关。

2. 在国外，语言政治也不乏其例

参照一些既有的研究成果，我们下面举例性地介绍一下哈萨克斯坦、美国、法国、中苏两国的中亚地区等国家和地区的语言政治。

哈萨克斯坦的国语问题。哈萨克斯坦独立前夕颁布的《语言法》规定哈萨克语为国语，1993 年通过的第一部宪法规定哈萨克语是哈萨克斯坦的国语、俄语是族际交流语言。这些规定遭到了操俄语的国民的强烈抗议，哈萨克斯坦于 1995 年对宪法作了新的修改，新宪法规定："在国家组织和地方自治机构中，俄语和哈语一样平等地正式使用。"到目前为止，在哈萨克斯坦俄语依然是使用更为广泛的语言，哈萨克语作为国语的地位是较弱的。"近几年来的情况表明，哈萨克斯坦政府已愈来愈认识到哈萨克斯坦多民族国家建设的重要意义。至于个别人把语言问题说成权利问题，显然是借题发挥；把它与独立、主权相联系，难以使人信服。总之，哈萨克斯坦语言政治化问题，集中反映了哈萨克斯坦国内某些人封闭、狭隘的哈萨克民族主义的排他要求，这种做法和要求并不符合哈萨克斯坦的国家利益，因此不大会为哈政府所认可，也很难得到广泛同情和支持。"[1]

美国的双语教育问题。联邦 1968 年通过《双语教育法》。1983 年注册的"美国英语公司"发起了"唯英语运动"，主张废除双语教育法，确立英语为官方语言。"美国语言政治中的两派之争，说到底仍是'自由主义'和'保守主义'两大传统的冲突。纵观四十年来美国政治潮流的走势，不难看出，语言政治的来龙去脉无不折射出美国整体政治的风云变幻。六七十年代，民权运动节节胜利、自由主义空前高涨的社会背景催生

---

① 王智娟：《哈萨克斯坦：语言问题政治化的新发展》，《东欧中亚研究》2002 年第 3 期。

了双语事业。那时，即使是保守的尼克松也不得不很策略地为双语推波助澜。这种体现了'时代精神'的发展势头，在民主党总统卡特任内走到了尽头。一九八一年，里根打着'新保守主义'的旗号入主白宫，美国政治风向大右转。'美国英语'的成立、'唯英语运动'的兴起正符合了时代的节拍"[1]。至 2006 年年底，美国已有 28 个州以法律的形式确认英语为官方语言。2002 年美国政府废除了《双语教育法》，双语教育失去了政府在法律上和财政上的支持，美国的双语教育也更加微弱。"相比之下，从语言政治着手打压西裔要方便得多。首先，主张废除双语、统一语言有一面貌似'政治正确'的大旗——爱国主义。同时，强调语言少数民族学好英语有利于就业和融入美国社会，很有现实意义，也有人情味。此外，双语事业确实存在某些问题，可以作为攻击的靶子。所有这些，都有利于唯英语派制造舆论、争取民众和民选官员的支持，遏制少数族群的发展，以巩固'主流文化'的一统地位。"[2]

法语的保护问题。1539 年，法国国王弗郎索瓦一世颁布了"维莱哥特雷法令"，规定拉丁语不再作为行政语言使用，国家的所有文件必须用法语撰写。1635 年，法国首相黎世留创办法兰西学院，以确保法语的纯洁性与正确性，并于 1694 年出版了一本典范的规范主义的法语词典。从 16 世纪到 20 世纪 80 年代，法国的语言是从方言分歧、法语弱小，逐渐发展到法语强势（在国内和国外）的这么一个过程，这个过程就是遏制和消灭方言、纯洁和推行法语的过程。在殖民主义时代，法语一度成为国际用语，法国也顺势在全世界极力推广法语，法语成为被殖民国家的语言或者第一外语。后来英语的国际地位超过了法语的地位，法语已经很难作为第一外语而存在，于是法国又提出"语言多样化"和"多语制"的口号，并"倡议欧洲的学校教授两门以上外语"，这正是法国经过掂量，似乎觉得法语作为"第二外语"的地位是可能保持的，从而做出的一种语言策略。扩大法语在世界上的影响，对法国有着很大的利益，在一定程度上能够达到"通过保护自己的语言和文化，保住自己在国际社会中的影响和大国的地位"的目的[3]。同时，我们也要看到，在分析借鉴国外的语

---

[1]　陈纳：《从〈4046 修正案〉说起——谈美国的语言政治》，《读书》2007 年第 12 期。

[2]　同上。

[3]　李克勇：《法国保护法语的政策及立法》，《法国研究》2006 年第 3 期。

言政策时，不要被政策本身的表面现象所迷惑，我们看到国际社会的"语言多样化"的口号时不能仅仅是一哄而起地吆喝起来。历史上的法语政策是充满着"传统的干预主义"的语言政策。1992年，法国宪法规定"共和国的语言是法语"。1994年法国议会通过《法语使用法》，取代了1975年颁布的《法语使用法》。1883年，"法语联盟"在巴黎成立，这是一个不以盈利为目的、旨在传播法国语言文化的半官方组织，"法语联盟"既是一个教学机构，又是促进经济、外交及经济交往的平台，"法语联盟"现已遍布全世界的各个重要城市，希望以此为根据地扩大法语在世界上的影响。

中苏两国在中亚地区的文字改换。苏联在中亚地区有两次文字大改换：1920—1936年将阿拉伯字母改换成拉丁字母（苏维埃为了尽快提高各民族的文化水平，认为拉丁字母是一种易读易写的字母，而阿拉伯字母具有浓厚的宗教色彩"是资产阶级的产物"）；1939—1954年用西里尔字母取代拉丁字母（即斯拉夫化）。中国新疆及内蒙古的文字有过三次大的改换：1909—1953年，中俄关系亲密，文字斯拉夫化；1953—1978年，中苏关系恶化，文字拉丁化；1978年以后，党的民族政策宗教政策、统战政策重新恢复，文字民族化。"中苏两国中亚地区的实践证实，文字改换与社会政治变迁之间存在着一定的关联：一场重大的社会政治变迁往往成为文字改换的推动力；同样地，一次重大的文字改换可以成为国际国内政治生活的晴雨表。文字改换进程跟社会政治进程紧密相随，文字事件跟政治事件密切相关。"①

语言规划离不开政治的考量，正如库珀所说"除非我们拥有关于社会变迁的适当理论，否则永远不可能拥有适当的语言规划理论"②。而乌尔季斯·奥佐林斯却认为"语言规划理论需要更认真地对待语言……这样论证语言和语言解释的相对自主性，并不是要否定任何影响语言政策和语言规划的社会或政治因素，相反，它将有助于使我们更明确地确定研究目标，并使许多研究者不必依附于那些社会理论或政治理论，这些理论本

---

① 周庆生：《中苏两国中亚地区文字改换与社会政治变迁》，徐大明：《中国社会语言学新视角》，南京大学出版社2007年版，第216—231页。

② 中国社会科学院民族研究所等：《国外语言政策与语言规划进程》，语文出版社2001年版，第27页。

身通常都是四面楚歌或有欠缺的"①。所以，我们的语言规划理论是尽量追求自主的理论，所不可回避的是语言与政治的联系，而不是没有政治就没有语言。

综上所述，古今中外，语言政治在一个国家立国之初一般都非常强烈，并随着国内政治的变化会有所调整。同时，语言政治还受国际政治形势的影响，语言政治也是国际关系的一种表现形式。

二　统一或分裂

在语言政治的讨论中，往往要涉及语言的统一或分裂与国家的统一或分裂的关系，而这种讨论有时又非常敏感。下面举例讨论一下这个问题。

语言国有化是苏联解体的一个因素。20世纪八九十年代，原苏联各加盟共和国纷纷扬扬地开展语言立法运动，宣布本国的主体民族使用的语言为国语，这就是原苏联的国语化运动。"1989年语言改革的深远影响主要反映在政治领域。语言国有化作为政治斗争的一部分，将共和国从中央的集权体制中解脱出来，并以此获得自己的独立。俄罗斯的社会语言学家和民族学家古博格洛认为，语言改革给曾经看起来牢不可破的苏联行政—指挥体系以第一次严重的打击，语言、地域、民族、国家这四个环节联结在一起，这些力量的交互作用预示着苏联的崩溃。在语言改革的初始阶段，改革者将国语—国家的民族—民族的国家编织在一起，然后在第二阶段将民族地域—国语—民族的国家推到前台，最终，语言、地域、民族、国家成功地结合在一起，摧毁了'民族友谊'、'多民族人民'、'新的族际共同体——苏联人民'的根基"②。当然，大多数加盟共和国的语言政策具有很大的隐蔽性，"大多数加盟共和国语言立法或语言政策变革的真正目的大多被隐藏起来，只有摩尔达维亚（摩尔多瓦）和乌克兰的语言法明确宣布其最终目的是为建立主权国家做准备"③。例如爱沙尼亚，"爱沙尼亚的民族语言国有化运动，吹响了爱沙尼亚迈向独立的号角，成为爱沙尼亚政治斗争中的一个重要组成部分。在这场斗争中，通晓国语是能够

---

① 中国社会科学院民族研究所等：《国外语言政策与语言规划进程》，语文出版社2001年版，第28页。

② 杨艳丽：《语言改革与苏联的解体》，《世界民族》1998年第4期。

③ 周庆生：《中国语言生活状况报告（2006）》，商务印书馆2007年版，第355页。

进入权力机构的一个重要条件，新的权力正在转向掌握国语的非共产党人。不通国语既不可能掌权，也不可能登上大学讲坛。有时候衡量标准还要求国语和民族相一致。爱沙尼亚从语言的国有化发展到国家的主权化，再从国家的主权化宣布退出苏联，成为一个独立的国家。从一定意义上说，爱沙民亚的《语言法》之花结出了爱沙尼亚的国家独立之果"①。语言具有民族认同的功能，这一点很容易为政治家所利用，"在语言国有化的运动中，语言被各共和国的精英们作为进行政治斗争的重要工具，借此将共和国从中央的集权体制中解脱出来，最终获得政治上的独立"②。

孟加拉国从巴基斯坦分离出来，其中也包括语言的原因。蒙苏尔·穆萨认为，"在一场血腥的战争和孟加拉国真正诞生之后，语言终于获得了真正的地位。肯定有许多因素应对 1971 年的分裂负责，而孟加拉语地位规划则是最清楚和确定的因素之一"③。

魁北克与爱沙尼亚。魁北克《法语宪章》确立了法语在魁北克的主导地位，使大批英裔居民和公司撤离蒙特利尔，许多职位都由法裔人员来替补。"如果说 20 世纪 60 年代末至 70 年代中期，魁北克的语言冲突和语言立法具有'语言问题政治化'的倾向，那么爱沙尼亚的语言立法则具有'政治问题语言化'的特征。"④ "魁北克的《法语宪章》实施了 20 多年，并未出现魁北克省从加拿大分离出去的格局；而爱沙尼亚的《语言法》颁布两年有半，该国就从苏联独立出来。这种现象表明，一个地区的语言立法跟分离主义的政治结局之间，未必就是必然的因果联系。一个地区的语言立法固然可以促进当地分离主义运动的发展，但是，并不一定都能导致分离格局的实现；同样地，一个地区出现的分离格局，也不一定都要事先进行语言立法。前苏联 15 个加盟共和国中，通过语言立法独立出来的共有 12 个，其他 3 个均未进行。因此，语言立法与民族分离之间，似乎应该解释为一种手段和目的的关系，似不应该解释为原因和结果的关系。"⑤

---

① 周庆生：《魁北克与爱沙尼亚语言立法比较》，《外国法译评》1999 年第 1 期。

② 周庆生：《中国语言生活状况报告（2006）》，商务印书馆 2007 年版，第 358 页。

③ 中国社会科学院民族研究所等：《国外语言政策与语言规划进程》，语文出版社 2001 年版，第 107 页。

④ 周庆生：《魁北克与爱沙尼亚语言立法比较》，《外国法译评》1999 年第 1 期。

⑤ 同上。

我们可以看出，面临统一或分裂大局的时候，语言政策分外敏感，表现在加盟共和国、殖民地、尚未统一的国土、少数民族族群等方面会有不同的情形。语言既是政治手段，也可能成为某种政治现实的原因，在讨论语言多样化、语言本土化时，要谨防被某些民族主义者所利用。语言的统一或分裂与国家的统一或分裂有着复杂的联系，并非简单的决定和被决定的关系，但这是一个敏感的话题，在这方面，一般要求采取谨慎的、稳健的语言政策。

三　经济利益、公共政策

单纯以沟通成本为着眼点的语言政策并不多见，但是，大多数国家的语言政策往往要考虑到交际的沟通成本问题。语言规划的经济利益不仅包括语言交际成本的节省，还涉及语言集团的经济利益（采用哪种语言进行交流更有利于操某一语言的人群）。语言的经济利益或者为政治所利用，或者能够推动政治变革的进行。

语言规划的经济利益，还涉及深层的政治。语言规划体现了一个重要的利益关系和程式问题，那就是语言是不是通过学习而获得的呢？语言肯定是需要学习的，一个人的语言并不存在，语言的获得必须经过学习才行，"狼孩"的事例说明人在没有学习的情况下是不会掌握语言的。于是，另外一个问题就提出来了，语言是通过学习而得，那么到底该是谁向谁学习呢？这个问题就非常重要了。但是，我们平时为什么并没有严肃地思考过这个问题呢？因为人类具有很强的社会性，这种社会性要求我们要尽可能地相互适应人类这一"同类"，相互适应是一种特殊的学习，也是一种潜移默化。那么，为什么有人反对学习普通话、反对去适应普通话呢？问题的关键是普通话没有更大程度地去适应这些只会说方言的反对派们所说的方言。普通话不是一个封闭的系统，但是，普通话需要有相对稳定的系统，并且，我们必须保证普通话的语音系统不能过于复杂、学习普通话的难度不能太大，人类的相互适应要遵循省力原则。让全中国人都去适应吴语、粤语是不可能的事情，当然，这不代表我们要排斥它们，对于方言中的较为简单一些的成分，我们可以有选择地去适应。语言可以被看作一种特殊的公共产品，语言规划是一项重要的公共政策。

"公共产品（public goods）的思想萌芽，最早见于17世纪英国资产阶级思想家霍布斯（Hobbes，1985）所著的《利维坦》。他认为国家的本质就是'一大群人相互订立信约，每个人都对它的行为授权，以便使它能按其认为有利于大家的和平与共同防卫的方式运用全体的力量和手段的一个人格'。其实，他已经提出了公共产品的思想：国家就是为公众提供共同享有的服务；这种服务只能由政府和国家提供；国家的权力是公众赋予的，当然也是公众所有的。到1739年大卫·休谟（David Hume）所著的《人性论》，他已经注意到公共产品的核心问题。他分析到：两个邻人可以就在同一块草地上排水达成协议，而在一千人之间却难以达成同样的协议。因为每个人都想'搭便车'，所以，诸如桥梁、城墙、军队等，都应该由国家出面去做（关文运，1980）。1776年，亚当·斯密（Adam Smith）在《国富论》中指出'政府有设立并维护某些公共工程和公共机关的义务，这类事业是不可能为了个人或少数人的利益而设立或维持的，因为所得的利润不能补偿个人或少数人的所费，尽管这对大社会来说是足够补偿而有余的'（邹大力，1974）。其后，约翰·穆勒（J. S. Mill，1921）以灯塔为例，探讨了公共产品的问题，他指出'无人出于自私的动机去建造灯塔，除非由国家强制收费以保障和补偿其利益'"。① 另外，"1954年，萨缪尔逊发表了一篇著名的论文——《公共支出的纯粹理论》，该论文指出，所谓公共产品是指某一消费者对某种物品的消费不会降低其他消费者对该物品消费水平的物品，这一定义成为经济学关于纯粹的公共产品的经典定义"②，这是指纯公共产品。完全由市场决定的产品是纯私人产品。纯公共产品具有消费上的非排他性、非竞争性和外部性。而在现实中，有大量的产品是介于这二者之间，或者是混合产品。"以边际革命为标志的新古典经济学的基本方法在于以个人的效用和理性选择为基础对经济现象进行分析。这一阶段主要围绕两个问题进行了探讨。一是公共产品提供的效率准则问题。公共产品的提供能不能达到高效率。对公共产品提供的效率标准是什么的问题，旧福利经济学提出了福利判定标准。在批判和吸收旧福利经济学的基础上，新福利经济学提出了帕累托最优和帕累托改进标准；二是以边际分析法分析市场行为时，认为边际效用等于边际价格时市场达到有效率。布坎南在他的《政府财政纯理论》中提出'在

---

① 宁继鸣：《汉语国际推广：关于孔子学院的经济学分析与建议》，山东大学博士学位论文，2006年，第22页。

② 同上。

政府与个体之间存在一个类似市场的联系'，个体通过效用评价来选择自己的选票走向来显示自己的偏好，这就解决了公共产品的偏好显示问题。"① 当然，许多时候公共产品的生产与选择，并不都是通过投票做出的选择，甚至可以说，在大多数情况下都不是通过投票做出选择的。

公共产品既是经济学关心的内容，也是政治学研究的内容，语言就是一种公共产品。语言规划是一种公共政策的决策过程。

四　贵族意识、政治社会化

从某种意义上来讲，语言规范化的本质在于处理语言的雅俗关系，什么样的语言是雅的，值得推广；什么样的语言是俗的，需要规范。雅与俗是一种对立统一的关系。雅在历史上一直有着一种贵族意识的政治意义，历史上的春秋雅言、明清官话等都体现出了一种贵族意识，雅言往往具有较高的语言地位。孔子曾说"诗书执礼，皆雅言也"，到了中国近代，包括《洪武正韵》这样的官修韵书也还非常重视"存雅求正"的思想。

语言规划的本质是处理雅俗的关系，那么，雅、俗又是什么呢？雅是不是代表着一种走向死亡但还尚未死亡的事物呢？俗是不是指一种刚刚开始成长尚未长大的，或者会发展成雅，或者发展不到雅就已经夭折了的事物呢？这就涉及语言变化的相关问题。

法语形成以后一度被认为是法国贵族使用的语言，英语也曾是一种贵族语言。语言的尚雅是"贵族意识"的表现。"语言在他们试图实现社会流动的策略中或多或少在他们试图挤进贵族行列的努力中有着重要的作用，"在资本主义上升的时期，英法资产阶级曾以"年轻廷臣的行话"和"资产阶级的说话方式"为荣，"人们甚至在说话的方式上也必须把自己与民众区分开来"，在说话的语言选择上也要体现出"有闲阶级"的身份② 而对来自非上流社会的新的语言现象，进行打压，是上流社会的一贯做法。"词汇的合法化可以类比为人们对贵族地位的要求的合法化，更具体地说来，就是把当时提出的贵族身份的要求通过调查家史和传唤证人

---

① 宁继鸣：《汉语国际推广：关于孔子学院的经济学分析与建议》，山东大学博士学位论文，2006年，第29页。

② ［英］彼得·伯克：《语言的文化史——近代早期欧洲的语言和共同体》，李霄翔、李鲁、杨豫译，北京大学出版社2007年版，第43—45页。

的方式来付诸实施。新词汇就像新贵族一样，也是外来者，必须等待已经
册封为贵族的人来接受他们，"①新词新语都需要等待上流社会的认可。
语言规划的贵族意识是贵族政治的一种表现，是在语言方面维护"主流"
社会的努力，也是社会控制的一部分，在一定程度上能够促进社会秩序的
稳定。

经济利益和贵族意识存在着关联，在多数情况下二者的取向是一致的
或重合的，只有当新兴经济集团冲击到主流社会时二者才可能发生冲突，
而这种冲突可能会表现为巨大的社会变革。

政治社会化是指，通过各种方式使国家或政治集团的道德价值观念、
思想政治、政治原则、政治制度等为社会成员所认同和接受，政治社会化
可以通过公民教育和社会宣传等途径得以实施。政治社会化能够培养合格
公民、推动民主发展，既可以使国家的合法性获得最广泛的群众基础，又
可以降低社会统治成本维护社会稳定。"狭义的公民教育，指对中小学生
进行的有关公民职责、权利与义务等内容的教育。"②政治社会化的一般
媒介有学校、大众传媒、政治组织、社会环境等，其中，中小学的学校教
育非常重要，因为"一个人政治文化中情感的成分多在早年的社会化过
程中形成，而认知的成分则多在青年及成年时期形成"③。

语言规划一般都对教学语言、传媒语言非常重视，这对政治社会化是
有利的，因为政治社会化首先需要有效的沟通，通过语言理解、认同、接
受一种政治。同时，语言文字既是一种政治符号，又是一种历史记忆，语
言文字对促进一个人政治社会化有着重要的作用。

五　语言政策与政治变革

语言政策是语言规划的重要内容，语言规划往往要体现为一定的语言
政策，所有的政策无不是政治，明文规定的语言政策是"作为的"语言
政治的外在形式，"隐含"的语言政策是"不作为的"语言政治的内在
精神。

---

① ［英］彼得·伯克：《语言的文化史——近代早期欧洲的语言和共同体》，李霄翔、李鲁、
杨豫译，北京大学出版社 2007 年版，第 229 页。

② 孙伟国、王立仁：《政治社会化取向的美国公民教育》，《外国教育研究》2007 年第
3 期。

③ 孙关宏、胡雨春、任军锋：《政治学概论》，复旦大学出版社 2004 年版，第 381 页。

　　"语言政策"一词大概最早出现在查理大帝时期，当时规定在王国内使用改革后的拉丁语①。"语言政策"一词也用来指荷兰东印度公司的有关活动以及英国国王亨利四世和亨利五世的有关活动，例如，他们一直表示支持把英语用作大法官法庭的语言，以取代拉丁语和法语，并以这种方式为他们的新王国取得合法性。所以，在讨论1789年以前的欧洲时应避免使用"语言政策"一词，或至少要强调它的适用范围。因为，那时的语言政策不同于现代意义上所说的语言政策②。

　　近代早期欧洲的语言政治，存在通过语言资本转化为政治资本以促进政治变革的成功实例。"以意大利为例，托斯卡纳大公科西摩·德·梅迪奇作为一名新的统治者需要确立他的合法地位。他很精明地看到，通过创立一个与语言有关的研究会，可以把托斯卡纳的语言标准同他的统治联系起来。如果用现代法国社会学家彼埃尔·布尔迪的术语来说，西科摩大公会学会了如何把文化资本转变为政治资本。再以英格兰为例，语言领域中的'诺曼枷锁'论给语言净化运动的进程蒙上了一层政治色彩。在法国，黎塞留公爵之所以对法兰西科学院的建立抱有兴趣，既有文化的根源，又有政治的根源，尽管可以肯定地说，在当时的法国，推动语言改革的政治动因主要产生于法国的对外政策而不是它的对内政策。法国的语言改革与其说是国家建设的一个方面，还不如说是法国把它同西班牙的对立扩大到了语言的领域。"③ 这是早期的比较成功的语言政治实例，这种语言政治在现代社会已经很难"复制"了。

　　语言态度是当前社会语言学中比较关心的一个问题，确立官方语言是许多现代国家的语言政策之一。"在走向现代化的社会里，当以往在社会上处于孤立地位的少数民族集团被调动起来后，语言忠诚可能成为一个政治问题。他们往往在要求经常过问政治事务的同时，要求改革语言或是要求用他们本民族的书面语改写老的官方文字。这些要求对已确立地位的上层集团往往构成政治上和社会经济上的威胁，上层集团本可通过用官方语言进行的考试制度控制官职的分配。因此在走向现代化的社会里，用另一

---

　　① ［英］彼得·伯克：《语言的文化史——近代早期欧洲的语言和共同体》，李霄翔、李鲁、杨豫译，北京大学出版社2007年版，第102页。

　　② 同上书，第103页。

　　③ 同上书，第227页。

种书面语替代老的官方语言可能意味着由一个新兴集团取代原有的上层集团。"① 从语言使用的变化上也可以看出政治集团的政治走向。

从 19 世纪下半叶在世界范围内兴起了民族解放运动以后，除了苏联的各加盟共和国以"语言国有化"促进独立进程等少数情况外，当今世界的社会变革基本趋于缓和，流血冲突的剧烈的社会变革可能会进一步减少。在这样的时代背景下，语言政治将会起到社会"微调式"的政治变革的作用，语言政治在一定程度上将还是政治变革的需要。

第三节　说语言法*

语言法是具有特殊性质的法律。语言法的价值追求包括效率与公平等内容，语言法的权利主体和义务主体的同一性往往为人们所忽视，语言法的实施是主要包括示范、管理和监督的依法行政的过程。我们对语言法的探讨主要是从法理层面上的探讨。

国外许多国家都有自己的"语言法"，也有一些国家把国语或官方语言的相关规定写入本国的宪法。我国在 2000 年制定并通过了《中华人民共和国国家通用语言文字法》。"随着社会的进步、时代的发展，语言权问题作为衡量一个主权的多民族国家各民族生存权和民族平等权的重要尺度之一，已为大多数的多民族国家所认识，同时，采取语言立法或制定并推行民族语言政策，已成为或正逐渐成为越来越多的多民族国家或地区缓解语言冲突，处理民族矛盾或民族关系的一个行之有效的手段。"② 除此之外，约瑟夫·图里认为"要有一种先后秩序，优先发展一种或几种语言，确保在各地区希望实现的建筑通天塔的环境中能有最低限度的语言理解"③，这通常也是语言立法要考虑的重要方面。总体来说，对语言进行立法，是有必要的，也是有益的。

古罗马把法律分为公法和私法，是基于对公共利益与个人利益二元社

---

① ［美］约翰·甘柏兹：《言语共同体》，祝畹瑾：《社会语言学译文集》，北京大学出版社 1985 年版，第 43 页。

　* 本节内容曾发表于《河北法学》2008 年第 7 期，在此略作修改。

② 普忠良：《一些国家的语言立法及政策述略》，《民族语文》2000 年第 2 期。

③ 中国社会科学院民族研究所等：《国外语言政策与语言规划进程》，语文出版社 2001 年版，第 258 页。

会关系的划分，公法与私法的"分类仅适用于某一类国家，可称为法的特殊分类"①。社会法是法律社会化的精神渗透到公法与私法领域中的表现，公法、私法和社会法是法律的三元论。如果按照三元论的划分，那么，语言法似乎接近于社会法的范畴。根据功能，语言立法可以分为四种类型：官方立法、制度化立法、标准化立法和自由立法。"官方语言立法，旨在使一种或多种指定的语言，成为立法、司法、公务和教育等领域内的官方语言的立法，"一般采取"语言的区域性原则（主要指在一定区域内使用一种或几种指定语言的义务或权利），或语言个性原则（主要指使用自己的语言或其他任何语言的义务或权利）……制度化立法，旨在使一种或多种指定的语言，成为劳动、通讯、文化、商贸等非官方领域中的规范语言、常用语言或通行语言的立法。标准化语言立法，使一种或多种指定的语言，在非常专门和界限分明的领域，通常指官方或高度专业技术化的领域，遵守一定的语言标准的立法。自由语言立法，通过某种方式，在法律上明确或含蓄地承认并保护语言权利的立法"②。语言立法还可以从其他角度进行分类。

语言法的历史悠久，但只有依附于国别史的零星的研究成果可资利用，不分国别的"普通的"语言法的研究至今还不够完善。

一　语言法的价值

法的价值是法理学首先要探讨的基本问题。法的价值"是指法律满足人类生存和需要的基本性能，即法律对人的有用性"③。法的价值可以有三种意义的理解，第一种即"法的实然价值，即法律实际上满足人类需要的性能……第二种是法的应然价值。不同时代的人对法律提出不同的价值目标，这些价值目标可以分为实体上的要求和形式上的要求。实体上的要求如法应当实现秩序、正义、平等、自由和效率。形式上的要求，如富勒提出的八项标准：法的一般性；法的公开性；法的可行性；法的稳定性；法的非溯及力；法的明确性；法的一致性；官方行为与法的一致性。

---

① 沈宗灵：《法理学》，北京大学出版社 2001 年版，第 327 页。

② 中国社会科学院民族研究所等：《国外语言政策与语言规划进程》，语文出版社 2001 年版，第 262—263 页。

③ 陈金钊：《法理学》，北京大学出版社 2002 年版，第 275 页。

第三种是法的终极价值，即法应当是至善的，这是人类对法的最完美的期待，它只能用最抽象的'至善'加以解释"①。通俗来讲，"迄今为止，我们认为法应当具备的基本价值是秩序、自由、正义和效率"②。效率与公平是法理学中必要的内容，在历史上体现为"义利之辨"。法律公平在西方文化传统中，主要分为分配性公平、矫正性的公平和程序性的公平。分配性的公平的对象是利益和义务，需要、能力和贡献是分配时要考虑到的一些因素；矫正公平是在确定一项过错或伤害行为的责任性质、大小及其归属时的法律公平，矫正性的公平的主要目标是适当地追究责任；程序性的公平主要是针对收集证据的方式和做出判决的方式，是就方式、形式而言的，在民主国家，程序性的公平被视为"自由的基石""法律的心脏"③。在效率与公平的关系问题上，就宏观社会而言，当代中国选择了"效率优先，兼顾公平"的原则。

人类对自然规律认识的逐步加深，是人类科学进步的结果。社会规律要比自然规律复杂得多，社会规律往往以秩序的形式体现出来，秩序是人类共同的需求，否认秩序寻求绝对自由的无政府主义是一种错误的观点。对正义、自由、安全、共同福利的追求与实现，是人类社会进步的历史轨迹。法律应当以秩序和正义为基础，法律也是秩序与正义的保障。

秩序、公平、正义、自由和效率是法的价值追求，也是语言法的价值追求所在。

二　语言法的权利义务关系

维护个人与集体的正当权利，是实现公平、正义、自由的重要保证，这其中包括语言权利。斯波斯基认为，"目前所描述的语言权概念大多衍生于民权或人权领域所建立的原则"④。

"从宪法理论上看，'语言权'兼具自由权和社会权双重属性，而且从表层看语言权主要是自由权，而从深层看，语言权本质上社会权属性更多。在现代社会，没有国家的参与，公民个人语言的学习、选择、使用和

---

① 陈金钊：《法理学》，北京大学出版社 2002 年版，第 276 页。

② 同上书，第 277 页。

③ 谢鹏程：《基本法律价值》，山东人民出版社 2000 年版，第 88—91 页。

④ ［以］博纳德·斯波斯基：《语言政策——社会语言学中的重要论题》，张治国译，赵守辉审订，商务印书馆 2012 年版，第 148 页。

传播都无法真正实现。从世界各国现有的宪法权利来看，'语言权'的内容实际上涉及公民受教育权、言论自由等多项权利"①。国外有些国家提出把语言权利作为一项单独的权利，但这种做法在我国尚不成熟。"从我国宪法的视角看，对待语言权要考虑以下几个方面：首先，语言权作为一项权利单独提出是否成熟……假使语言权作为一项权利被国际社会普遍接受和认可其法律效力，但在我国宪法上能否产生法律效力？这涉及宪法和国际文件的效力问题。在我国传统宪法理论上，国际文件的生效与否依赖于宪法的认可，而不是直接生效……这些理解实际上都源于语言权的自由权和社会权双重属性的理论。笔者倾向于将'语言权'作为一项理论上的权利看待……因此，对语言权能否作为一项新的权利单独提出并写进宪法，笔者持谨慎态度。"② 语言权利还包括语言接受权，语言接受权是指"公民在自己的国家，在绝大多数情况下，有接受母语或国家通用语言的权利"③。另外，语言教育权、语言传播权等也是语言权利的一部分。比如说，"保卫汉语"就是对语言权的考虑。"针对咄咄逼人的英语霸权和建立语言帝国主义的主张，一些有识之士提出了'语言赋权'（Linguistic empowerment）的概念，认为语言权利是天赋人权的一部分，各种语言都应得到保护，语言的自主权应当得到尊重"④。

　　语言权利可以分为个体语言权利和集体语言权利。"语言权的早期历史主要关注少数群体的语言权，近阶段语言权的研究范围已经逐渐从少数人群扩大到一般人群，也就是由群体语言权的研究发展到个体语言权的研究。"⑤ 在保护少数民族语言权方面，我国《宪法》第四条第 4 款、第一百三十四条，《中华人民共和国教育法》第十二条，《民族区域自治法》等法律都有规定。在少数民族地区，我国普遍实行双语教育制度。《中华人民共和国国家通用语言文字法》第十六条对方言的使用做出规定。我国还重视盲聋哑人的语言权，符号语言、手语得到了一定的重视和发展，这充分体现了在语言上的人文关怀。我国《通用语言文字法》规定"公

---

① 张震：《"方言学校"事件评析——以我国宪法文本中普通话条款的规范分析为路径》，《山东社会科学》2007 年第 5 期。

② 同上。

③ 蒋可心、杨华：《关于语言接受权问题》，《社会科学战线》2005 年第 4 期。

④ 戴昭铭：《人类语言学在中国》，黑龙江人民出版社 2007 年版，第 387 页。

⑤ 苏金智：《语言权保护在中国》，《人权》2003 年第 3 期。

民有学习和使用国家通用语言文字的权利""各民族都有使用和发展自己的语言文字的自由"，这些都是对语言权利的保障，我们应当充分地、合理地行使好这些语言权利。

权利滥用和其他侵权行为会造成权利冲突，对于可司法性的解决权利冲突的办法之一是权利救济。"权利的冲突是'恒常性'的，权利救济只能解决某一特定的权利冲突，而不能消除冲突。正是权利的冲突为权利的救济提供了根据，没有冲突也就无救济……'救济'通常是指法律救济。简言之，即通过法律方式及其'类法律方式'对权利冲突的解决。"① 在现代社会，公助救济和公力救济已经成为社会理性发展的要求之一。道德、法律的"至善"，在于引导人们建设和谐社会，尽可能地避免和减少权利冲突的发生。

在语言权方面，我国不存在普遍性的权利冲突。我国《宪法》中有"国家推广全国通用的普通话"的规定，《国家通用语言文字法》中有"国家推广普通话，推行规范汉字"的规定，推广是指"扩大事物使用的范围或起作用的范围"，"推广使用并不排斥其他使用……推广普通话并不意味着禁止其他语言的使用，宪法上的规定为方言的使用留有空间。推广在某种程度上会限制其他语言使用。推广普通话的结果是扩大其使用范围，无疑其他语言的空间就会缩小"②。但是，语言空间比较特殊，语言政策的导向是一个发展取向的空间，而不是生存取向的空间。语言存在着类似乘数效应的从众心理（又称为"语言的网络效应"），说一种语言的人数越多，随着时间的推移，会有越来越多的人愿意使用这种语言。语言政策是一种公共政策，效率原则既是语言群体要考虑的因素，也是语言个体的利益所在，这正是发展取向的语言空间（这似乎要涉及"法经济学"的相关研究）。在当代中国，我们选择了"效率优先，兼顾公平"的发展模式，我们的语言政策在这方面也有所体现。"就宪法该条款而言，这是一条法律原则，且是一条政策性的原则，它只是提出了对使用普通话倾向性的要求，是一种倡导式的规定，具有较强的宽容性和开放性"③。当然，

① 程燎原、王人博：《权利及其救济》，山东人民出版社2002年版，第357—358页。
② 张震：《"方言学校"事件评析——以我国宪法文本中普通话条款的规范分析为路径》，《山东社会科学》2007年第5期。
③ 刘飞宇、石俊：《语言权的限制与保护——从地方方言译制片被禁说起》，《法学论坛》2005年第6期。

就我国语言法来说，也存在某些不足，比如"《通用语言文字法》并不以保护公民的语言权为立法目的，并未明确提出语言权、群体语言权、个体语言权的概念"①。这或许也因为涉及语言权的问题需要做大量的补充说明，很难用简短的法律条文概括清楚。

在生存取向的空间里，我国非常重视语言权利的保护，这包括我国的各种政治活动中、司法活动中对当事人提供语言翻译、语言服务、语言帮助，在我国，不存在普遍性的语言的生存空间危机的问题。

在我国并不禁止方言，对民族地区尽可能采用双语教育，鼓励语言多样性发展，等等，所有这些都是对语言权利的救济。事实上，过分地强调方言，是对公共空间的一种侵权。"现有的解释语言权的资料显示，人们普遍倾向于选择最简单的解决方法——按照地区来划分语言空间，这不足为奇"②。也正是因为这个原因，语言权利冲突常常表现出一定的地域性，以"地区政治"或者"地域方言集团"的形式提起权利诉求。

语言权利是一种特殊的权利，对语言权利的救济并不适合私力救济、公助救济和公力救济，对语言权利的救济适用于对侵权的预警机制，即提供语言翻译、语言服务、语言帮助的倡导，而不是对语言权利侵权的惩罚。也就是说，语言权利是一种特殊的权利，语言权利救济是一种特殊的救济。

我们在讨论权利义务的关系时，一般认为权利和义务是对等的，享受权利必须履行义务，履行义务的主体应该享有权利。但是，在语言权利义务的关系上，我们一般只提语言权利，很少提语言义务，而"未设定义务的权利不是真正的权利"，也就是说，语言权利与一般意义上的权利稍有差异，有其特殊性。在提语言义务的时候，仅仅局限于语言权利的生存取向的空间的时候，国家和社会有义务对公民个人提供语言翻译、语言服务和语言帮助，而一般很少提及公民个人的语言义务问题。正是如此，在面对极端本土主义者、民族主义者要求享有侵犯公共利益的额外的语言权利时，我们应该要求他们语言权利与语言义务对等的原则。事实上，权利和自由是相对的，而不是绝对的，我们可以说，只要世界上不止一个人，

---

① 杨晓畅：《浅论个体语言权及其立法保护》，《学术交流》2005 年第 10 期。

② ［以］博纳德·斯波斯基：《语言政策——社会语言学中的重要论题》，张治国译，赵守辉审订，商务印书馆 2012 年版，第 180 页。

哪怕是只有两个人，在语言权利问题上一定会存在一方当事人迁就另一方当事人的问题，追求绝对的语言权利只能是消灭语言，人们的相互交际不再使用任何一种语言。如果当世界上不再有语言存在，那么，也就不再有语言权利和语言权利侵权的问题。

语言权利的问题，在国家层面以上和在国家层面以下，是非常不同的两种取向，不能一概而论。正如费什曼所说"比起在国家层面以上要求民族语言平等的原则来说，一个国家更不愿意在国家之下（或国内）的层面运用民族语言民主的原则"①。这正如国内的公民平等民主与国际社会里国家之间的平等民主是两回事一样，它们是两个层面上的问题，否认这一点的言论都是虚伪的。

三　语言法的实施和监督

法律的实施即法律的运行，是指法律在社会生活中的贯彻。法律的实施包括守法、执法、司法和法律监督四个环节。守法即遵守法律、依法办事；执法是指国家行政机关（政府及其职能部门）及其公职人员依照法定职权和程序执行法律的活动；司法是指国家司法机关依照法定职权和程序受理案件、适用法律并做出判断的活动；法律监督是指一定的法律主体根据法律规则或政治原则，为保证法律的实施而对相关的法律行为的合法性等问题进行审查、督促、纠正等一系列的监督活动。

在我国，语言法是倡导性法律，不是惩罚性的法律。有人认为语言法是柔性规范，是软法的一种。关于软法，通常认为"软法是法……软法是非典型意义的法（非严格的法）"②。其实，语言法并非真正意义上的软法，语言法具有硬法的许多特征。语言法一般不支持对违法的"惩罚"，但是并不否认行为主体对违法行为有"责任"。正是基于语言法的这种特征和性质，语言法的实施与监督也就不同于一般的法律。

语言法的执行机构不同于一般意义上的法律的"执行机构"，在我国一般称为语言法的"管理机构"。我国语言法的管理机构为"国务院语言文字工作部门"（主要是指"国家语言文字工作委员会"），这个管理机构

---

① 中国社会科学院民族研究所等：《国外语言政策与语言规划进程》，语文出版社 2001 年版，第 28 页。

② 姜明安：《软法的兴起与软法之治》，《中国法学》2006 年第 2 期。

同时也是我国语言法的监督机构。

关于语言法的实施与监督，我国《通用语言文字法》中的相关规定有："国家通用语言文字工作由国务院语言文字工作部门负责规划指导、管理监督"（第二十一条）、"地方语言文字工作部门和其他有关部门，管理和监督本行政区域内的国家通用语言文字的使用"（第二十二条）、"县级以上各级人民政府工商行政管理部门依法对企业名称、商品名称以及广告的用语用字进行管理和监督"（第二十三条）等。可以看出，我国语言法的实施和监督主要是"依法行政"的问题。对侵权行为的责任规定主要是：对违反《通用语言文字法》的个人和集体"提出批评和建议""进行批评教育"等。《通用语言文字法》第二十七条规定："违反本法规定，干涉他人学习和使用国家通用语言文字的，由有关行政管理部门责令限期改正，并予以警告。"由此可见，我国语言法基本上不是惩罚性的，而是示范性的、倡导性的。就目前来看，语言法的执法监督机制尚待完善，"建议有关部门与全国人大教科文卫委员会组成联合检查组"进行执法检查①，具体的落实还需要国家有关部门做许多协调的工作。

人性有善性和恶性之分，人具有同情心、互助性和正义感等善性，正是这些善性保证了社会具有良好的秩序。在良好的社会秩序受到破坏之后，单凭人的善性已很难保证社会的正常运行，这就需要引入一定程度的社会控制。社会控制是指人们依靠社会的力量，以一定的方式对社会生活进行约束，以维护社会秩序、保护社会稳定、促进社会发展。社会控制是对人性之外的社会性的运用，社会控制的主要手段是社会规范，包括习俗、道德、社会舆论、宗教、纪律、法律、政治权力等。社会控制需要适度，宽严有度；要讲求效率，注重实效；法德并举，提倡尚德风气；促进社会和谐，建构和谐社会。社会控制作为社会学中的一个概念，社会控制是优于自然秩序的人工秩序，社会控制的目的在于保证人们的物质生产和精神生产的正常进行，语言规划是社会控制的一个组成部分②。

在这里，我们主要是借鉴法理学的一些理论来探讨语言法的，主要讨论了我国的语言法的一些实际情况，而不是针对不同的国别的语言法——

---

① 周庆生：《中国语言生活状况报告（2006）》，商务印书馆 2007 年版，第 35—36 页。

② 骆峰：《论权势话语与语言规范》，教育部语用所社会语言学与媒体语言研究室：《语言规划的理论和实践——第四届全国社会语言学学术研讨会论文集》，语文出版社 2006 年版，第 72—73 页。

进行具体的讨论。"法理学科没有任何具体的实体法作依附，它研究的对象是一般法，也有人称之为抽象法……但它研究的内容并不是一般法的全部，而仅仅是包括在一般法中的普遍性的和根本性的问题。"① 引入法理学的一般理论，可以使我们进一步从"普遍性"和"根本性"上来理解语言法。法理不是法，虽然它是从法中抽象和概括出来的，法理是法律中体现出来的普遍的、一般的、抽象的理论。所以，这里并没有涉及很多具体的法律条文、规则和原则。在有关语言法的讨论中，对语言法的理论的探讨至关重要。语言法具有自己的特殊性，不同于一般的普通法，语言法在一定程度上具有专业法、专门法的性质，语言法的制订、修改、实施、解释都需要专业人士（语言学家）来主持，需要法律部门和国家语言行政部门（国家语言文字委员会）密切合作共同进行。语言学是一门专门的学问，具有很强的学科性、学术性，"正确的语言观念"需要长期的语言研究、语言调查实践才能形成，没有对历史语言学、描写语言学、理论语言学等领域进行长期的研究积累是难以形成"正确的语言观念"的。由此看来，语言法的研究还需要大量的理论探讨，理论是实践的先导，在一定意义上可以说，目前的语言法基本上是理论上的法，在实践中语言法还不是特别成熟，所以，对立足我国实际的语言法进行研究意义重大。

第四节　个人、集体、国家和社会

个人、集体、国家和社会，这是一个极富挑战性的命题，它们是政治学、哲学、历史学、社会学等学科中特别关心的内容。理解语言问题，特别是语言政策、语言规划问题，离不开对个人、集体、国家和社会的关系的思考。

一　区域视角与历史视角

在社会发展的现阶段，国家真实地存在，国家由众多个人和不同的集体组成。个人是存在于一定的空间区域的，从区域的视角，我们可以看到一片又一片的沙滩。在大多数情况下，看到一片又一片的沙滩总比看到一粒又一粒的沙子感觉更有秩序，更容易把握方向。

---

①　陈金钊：《法理学》，北京大学出版社 2002 年版，第 37 页。

社会制度不同，表现在"中央"和"地方"的关系上也有差异。例如，加拿大是联邦制，在维护联邦存在的前提下，对魁北克省的语言要求可以妥协，以至于"承认魁北克'特殊操法语者社会'的存在"①，认可"特殊社会"无疑是一种妥协。在世界上的大多数国家，是不可能满足类似魁北克省这样的"无理要求"的，必然要对提出这样要求的省区做出政治上的处理。

二　有与无、多与少、先与后

1. 有没有集体

政治学、哲学等相关学科早就指出，诸如集体、民族、国家仅仅是"想象的共同体"，而无真实的"实体"存在。个人不能脱离集体而独立存在，集体确实存在。一粒沙子要占有一定的空间，一片沙滩同样也要占有一定的空间。个人是人，分布在大小不同层次的区域上的人同样应当具有"人格化"的性质，区域集体也是一种特殊性质的"个人"。如果认定集体、民族、国家、社会都只是"想象的共同体"没有"实体"存在，那么，个人又何尝不是"想象"的呢，个人的"实体"难道是指个人的肉体吗？

没有集体，就没有语言。人们或许会觉得讨论"有没有语言"的问题是非常荒谬的，或许会认为那不值得讨论，因为他们觉得语言是客观存在着的，如果是这样来思考问题那未免是一种急躁的心理。有没有语言的问题，并非那么肤浅和不值得思考，如果认为这个问题不值得思考，那是对语言的认识还不够深入。只有一个人的世界上是不存在语言的，因为我们解决了有没有集体存在的问题，我们也就解决了有没有语言存在的问题。

我们既不能偏袒"虚假的集体"，通过对"集体"的倡导来欺骗个人，来巧妙地剥夺个人的权利；我们又不能过度强调个人，否认集体的存在，没有集体的协调，世界将是个人践踏个人的世界，也就是一个动物世界。也就是说，对待集体和个人的问题上，我们不支持上面的这两种极端主义，我们既要考虑集体利益又要兼顾个人，这种态度直接影响到人们语

① 中国社会科学院民族研究所等：《国外语言政策与语言规划进程》，语文出版社 2001 年版，第 79 页。

言规划的思想，直接影响到语言的存亡与取舍。

2. 语言需要有多少

如果有人极端地认为"集体"是一个虚假的概念，那么，"语言的数量"更是一种虚假的概念。没有人知道世界上有多少种语言，没有人能够知道中国存在多少种语言。划分语言种类的标准是什么，至今没有人能够说得清楚。

世界范围内的语言，大多数语言的系属是有的，当然也有个别的语言系属尚不明确。而说到全世界有多少种语言，那恐怕是众说纷纭的，如果有一个学者坚持说出一个具体的数字并深信不疑，那恐怕是让人笑掉大牙的事情。在全世界范围内，说语言有多少种，能够在百位数上取得较为一致的意见已经不错了，十位数个位数上取得一致的意见是不可能的，也是不必要的。"在缺乏统一的语言和方言划分标准，在人类对不断变化的世界诸语言认识和描写不充分的情况下，是不可能作出完全'精确'的统计的……况且，所谓的'精确'也没有什么实际意义。于是越来越多的语言学家认为，在目前情况下，人类对世界语言的数量只能做出近似的估计，而且应当允许在估计数字的上限与下限之间保持较大的伸缩余地。当前学术界比较流行的估计是6000—7000种或4000—8000种。自20世纪80年代以来，国外出版的与世界诸语言的数量有关的工具书和其他著作，大多采用这一数字。假如一定要给出一个没有上限和下限的数字的话，那么近年来比较普遍的说法是6000种左右……在语言本身变化不定而又没有统一的语言划分标准的情况下，人类是不可能获得有关世界诸语言的准确数字的。我们所能做到的，仅仅是努力争取一个比较接近实际的略数。"①

在我国，关于少数民族语言和汉语方言的区分也是一个问题。甚至有学者曾经主张粤语是一种独立的语言，例如，"（以李敬忠的）《粤语是汉语族群中的独立语言》一文为例，它突破了汉语方言划分的藩篱，用敬忠自己的话来说'我是第一次（也是第一个）向国内外同行们以论文的形式大胆宣称：粤语不是汉语方言，而是汉语族群中的一种独立语言'。他用大量的历史和语言资料，证明粤语是一种源于古汉语，但在历史发展过程中，与百越语发生了大碰撞并相互掺糅，语音、语法、词汇都与现代

---

① 黄长著：《如何正确认识世界诸语言的统计数字》，《国外社会科学》2008年第1期。

汉语有着极大差异的独立语言。它跟闽语、吴语、汉语共同组成'汉语语族'，从而填补了长期以来人们认为汉藏语系里汉语只是孤立的语种没有语族的空白"①。把粤语作为和汉语并列的一种语言，这种观点为大多数的学者所不能接受。学者们对语言和方言的划分问题，还是存在颇多的顾虑，例如"语言和方言的划分也是一个复杂的问题。究竟差别大到什么程度才是独立的语言，至今无论在理论上还是实践上都还没有公认的标准。所以，一个语言内部，方言之间的差别有大有小。不同语言之间，方言的差别也是有大有小。拿汉语来说，除去作为汉语普通话（现代汉语的标准语）基础方言的北方话（旧称'官话'）以外，大的方言还有吴语、粤语、闽语、湘方言、赣方言、客家话。不同方言区的人们，要是他们不学习普通话，也不学习对方的方言，彼此之间就很难互相了解。在中国南方的少数民族语言当中，有些语言的方言差异也是相当大的，比方苗语的三种方言之间也达到了互相不能通话的程度"②。这种说法，无疑是中肯的。在目前这样的情况下，要想说出关于"中国语言"的某些具体的数量，那还是很难。

不管是世界范围内的语言的种类数不可知，还是中国范围内的语言的种类数是个疑问，这不仅是一个语言本身的问题，还涉及语言集团的问题（集体是多大的集体？国家是什么样的集体？等等）。语言的数量的问题，甚至是一个政治问题，"一种语言在什么情况下可以称作语言，而在什么情况下只可以称作方言？对这一问题的经典回答可以采用警句的形式：语言是装备有海陆空三军的方言，而且不止一位著名的语言学家说过这样的话。在过去的 200 年或 250 年这个被称作'语言政治化'的时代里，语言与民族以及民族主义的关系越来越紧密，因此，政治标准确实是个比较适用的标准。但是，这个标准并不适用于近代早期的各个时期"③。在中世纪早期，欧洲的各种语言之间的界线并不是那么确定。在此前提下，语言的种类有多少要根据集体的数量（例如国家这种集体，政治集体）有多少，语言的种类需要多少也要根据"集体的数量"需要多少来决定。

语言的数量跟集体直接挂起钩来，这是语言学家们不情愿承认的事

---

① 马学良：《马学良民族语言研究文集》，中央民族大学出版社 1999 年版，第 354 页。

② 道布：《中国的语言政策和语言规划》，《民族研究》1998 年第 6 期。

③ ［英］彼得·伯克：《语言的文化史——近代早期欧洲的语言和共同体》，李霄翔、李鲁、杨豫译，北京大学出版社 2007 年版，第 8 页。

情。在鼓吹多元化的现在，有些语言学家们似乎是糊里糊涂地跟着喊喊口号，甚至恨不得要刮起"语言种类的数量的"浮夸风。这确实是值得思索的一个问题，因为它不仅仅是一个数字问题，更为关键的是，这使人们对语言规范化、语言多样性、濒危语言等问题有一个更加开阔的认识，这是非常重要的。

3. 个人与集体、政治与语言：孰先孰后

如果我们要问一个问题：政治和语言谁先谁后，那么，一般人都会说语言先于政治而存在。在原始社会，不好说存在人类自主的政治，而语言应该已经产生了，这是说较早的历史时期。如果往后的历史，似乎不能一概而论语言先于政治，许多国家在国家成立以后进行语言改革使"新的"统一的语言得以产生和扩大影响。政治对语言的产生，无疑是有着重要的作用。

如果我们要问一个问题：语言是先在个人中产生，还是先在集体中产生，那么，一般人都会说语言先在集体中产生。在动物转化成人的时候，人类应该是群体性的，我们可以称为原始人群，这种群体性造成了语言产生的可能，语言只有在集体中才能够得以产生。在原始人群中，语言的产生来源于个人与个人之间的相互磨合，没有相互将就、相互理解、相互磨合、相互配合，就不会有语言的产生。这正如有些学者所说的，语言本身就是一种社会制度，我们甚至可以说语言制度的产生就是社会制度的产生，至少在时间上它们是同步的。

关于语言和集体谁以谁为基础而存在的问题，大概可以认为它们互为因果，很难说得上谁是谁存在的基础。不可否认的是，集体、政治对语言有着很大的影响，语言、语言学都无法离开集体和政治。所以说，"同一言语社区的成员对于什么是得体的语言实践也具有大致相同的一套语言信仰"①。

三 语言政策作为一项公共政策

语言是一种制度，语言学也可以认为是一种制度语言学。语言规划是一种对语言制度的制度安排，是关于社会制度的公共政策。

---

① ［以］博纳德·斯波斯基：《语言政策——社会语言学中的重要论题》，张治国译，赵守辉审订，商务印书馆 2012 年，第 17 页。

现代社会出现了一种崇尚个体的风气，只承认个体存在，不认可集体的真实性，这可以看作一种思潮。从人类社会的发展来看，人类从动物中进化而来，就是从个体（或小群体）走向社会（大群体）的过程，没有社会的群体性，就没有人类社会，就没有人类。随着社会生产力的进一步发展，个体又在逐步从集体中淡出，个体逐渐开始游离于集体之外，这或许也是人类的解放的一个阶段。人类个体独立性的强弱和群体聚合力的大小，往往与生产力发展水平和自然环境的恶劣程度有关，在生产力水平低下的历史时期个体无法获得满足自己生存的生活资料，个体必须依赖群体才能够采果狩猎，在自然环境恶劣气候寒冷的历史阶段人类需要相互依靠在一起才能够保持热量才能够活下去。随着个体化增强、群体性减弱，社会变化非常之大，包括语言本体也发生了极大的变化，如果人类发展到只有个体而无集体的程度，则语言已经不存在了，因为语言本质上是一种相互约定与相互适应，语言是一种无意识的公共政策。崇尚个体，个人可以人言人殊，怎么发音怎么组词都可以，他也不去顾及他人能否听懂能否理解，也就是说，语言完全失去了规范，语音、语法和固定的词汇等一切要素都已经不再存在，如果真的达到这一地步，不但语言规划学科不再存在，语言学也早已不再存在，这时，人类社会也将无法存在下去。

关于制度语言学，有学者认为，"研究语言制度、或从制度角度研究语言问题的科学叫制度语言学。它的主要研究内容是：在一个社会共同体中，不同民族、不同地区、不同阶层等集团各有各的语言或方言时，他们结成了什么语言关系？他们使用什么语言、方言和文字来维系他们的联系与交流？这种选定反映了各集团之间的什么关系与地位？在这种语言交流的问题上，通用语的确定、通用语与各集团的母语的关系，以及各语言集团的语言地位是怎样通过正式的或习俗的方式形成的，或制度化的？语言制度是对经济制度、政治制度的借鉴，是制度这一概念在语言行为、语言生活与语言关系中的应用与延伸"①。制度这个概念包含社会集团、社会行为和关系、社会规则三大要素。制度与公共政策之间存在着一定的区别，"语言制度的研究属理论科学，而语言规划的研究属政策科学……作为理论科学，语言制度的研究旨在探索语言行为的各种社会关系，指出这种关系的性质与运动规律。而作为政策科学，语言规划的研究是发现和满

---

① 姚亚平：《语言制度的基本性质及其研究价值》，《南昌大学学报》2001 年第 2 期。

足人类语言行为的客观需求，使人能够最有效地实现语言发展的目标。因此，语言制度的研究和语言规划的研究在侧重点上有所不同。如果以政府的政策行为为研究对象，光有语言规划的研究，语言学就会变成关于语言稀缺资源如何配置的'抉择科学'，就会变成研究寻求某种行为效果的'效率科学'。所以，我国语言制度的研究在当前具有特别重要的意义，它可以丰富补充语言规划的研究，更好地发挥政府在社会语言生活中的作用"①。在这里，我们更强调语言制度与语言规划的密切联系，而不刻意区分它们之间的差异。我们可以说，语言规划是对"语言制度"做出某种"制度安排"。

语言作为一种符号系统，语言本身就是一种社会制度，并且，"在一切社会制度中，语言是最不适宜于创造的"②。这里所说的"最不适宜于创造"，是专指最不适宜于"个人"创造，个人创造的语言需要得到集体、社会的认可。语言是一切人类制度的载体，可以说是一种元制度。

语言政策和语言立法也存在着一定的区别与联系。"在法治国家，公共政策的制定必须经过合法化这一环节。"③ 所谓的合法化，往往就是指"少数服从多数"的原则，这也进一步说明了集体、国家、社会存在的真实性，不能以简单的"想象的共同体"来掩饰，公共政策制定的主体是国家。公共政策与法的不同之处，至少包括"政策强调可行为性；法则强调对不可行为之行为的可诉讼性"，"法规定了人们的权利和义务，是权利和义务的统一体；政策，就各项具体的政策而言，政策对象的权利和义务往往是不对称的，即一些群体有义务而无权利，而另一群体则有权利无义务"④。政策和法也有一些相同之处，例如，"政策和法都要求具有稳定性（要求变动不能过于频繁）和连续性（要求效力不能随时中断），但是二者相比较，政策更为灵活，能更快地应对客观形势的变动……政策的第二部分——未获得法的形态者，是政策构成中更活跃、数量更大、内容更丰富、与社会现实联系更密切的一部分"⑤。"从时间上看，政策的稳定

---

① 姚亚平：《语言制度的基本性质及其研究价值》，《南昌大学学报》2001 年第 2 期。

② ［瑞士］费尔迪南·德·索绪尔：《普通语言学教程》，高名凯译，商务印书馆 1985 年版，第 111 页。

③ 宁骚：《公共政策学》，高等教育出版社 2003 年版，第 200 页。

④ 同上书，第 201 页。

⑤ 宁骚：《公共政策学》，高等教育出版社 2003 年版，第 201—202 页。

是阶段性与连续性的统一……从空间上看，政策的稳定是局部性与全局性的统一。"①

公共政策包括区域政策。区域政策的基本特征主要体现在四个方面。(1) 地域性（国家宏观政策是没有地域性的）。(2) 整体性，任何区域都是独立而开放的系统，各项区域政策互相衔接、互相配合，形成完善的区域政策整体系统。(3) 动态性，所有的政策都需要具有一定的稳定性，但是相对而言，区域政策的连贯性不如其他宏观政策强，具有更大的变动性。(4) 区域政策目标的实现程度具有极强的主观性。区域政策与国家的宏观政策之间，存在一定的消长关系。"区域政策作为国家政策体系中的重要组成部分，既是一项重要的公共政策，但又不是一项基本的公共政策。这就使得为解决区域问题的区域政策，时而受到重视，时而不受重视。区域政策在国家政策体系中的地位高低，取决于决策者对区域差距扩大化这一问题的认识和追求区域协调发展程度的渴望。"② 在我国，语言规划主要的是国家的宏观政策，许多省份也制定了关于《中华人民共和国国家通用语言文字法》的"实施条例"一类的政策立法，例如，《中国语言生活状况报告（2005）》就列举了"地方语言文字法规规章目录(1987—2005)"③，各省的实际情况差异较大。

语言政策作为一项公共政策，充分说明了在语言的问题上协调个人、集体、国家和社会的关系的重要性，语言政策是人们主动制定的公共政策。即使某些国家不制定成文的语言政策，但语言作为一种社会制度，可以说语言本身就是一种特殊的公共政策，每一个个人都需要主动地去适应这个公共政策。

---

① 宁骚：《公共政策学》，高等教育出版社 2003 年版，第 447—448 页。

② 张玉：《区域政策执行的制度分析与模式建构》，南开大学博士学位论文 2006 年，第 63 页。

③ 周庆生：《中国语言文字生活状况报告（2005）》，商务印书馆 2006 年版，第 415—421 页。

第六章

汉语国际教育战略

【本章地图】

本章包括两节内容，第一节汉语国际教育简史，第二节汉语国际教育的发展。

第一节汉语国际教育简史，根据汉语国际教育的实际，试探性地把新中国成立以来的汉语国际教育分为五个阶段，对每一个阶段作大体的介绍。

第二节汉语国际教育的发展，主要介绍了新时期汉语国际教育的特点、存在的问题、加强汉语国际教育研究的措施等内容。

在本书的第一章中，我们把语言规划分为三个类型，汉语国际教育规划是其中之一。对此，本章不再重复。

本章两节内容都不是本书的重点内容，本章内容写得比较简略。但是，需要说明的是，汉语国际教育是语言规划中很重要的一部分，语言规划研究理应对汉语国际教育有足够的重视。目前，汉语国际教育的理论和实践都还不够成熟，学科发展还很不成熟。本章只是对汉语国际教育作一些概貌性的介绍，并无创新，内容也较为简略。

第一节　汉语国际教育简史

作为"专业名称"，"汉语国际教育"是一个新名词。1982 年 4 月，在筹备对外汉语教学学会的第一次筹备会上，21 个发起单位的大多数代表都赞成采用"对外汉语教学"这一名称。1985 年，教育部在北语、北外、上外、华东师大特设对外汉语本科专业。《普通高等学校本科专业目录（1998 年颁布）》中代码 050103 为"对外汉语"，作为"一般控制"专业招生。2007 年前后，对外汉语本科在全国的招生规模急剧扩大，逐步发展成为在事实上的"基本专业"。《普通高等学校本科专业目录（2012 年）》中代码 050103 是"汉语国际教育"，已经作为"基本专业"招生，"汉语国际教育"专业主要从"对外汉语"专业发展而来。

如果从"实践活动"上溯源，"汉语国际教育"自古有之，可能会追溯到汉唐或者更早，最起码在清代已经有了较大的规模。新中国成立以后，在中国对外交流逐渐增多的前提下，汉语国际教育发展迅速，老一辈语言学家吕叔湘、周祖谟、朱德熙等先生都起了一定的推动作用。特别是改革开放以来，各种形式的汉语短期培训、汉语速成成人班已经渐成规模。那一时期的汉语培训，学习者多以来华成年外国人为主。在国家的侨务工作中，还有针对华人华侨子女的汉语培训，华人华侨子女学习汉语的年龄分布跨度相对较大。自汉语国际教育本科设立以来，汉语"走出去"送教出国的规模越来越大，海外汉语学习者也逐渐年轻化。汉语学习者的低龄化趋势是汉语在海外繁荣的必然结果。以外交和商务为目的的汉语学习，往往强调短线效应，学习者一般不会对汉语投入太多的情感，希望速成。然而，以文化交流、世界文化多元化发展为目的的汉语学习，需要长线培育，常常要从娃娃抓起，更注重对华文化的理解与认同。在这种转变过程中，汉语国际教育本科生们的国际贡献功不可没。近年来，汉语国际教育本科生几乎成了"送汉出国"队伍的主力军，他们年轻的身影活跃在世界的每一个角落。

汉语国际教育是对外国人的汉语教学，它既是一种第二语言教学，又是一种外语教学。纵观世界上的第二语言教学，真正把它作为一门独立的学科建立起来是在 20 世纪中叶。汉语国际教育就其性质来看应归属于应用语言学，是一门应用型的交叉学科，即把各种与外语教学有关的学科应用到外语教学中去。

新中国成立以来，汉语国际教育事业的发展主要经历了如下五个阶段。

一　初创阶段（20 世纪 50 年代初—60 年代初）

1950 年 6 月，我国分别同捷克斯洛伐克和波兰交换了五名留学生。

1950 年 7 月，"东欧交换生中国语文专修班"（后改名为中国语文专修班）在清华大学成立，著名物理学家周培源为班主任，这是我国第一个从事汉语国际教育的专门机构。

1950 年 9 月，成立外籍留学生管理委员会，由著名语言学家吕叔湘任班主任，第一批东欧学生随后入校学习。

1961 年，北京大学外国留学生中国语文专修班与北京外国语学院非洲留学生办公室合并，改名为北京外国语学院外国留学生办公室。随之大部分留学生和对外汉语教师都集中到了北京外国语学院。

据统计，这一阶段我国共接受 60 多个国家的留学生 3315 人。建立了专门的教学机构，形成了一支相对稳定的专职教师。但由于政治经济等各方面的限制，教学机构还不够稳定，教学类型比较单一，此阶段的汉语教学多属于短期培训，是一种预备教育。

二　巩固阶段（20 世纪 60 年代初—60 年代中期）

为了加强对来华和出国留学生工作的统一领导和集中管理，北京大学外国语学院于 1962 年成立了外国留学生高等预备学校，这所学校以教外国人汉语为主要目的，该校的成立使我国的汉语国际教育有了一个稳定的基地。1964 年高教部决定将该校改名为北京语言学院（今北京语言大学）。这是我国唯一一所以教外国人汉语为主要任务的高等院校，也是我国汉语国际教育与研究的重要基地。在此期间，除了北京语言学院以外，全国还有二十多所院校在从事汉语国际教育。从 1962 年到 1965 年，我国共接受外国留学生 1944 名。1965 年暑期，我国第一次举办了全国性的对外汉语教师培训班，参加此次培训的人员，不少人现在仍为各院校的教学骨干和学术带头人。

此外，这一阶段其他教学形式也有所发展。中国国际广播电台于1962 年分别在英语和日语广播节目中开办了"学中国话"和"汉语讲座"节目。向国外派遣汉语教师的人数和对象国也有所增加。1961 年至1964 年，国家培养的 4 批出国汉语师资，成为 20 世纪后 30 年汉语国际教育的中坚力量。

三　萧条阶段（20 世纪 60 年代中期—70 年代初）

1966 年，"文化大革命"爆发，高等学校全部停课，在校留学生纷纷回国，只有少数几个国家的近 40 名留学生获准留下来继续学习。

在"文化大革命"中，只有《中国建设》（后更名为《今日中国》）上的"中文月课"和对驻华外交人员的汉语教学得以幸存，向国外派遣汉语教师的工作也没有完全中断。

我国的汉语国际教育事业发展在这一时期停滞，分外萧条。

四　恢复阶段（20 世纪 70 年代初—70 年代中期）

70 年代初，我国在外交上取得了一系列重大胜利。1971 年，我国在联合国的合法席位得到恢复。日、美等众多国家纷纷跟我国建交。1972 年 12 月 18 日联合国大会第 28 届会议全体会议一致通过决议，把汉语列为大会和安理会的工作语言之一。

在"文化大革命"后期，高等学校陆续恢复招生。当时，有 40 多个国家要求向我国派遣留学生。正是在国内外的这种形势下，北京语言学院于 1973 年秋季开始恢复招生。1972 年 6 月，北方交通大学接受了 200 名坦桑尼亚和赞比亚留学生，开始了"文革"以后的汉语国际教育。此外，北京和其他若干省区市的高校也先后恢复或开始接受留学生补习汉语。北京语言学院于 1975 年试办、1978 年正式开设了外国留学生的汉语本科教学。教学规模的扩大和本科教学的创建，为针对外国留学生进行的汉语教学学科的奠定准备了良好的基础。

这一时期，为了加强教材建设和研究工作，北京语言学院成立了编辑研究部，这是我国第一个编写对外汉语教材和研究汉语国际教育的专门机构。

据统计，从 1972 年到 1977 年的 5 年间，我国共接受留学生 2266 名。1977 年在校留学生总数为 1217 人，尚未恢复到"文化大革命"前的规模。

五　蓬勃发展阶段（20 世纪 70 年代中期至今）

改革开放以后，我国政治经济形势发生的重大变化，引起了世界各国的极大关注，随之在世界上出现了一股"中国热"。"中国热"又引起了"汉语热"，使我国的汉语国际教育事业出现了蓬勃发展的新局面。

这一时期，随着我国经济发展水平的提高和综合国力的提升，学习汉语的人数与日俱增，汉语得到了广泛的传播，汉语国际教育事业飞速发展，受到了国家的高度重视。据统计，从 20 世纪 90 年代开始，来华留学生数量呈逐年上升趋势，至 2003 年来华留学生已达 8.5 万人次。

在此期间，汉语国际教育获得了独立的学科地位。随着教学机构进一步的规范，教学类型多样化，师资力量逐步提高，学科理论进一步丰富，教材更加成熟，国家相关部门的重视和专门的领导机构的成立，这些都促进了汉语国际教育的学科地位在我国学科体系中的确立。1979 年北京语言学院的内部刊物《语言教学与研究》改为正式出版的季刊，在国内外公开发行。此后，又创办了《对外汉语教学》和《世界汉语教学》等刊物。同时，还成立了汉语国际教育专业出版社——北京语言学院出版社和华语教学出版社，一批批对外汉语教材、工具书和教学参考书得以顺利出版。

经历了上述五个发展阶段，我国汉语国际教育在理论研究、学科建设、教材编撰、师资力量、培训机构等方面均取得了很大的成绩。汉语国际教育从最初的预备教育慢慢走向正规的教学、教育。汉语教学在许多国家和地区呈现快速发展的势头。在国内，汉语国际教育的办学层次不断提高，不少学校面向来华留学生增设了汉语言专业，加强了本科教育和研究生教育。汉语国际教育的实施领域在不断拓宽，以学校教育为主体的多渠道、全方位的汉语教学体系进一步完善。对外汉语师资队伍建设不断发展，一支有教学经验和较高素质的师资队伍已基本形成。学科建设进一步加强，教材建设也取得了很大的进展。

第二节　汉语国际教育的发展

随着我国国际地位的提升，汉语逐渐成为国际社会关注的语言。汉语是联合国工作语言之一。许多国家如日本、韩国、美国、加拿大、澳大利亚、泰国等国的一些学校已将汉语作为大学入学考试的外语科目之一，这意味着汉语教学逐步被纳入这些国家的教育体系。法国政府也专门增设了汉语教学督导，以加强对法国中学汉语教学的管理。除此之外，德国、俄罗斯、乌克兰、印度尼西亚、越南等国也在积极开展汉语教学。这种情况引发了新的一轮"汉语热"。

2005 年 7 月 20—22 日"世界汉语大会"在北京召开，围绕"世界多元文化架构下的汉语发展"这个主题举办了三个分会和第八届"国际汉语教学讨论会"等六个系列活动，许嘉璐指出"'多元文化架构下的汉语发展'是汉语在今天的地球上所遇到的、必须尽快给予回答的问题。汉语作为中华民族和外部世界沟通的最得力的工具，也迎来了前所未有的压力和挑战。走向世界，吸收其他民族和国家所创造的一切物质的和精神的成果，这始终是中华民族祖祖辈辈的追求"。首届"世界汉语大会"之后，我国汉语国际教育又进入了一个新的时期。

我国的汉语国际教育未来将继续深入做好来华留学生汉语教学工作，同时，汉语国际推广也已成为汉语国际教育的重要组成部分。这在我国对外汉语发展史上是一个里程碑式的转变。汉语国际教育不再仅仅是满足来华留学生汉语学习的需要，汉语正在大步走向世界。在全球化的大背景下，发展汉语国际教育事业，在世界范围内推广汉语教学，对传播与弘扬中华民族文化，增进中国和世界各国人民的相互了解和友谊，促进国际合作与文化交流都具有重要的战略意义。我国已把汉语国际教育纳入了国家整体外交战略规划，它已成为中国与世界各国进行交流的重要工具，是向外推广中国优秀文化，增进国际理解与合作，加强海外华人、华侨认同感，维护祖国统一的一条捷径，已成为名副其实的国家和民族的事业。

2004年4月，教育部正式启动"国际汉语教师中国志愿者计划"，至2006年6月我国已经向近30个国家派出2500多名志愿者。2004年5月，国务院批准制定了《汉语桥工程》，提出了包括中国在海外加快建设孔子学院、大力发展多媒体汉语教学、着力提高汉语教师质量、加速推广汉语水平考试（HSK）、提高HSK证书的认证效力等八项措施。2004年11月21日，全球第一家孔子学院在韩国汉城（今首尔）建成，截至2006年9月，中国已在46个国家和地区建立了108所孔子学院和12所孔子课堂，同时还有28个国家的70多个机构正式提出了办学申请。

一　新时期新特点

汉语国际教育在新时期的大发展，在学科和制度上，主要有如下特点。

（1）汉语国际教育获得了独立的学科地位，明确了以后的发展方向。

1983年"中国教育学会对外汉语教学研究会"成立，这可以作为汉语国际教育学科正式诞生的标志。1984年教育部部长何东昌在外国留学生工作会议的报告中明确指出："多年的事实证明，对外汉语教学已发展成为一门新的学科。"这标志着对外汉语教学作为一门专门的学科，其学科地位及其命名已得到我国政府的正式确认。

（2）汉语国际教育相关领导机构和规划的出现，推动了汉语国际教育事业的健康快速发展。

20世纪80年代末，随着对外开放的进程，汉语国际教育也逐渐受到国家有关部门的重视。1987年成立了领导汉语国际教育的专门机构"国家对外汉语教学领导小组"，负责统一领导和协调全国的汉语国际教育工作，这就加强了汉语国际教育事业的相关领导，完善了汉语国际教育的管理制度。各高校也不同程度地提升了汉语国际教育机构的行政级别。《中国教育改革和发展纲要》也把汉语国际教育列入规划，强调"要大力加强对外汉语教学"。1989年，国家教委指出"发展对外汉语教育事业是一项国家和民族的事业"。从此，我国汉语国际教育事业走上了更加有计划、有组织的发展道路。

（3）对外汉语教师相关评定制度的制定，使对外汉语教师队伍素质得到了普遍的提高。

为了加强对从教人员的管理和培训，我国开始进行统一的对外汉语教师资格考试。国家教委制定了《对外汉语教师资格审定办法》，对经过考核证明能够从事对外汉语教学的人员颁发资格证书。

（4）教学类型的多样化。

除了原来的招收留学生补习汉语的高校外，还创办了多种形式的短期汉语进修班，这种办学形式使校际交流急剧扩大，参与汉语国际教育的学校如雨后春笋，得到了进一步的繁荣。与此同时，各种非学校教育的汉语国际教育也兴旺发达起来，比如北京市外国企业服务总公司、北京外交人员服务局、中国国际广播电台等都开始以不同方式从事汉语国际教育。

二　存在的问题

新时期的汉语国际教育发展态势良好，取得了可喜的成绩，但也存在着不少问题，主要有如下几个方面。

（1）重视依然不够。有些部门、地方和学校的领导同志对汉语国际教育事业的认识还没有达到应有的高度，只是把汉语国际教育作为经济创收的一种手段，没有认识到汉语国际教育事业在我国经济政治发展中的战略地位。

（2）教材的编写严重滞后。富有新意和科学实用的对外汉语教材不多，尤其是缺少能够进入国外大中小学的优秀教材。

（3）教学手段和理论相对落后，学科建设还需进一步加强。在教学实践中，许多教师没能充分了解并掌握汉语作为第二语言教学的特点和规律，没有掌握汉语作为第二语言教学的方法与技巧。学科建设中也存在一些问题。

总之，汉语国际教育在新时期的发展态势是好的，发展速度和规模都提升很快。同时，也还存在一些问题。汉语国际教育的蓬勃发展，与我国的经济社会发展、教育发展直接相关，它们相互促进，相互影响，共同发展。

三 进一步加强汉语国际教育的学科建设

目前，多元文化架构下的"大华语"教学的新格局正逐渐形成，汉语国际推广作为国家和民族的一项事业，是国家的战略决策，是国家的大政方针。汉语作为第二语言教学则是一个学科，是一门科学。作为一个学科，从形成到现在不过几十年，时间不算太长，在这段时间内这门学科的建设取得了长足的进步与巨大的发展。但它作为一门年轻的学科，发展还很不够，有很多不足之处，学科基础还比较薄弱，理论研究也还不够深厚。我国汉语国际教育事业的发展必须以汉语国际教育这门学科自身的发展、丰富、健全、完善为基础，否则汉语国际教育事业就只能是无根之木，迟早都会衰落。为此，我国早就提出了要加强汉语国际教育这门学科的建设，只有这样，汉语国际教育事业才能获得更好的发展平台和推动力。汉语国际教育事业正处于一个崭新的历史阶段，面临着新的机遇和挑战，对外汉语研究也应该推陈出新，我们认为应加强下面几方面的研究。

1. 明确汉语国际教育的学科研究领域

我们认为，"对外汉语教学"既是第二语言教学，又是外语教学，跟作为第二语言和外语的其他语言的教学有相通之处，但同时由于汉语自身的特点这门学科有明显的特殊性。就研究领域来看，汉语国际教育可大致分为"本体研究"和"主体研究"两个研究领域。

"本体研究"指的是对汉语言本身，包括汉语语音、词汇、语法和汉字等方面的研究。"主体研究"指对作为第二语言教学的汉语理论与实践体系和习得规律、教学规律、途径与方法论的研究。学科本体研究是学科主体研究的前提与基础，学科主体研究是学科本体研究的目的与延伸。

我国汉语国际教育的历史还不长，经验也不足。汉语国际教育的基础研究还应该进一步深入地思考，以期引起有关方面的足够认识。

2. 总结完善和应用汉语国际教育的相关理论

汉语国际教育的相关理论是汉语国际教育研究中的薄弱环节，一方面是因为对外汉语教学这一学科发展历史短，本身积累不够，理论基础还相对薄弱。另一方面是因为汉语国际教育学科的综合性和跨学科性。这决定了汉语国际教育研究涉及的面相当广，需要各方面的理论知识相互渗透与补充。这门学科相关理论的完善需要几代人的共同努力，因此，我们在汉语国际教育的实践中，应该加强理论思考，提倡对外汉语研究的跨学科意识，处理好各方面知识的整合，不断摸索和总结与之相关的理论，揭示汉语国际教育、习得等过程中的规律。

我们可以认为汉语国际教育学科基本理论由四个部分组成：（1）语言理论，包括面向汉语国际教育的语言学及其分支学科理论，面向汉语国际教育的汉语语言学研究；（2）语言学习理论，包括基本理论研究、对比分析、偏误分析和中介语理论；（3）语言教学理论，包括学科性质理论、教学原则和教学法理论；（4）跨文化交际理论①。这些理论，在某种意义上都有其自身存在的客观规律，这也是作为一个学科的汉语国际教育所必须遵循的。我们研究汉语国际教育规律时要综合研究上述种种理论，这就决定了汉语国际教育的相关理论的综合性和跨学科性。

通常认为，汉语国际教育应当使用普通话教学，这可以说是语言学界的共识。也有学者认为，"教授外国学生学习汉语，尤其是学习汉语入门，当然要学习尽可能标准的普通话，不应该也不可能首先去学习汉语的方言。但是在高年级的汉语教学中，应该讲一点汉语的统一性和分歧性，应该讲一点汉语方言的知识，以及与此相关的文化背景"②。

3. 进一步加强汉语本体研究

汉语语音、词汇、语法和汉字的研究与教学，每一个方面的研究都需要进一步深入，并且在研究这些内容的时候有必要专门从汉语国际教育的视角加以审视。作为第二语言的汉语拼音的研究，这是保证汉语教学质量

---

① 李泉：《对外汉语教学的学科基本理论》，《海外华文教育》2002 年第 3、4 期。

② 张振兴：《方言研究与对外汉语教学》，《语言教学与研究》1999 年第 4 期。

的重要一环，但近年来却由于各种原因研究水平有所下滑，应予以重视。长期以来汉语在作为第二语言教学中，比较重视语法教学，而在某种程度上却忽视了词汇教学的重要性，使得词汇研究和教学成为整个教学过程中的薄弱环节，未来的研究中我们应扭转这一局面，深入开展词汇研究。作为对外汉语语法研究，应当更多地注意吸收新的语法理论的思想方法，用来提高我们的研究深度。另外，要注意拓宽汉语语法研究的范围，细化研究内容，使之与教学更为密切地结合。汉字教学是汉语国际教育的重要组成部分，然而，汉字教学从研究到教学一直处于滞后状态。我们亟须通过教学实验，取得相应数据，寻求汉字教学的突破口，从而使汉语书面语教学质量大幅度提高。

4. 加强第二语言的教学法研究

要加强教学模式研究，改变教学模式过于单调的局面。汉语国际教育的教学模式，从 20 世纪 50 年代起，先后经历了"语文并进""认写同步"，"讲练—复练"，"讲练—复练＋小四门（说话、听力、阅读、写作)"，"分技能教学"四种教学模式。目前，汉语国际教育界广泛使用的是分技能教学模式。总的看来，汉语国际教育界所采用的教学模式略显单调，对近几十年来和语言教学相关的领域，如"语言心理学、语言习得研究、语言认知研究"等先进成果吸收不多。我们应该改变这种局面，吸收各种先进的教学理论、心理学理论，结合汉语自身特点创立新的教学模式，切实提高汉语的教学质量。

要加强教学法研究，改变教学法的落后局面。我国汉语国际教育起步较晚，先后流行的教学法有"听说法""结构法""句型操练""以学生为中心的认知法""互动性综合教学法""任务法""体验式教学"，等等。总的来说，汉语国际教育的教学法多是直接借鉴国外外语教学法，缺乏创新性，今后在教学法研究中，必须要在借鉴的基础上有所提高。

5. 关于教材、测试的研究

教材研究与创新，汉语测试研究和跨学科研究，也应该引起足够的重视。

总之，对外汉语教学作为第二语言和外语教学，其特殊的学科性质，决定了我们在不断引进国外先进教学理念的同时，必须努力挖掘汉语和汉字的特点，创新我们的汉语作为第二语言教学模式和教学法，使汉语这门古老的语言重新焕发出更强的生命力。

　　母语为汉语的国内学生学习汉语国际教育专业，学习目标应该就是如何教好母语为非汉语的外国学生学习汉语。直接面向外国人的汉语教学，与外语教学具有某些相似的性质。针对这两种类型的汉语国际教育，教学的目标和策略应该也会有所不同，这两种类型的汉语国际教育都值得进一步地深入研究。

　　发展汉语国际教育，还有一种思路，就是"国际汉语"的思路。"'国际汉语'概念中的'汉语'包括了'本土汉语'和'海外汉语'……破除'汉语仅仅是中国的语言'这种传统观念，建立一个多元的、全球化的汉语概念……全世界讲汉语的人数量庞大，但他们各具特色，都同其所在国的文化相联系，都属于其所在国的文化语言资源。汉语也不能因为姓'汉'，就一定仅仅是中国人或者汉人的语言。"① 这样一来，汉语就有如英语在全球的发展情形了。

---

① ［澳］洪历建：《"国际汉语"：作为"国际性语言"的汉语如何发展》，《华东师范大学学报》2014 年第 6 期。

第七章

语言维护系统与语言服务

【本章地图】

本章包括两节内容，第一节语言规划的维护系统，第二节语言服务研究。语言服务主要是公益性的，也包括商业性的语言服务。"语言维护系统"对保证语言规划的顺利实施具有非常重要的作用。

第一节语言规划的维护系统，主要包括如下三个方面。学校教学语言、新闻传媒语言、社会语言监督检查。学校的教学语言对一个人的语言感情、语言培养具有非常重要的作用。新闻传媒语言以其广泛的影响力，有助于语言规划的有效实施。学校教学语言、新闻传媒语言，都可以看作"领域语言学"研究的最重要的组成部分。其他方面的语言领域还包括戏曲语言、军队语言、导游语言、网络语言，每一个学科都有自己的学术语言，等等。在这众多的领域之中，学校教学语言和新闻传媒语言最为重要，在全社会的影响也最大，本章主要涉及这两个方面，至于其他的领域语言我们在此不再集中介绍。对某些城市和地区的语言使用情况进行监督检查，能够反映语言规划的成效问题，这是语言使用的社会调查的一个组成部分，它也是语言规划的维护系统之一。

第二节语言服务研究，主要包括语言服务的概念、语言服务的范围、语言服务与语言经济学的关系等方面。就目前来看，语言服务研究在国内尚属学术研究的新领域，还很不成熟。在这里，我们不会给出关于语言服务的最终结论，只是简要概述一下语言服务的研究现状，提出一点我们自己的想法。我们认为，把语言服务纳入语言规划中，使其作为语言规划的一个组成部分，是合理的、可取的，值得探索。

　　2016 年，新书《语言服务引论》① 出版，这是我们国内的第一本关于"语言服务"的著作。该书共有五章内容，这五章的标题分别是：语言服务资源、语言服务业态、语言服务领域、语言服务层次、语言服务效能。《语言服务引论》是一本新书，我们尚未来得及通读。我们这本书没有借鉴《语言服务引论》中的内容。

　　综观全书，本章是本书的重点章节。只是，本章内容可能还比较单薄，相关论证还不够成熟。本章提出的这些论题需要语言学界日后继续加强研究。

第一节　语言规划的维护系统

　　语言规划实践一定要"完善语言维护系统"②，这个观点特别值得我们重视。通常情况下，一个国家的通用语言文字的维护系统主要包括：宪法、语言文字法律法规、国家规定的教学语言系统、相关新闻传媒示范规范系统、规范化的字典词典、术语规范标准、相关的学术团体学术报刊，等等。一个国家的语言规划之所以能够得以实现，离不开这些"语言维护系统"，其中，针对儿童教育的教学语言系统以及新闻传媒示范、规范系统特别关键。如果离开了这两个系统，即使是再完美的语言规划也很难获得成功。从这个意义上来说，"语言规划学"与"基础教育""新闻传媒"关系紧密，"基础教育"和"新闻传播"都必须符合"语言规划学"的相关精神。

一　语言教育、教学语言及相关问题

　　普通话、规范汉字对基础教育都具有极大的影响。普通话包括汉语语音、语法、词汇、修辞等诸多方面，不仅仅指语音这一个方面。在这里，我们用"规范汉字"代表汉语的书写系统，包括书面语法、词汇、语用、修辞等诸多方面，不仅仅指汉字字形一个方面。当然，作为"规范"标准，语音、字形更容易做到"客观"一些，它们在语言规划中的地位也更高一些。

---

① 屈哨兵：《语言服务引论》，商务印书馆 2016 年版。
② 李宇明：《中国语言规划三论》，商务印书馆 2015 年版，第 256 页。

语言规划实践需要重视"语文知识"①。"语文知识"这一问题恰恰是当今社会的软肋，教育界乃至整个社会都亟须加强对"语文知识"的学习。通常，人们公认数学、物理、化学、生物、地理等都有自己的"学科知识"，然而，"语文知识"却常常被人们忽略、在目前尚不能得到人们的公认。在文学创作领域，"语文知识"的普及情况更不容乐观，句子写不通顺、错别字一大筐的"知名作家"也不乏其人。试想，那些语言粗糙的"文学作品"怎么能够为语言提供良好的"语言规范"呢？甚至，那些句子写不通顺、错别字一大筐的"知名作家"还常常对"语文知识"指手画脚，有些人自己不愿学习知识竟然还自奉为反智主义者。重视"语文知识"，这当是"语言规划学"千里之行开始的"足下"②。1997年，"文学界"发起的"忧思中国语文教育"在当时可能劫持了中学语文教育，那些"文学家"们可能并不懂得太多的"语文教育"。现在看来，重新重视"语文知识"应该成为"语文教育"的重要内容。③就此看来，让"语文知识"回归基础教育领域、重新得到重视，这项工作已经迫在眉睫。"语文知识"也是"知识"，"语文知识"应该是基础教育中"语文"学科的重要内容。

"语言规划学"学科需要俯下身来关注中小学语文教育。在此，我们简单回顾一下20世纪50年代以来的语文教育史。受苏联教育模式的影响，我国的中学语文教育从1951年开始酝酿语言、文学分科教学，到1958年停止分科教学试验。受分科教学思想的影响，为语言教学而产生的《暂拟汉语语法教学系统》对中学语文教育功大于过，该系统的"语法知识"在20世纪90年代以前从未缺席语文教育。1997年以来"误尽苍生是语文"的批评声音很高，自此以后，语法知识、语言知识、语文知识逐渐退出了中学语文教育。近年来，中学语文的许多"文学教育"发展成了"娱乐化教学"，根本无视"语文知识"，唯美、奇技淫巧、华而不实。现在，语文教育界应该重新反思中小学语文教育了，语言学家、"语言规划学"再也不能在中小学语文教育中缺席了。我们在强调"语文知识"时往往有意无意地强调了其中的"知识点"，这些知识点可能不够

---

① 李宇明：《中国语言规划三论》，商务印书馆2015年版，第361页。

② 薄守生、赖慧玲：《呼之欲出的中国语言规划学》，《语文建设》2016年第5期。

③ 薄守生、赖慧玲：《"文学"与"教育"》，《中学语文教学参考》2016年第10期。

系统，比较微观。面向教育的"语文知识"教育，其实就是"语言教育"和"教学语言"的问题。只是，我们在谈"语言教育"时常常更加注重其"系统性"，不仅是一个一个的知识点，而且是关于语言教育的整个系统。

面向基础教育的"语言教育"是语言规划的最为重要的"语言维护系统"。斯波斯基认为，"一般来说，任何一项新语言政策的宣布都是政治协商的结果。语言政策可以是一部法律，例如，1975 年的《法国语言法》；语言政策也可以是一个动议，例如，美国'唯英语'运动所提倡的动议；语言政策还可以是一份政府文件，例如，澳大利亚国家语言政策的各种文件；当一个国家的教育部着手重新界定本国语言政策中有关语言教育部分的各项内容时，该国的语言政策也会从中体现出来，例如，荷兰的《国家外语行动计划》或以色列的语言教育政策"①。语言教育政策一直是中国教育的重要组成部分，比如说，宏观上的外语语种的选择就是中国教育规划的一个组成部分，汉语普通话、英语、俄语、法语、德语、西班牙语、日语、韩语等多语种协调发展，我们不能片面地就把法语、德语等语种认为是"小语种"。事实上，以往所说的许多"小语种"在全球有着为数众多的使用者。

综观全世界的"语言教育"，我们会发现这个问题确实很复杂。"经济、政治、文化和社会力量等都可能成为影响语言教育政策的因素，诸如民族主义（肯尼亚）、经济不平等（美国）、全球化（印度和日本）、种族冲突（卢旺达、所罗门群岛）、由于不同的语言权观念而引发的紧张（尼加拉瓜的加勒比沿岸地区、美国原住民、费城学区）、后殖民国家的经济压力（莱索托、斯威士兰、肯尼亚）、精英竞争（卢旺达）和文化复兴（南美安第斯地区、美国原住民）……影响语言教育政策的因素多种多样。"② 就中国的外语教育的语种选择而言，政治、经济因素是最重要的决定力量。在改革开放以前，我国亲苏（原苏联）倾向明显，那时，我国的外语教育主要是俄语教学。改革开放以来，国家以经济建设为中心，我国选择在全世界影响最大的英语作为第一外语。最近几年，我国为

---

① ［以］博纳德·斯波斯基：《语言政策——社会语言学中的重要论题》，张治国译，赵守辉审订，商务印书馆 2012 年版，第 17 页。

② ［美］詹姆斯·托尔夫森：《语言教育政策：关键问题》，俞玮奇译，张治国审订，外语教学与研究出版社 2014 年版，第 312 页。

了同世界各国发展全面的政治、经济、文化交流，我们更多的是提倡"多语种"教育，不再仅仅局限于英语、俄语教育。

综观全世界的"语言史"以及"语言学史"，我们会发现社会阶级、"殖民语言""克里奥尔语"的产生、发展常常也与语言规划有关。苏·赖特说，"帝国主义的不同阶段与不同速度的语言传播联系在一起。在早期，帝国统治阶级往往不愿意把规范化的、有声望的帝国语言推广给受过教育、懂双语的上层阶级以外的人们。接近这种语言成了一种特权。在罗马帝国早期情况就是如此，拉丁语直到较晚的时候才成为大众的语言。在英国、荷兰、德国和法国，即使到了 20 世纪，通过教育了解帝国语言的人仍是少数"①。在中国古代，读书、识字常常是官僚地主阶级、上层社会的特权，他们有意地不让普通老百姓掌握"语言工具"，他们长期地通过语言来维护社会的等级体系。到了现代社会，通晓外语的数量与外语的流利程度常常是判断一个人所处的社会阶层的参考标准之一，通常认为，一个人的家庭条件比较优越才有可能通晓数门外语。在当前，我国的外语教育基本上属于"公共教育"体系，第一外语一般是英语，具有公益性。在中小学阶段，学习英语以外的其他"外语"常常属于个人行为，大多数情况下都不属于"公共教育"体系。

最近二三十年来，语文课程在基础教育阶段一直都很不景气，虽然新课改、新课标时有出现，但是语文教学的实际情况却没有太大的改善。语言规划研究者应该积极介入基础教育阶段的"语文教育"，关注、影响中小学语文教学，不要因为中小学语文教学不景气就不参与其中。同时，我们还要关心"外语语种"教学的问题，建构一种以英语为主、多种外语全面发展的外语教育体系。以普通话、规范汉字为代表的"语文教育"，主要是一种历史的视角和家国情怀；以英语、多种外语全面发展的"外语教育"，主要是一种区域的视角和多元认同。"语文教育"是中国语言规划的直接维护者，"外语语种"的选择不应该冲淡人们对汉语语文的学习，也就是说，"外语教育"不应该成为汉语的破坏者，外语教育应该与汉语语文教育相得益彰。语言规划研究应该重视语言教育、教学语言的问题，它们是语言规划的重要的维护系统。

---

① ［英］苏·赖特：《语言政策与语言规划——从民族主义到全球化》，陈新仁译，商务印书馆 2012 年版，第 107 页。

二 新闻传播语言对语言规划的影响

新闻出版、传播影视的范围很广，它们的最重要的媒介就是语言文字，新闻传播中所使用的语言文字对语言文字的社会应用具有很大的示范作用，所以可以说，新闻传播对语言规划具有深远的影响。在这里，我们主要粗略介绍一下传播学的相关内容，对于出版、影视等暂时不作具体分析。

从传播的范围（参与传播的人数）来看，传播学通常把传播分为四大类：自身传播、人际传播、组织传播、大众传播。自身传播是人的内部传播，即个体与他自己的交流，这涉及心理学、认知科学、生物学等学科领域，当今的传播学基本上都不会深入涉及这种类型的传播。人际传播，即个体之间的传播。组织传播，指由组织进行的信息传播活动，这里的组织可以指某个具体的社会单位，也可以指某些社团组织。大众传播，指媒介组织大量复制并迅速传播信息进而影响广大受众的过程。人际传播是点对点的传播，组织传播基本上是面对点的传播，大众传播却是点对面的传播。传播学主要研究大众传播。

从传播的媒介来说，人类的传播经历了口语传播（口头传播）、文字传播、印刷传播（纸质传播）、电子传播几个阶段。文字、语言传播在早期社会中往往需要借助于各种"符号"才能完全地实现其传播功能，现代传播需要用到的各种符号已经大大减少。

1. 符号、语言符号、语言传播

在古代，符号又被说成是指号，如通常说"烟是火的指号""呻吟是疼痛的指号"。按照胡塞尔的观点，烟、呻吟只是指号，不宜笼统地说成符号。"记号即代表或表示另一物的某一物"[1]，由此，语言又被说成语言记号，也说语言符号。征候和信号都是比较具体的，"征候引发的是事物或实践的自然反应及其天然联系的结果，信号引发的仅仅是某事、某物在特定条件下的存在及其条件（或本能性）的反应，符号引出的却是事物的概念或事件的象征意义。所以，符号是高级的信息载体"[2]。征候往往不是符号；信号是符号的一种，往往是一种非语言符号。代码一般用于具

---

① 李幼蒸：《理论符号学导论》，中国社会科学出版社 1993 年版，第 128 页。

② 余志鸿：《传播符号学》，上海交通大学出版社 2007 年版，第 21 页。

体的特定领域，如电报代码、电脑代码等，可以认为是一种专业的符号，语言符号一般不说成代码。象征有点类似于指号，如"天平"是公平的象征，在实际运用中多是以具体的物体来象征抽象的事物。象征与隐喻也有关联。

符号学可以分为一般符号学和特殊符号学，符号语言学就是特殊符号学中的一个类别。通常认为语言符号由三部分组成，即形态符号、辅助符号和身势符号。形态符号可以分出不同的语言单位，如音素、语素、词、句子等；辅助符号，如音距、音强、语速、语气、停顿等；身势符号，如点头 yes 摇头 no，招手 come 摇手 go，不同语言社团对身势符号的理解往往很不一致。符号除了语言符号外，还有专业符号和非语言符号等。专业符号是一种人工语言，如数学符号、化学符号，它们往往是未进入日常语言的为特别学科服务的符号。非语言符号范围更广，如面部表情、空间距离，比如说，可以从两个人之间距离的远近来判断两个人之间的关系。

2. "语言规划"学科中"语言传播"的概念

在语言规划的相关研究中，一般都会涉及语言传播的内容，但是语言规划研究中的语言传播与传播学中的语言传播并不是同一个概念。我们把相关概念列举如下：

斯坦利·利伯森所谈的语言传播，实际上指语言的习得、语言保持、语言转用、双语、语言扩散[1]。并不是传播学上的语言传播，虽然他也提到了"通讯技术"会影响到语言习得模式。

罗伯特·库珀对语言传播的定义是"一种语言变体使用者的增加及用途的扩大"[2]。罗伯特·库珀又说，"一个交际网络为了实现特定的交际功能而采用某种语言或语言变体，随着时间的推移，该网络的规模得以扩大，这种现象可以称为语言传播"[3]，这在实际上就是语言学领域里的语言扩散，但是他对"何人在何时、何地、因何原因、以何种方式接受何种语言"的探索可能是受到了传播学中拉斯韦尔"五 W 模式"的影响。

查尔斯·弗格森所说的语言传播是"特定语言或语言变体使用者的人数或使用量在时间上的增加，这种增加典型地——尽管不是必然地——

---

① 中国社会科学院民族研究所等：《国外语言政策与语言规划进程》，语文出版社 2001 年版，第 607—621 页。

② 同上书，第 622—625 页。

③ 同上书，第 643—661 页。

以牺牲其他语言或语言变体的使用为代价"①。汉斯·杜阿所谈的语言传播主要涉及官方语言和语言教育政策等问题②，都不是传播学中的语言传播。

平山文也所说的语言传播政策，主要是指日语的对外传播③；罗伯特·菲利普森所说的英语传播政策，指的是英国、美国通过广播电影电视、图书、英语教育等手段而实施的英语帝国主义④；阿尔米·克莱内当"本文使用的语言传播政策这个术语是指法国政府所采取和鼓励的，旨在保证法语在法国境外得到传播或维持其现状的全部政策的总和……本文的研究范围不涉及法语在国内的传播……法语的内部传播已成事实"⑤，它主要通过教育和文化空间、传媒空间、科学和技术空间、国际组织的空间等渠道和手段来推广法语；阿吉利诺·桑切斯在说到西班牙语在境外的传播时提到，1990年内阁批准成立了"塞万提斯研究所"来负责西班牙语在外国的传播，语言传播得到了外交部、教育与科学部、文化部和国家电台和电视台的支持⑥；路易·让·卡尔非把法语在非洲国家的使用作为语言传播政策来看待⑦；张西平、柳若梅在谈到英语、法语、西班牙语的国际推广时，直接使用了语言的"对外传播"来指称⑧；赵世举直接用"语言国际传播"来指称语言的国际推广⑨，这些"说法"都属于对外的语言教学和语言的国际推广。

哈拉尔·哈尔曼所谈的语言传播政策⑩，郭龙生所谈的语言的"传播战略"⑪，都是既包括语言的国内推行又包括语言的国外推广。

---

① 中国社会科学院民族研究所等：《国外语言政策与语言规划进程》，语文出版社2001年版，第636—642页。

② 同上书，第662—677页。

③ 同上书，第678—688页。

④ 同上书，第708—719页。

⑤ 同上书，第720—732页。

⑥ 同上书，第743—752页。

⑦ 同上书，第689—694页。

⑧ 张西平、柳若梅：《研究国外语言推广政策，做好汉语的对外传播》，《语言文字应用》2006年第1期。

⑨ 赵世举：《〈汉语国际传播理论与实践〉专栏弁言》，《长江学术》2007年第2期。

⑩ 中国社会科学院民族研究所等：《国外语言政策与语言规划进程》，语文出版社2001年版，第695—707页。

⑪ 郭龙生：《略论国家通用语言文字的传播战略》，《语言文字应用》2005年第1期。

乌尔里希·阿蒙指出,"政治家们一般不用'语言传播政策'或与此类似的表达,他们宁可用'语言推广'……在社会语言学家中间,'语言传播政策'这种说法也很少见……但'语言传播'却是社会语言学的一个常见的术语……意味着有目的地试图传播一种具体的语言甚或几种语言……政治家们往往用一句话表达两个目的:保持并传播一种语言,或再度传播一种语言……如果把导致一种语言传播的条件弄清楚了,语言传播政策也就会更加行之有效"①,这里的语言传播即指语言推广。

郭熙认为,"所谓语言传播,通常是指一种语言的使用区域的扩大。社会语言学通常把语言传播分为两类,一是自然传播,二是对某种语言有意识的传播。无论是前者还是后者,其结果都是一样的,即强势语言使用范围不断扩大,而这同时也意味着弱势语言使用范围在缩小。这种扩大和缩小就带来了语言的竞争"②。

总之,在语言学领域所提及的语言传播,一般都不能与传播学中的传播概念等同。语言学领域中的"语言传播"属于语言规划的一个组成部分,传播学中的"语言传播"也应该得到、受到语言规划的指导、规范与规定。它们这二者虽然存在着一定的不同,但它们都可以被纳入泛义上的"传播"的范围,它们与语言规划都存在着一定的关联。

3. 作为"语言维护系统"的新闻传播

我们在谈新闻传播可以作为语言规划的"语言维护系统"的时候,主要侧重于指在大众新闻传播中必须使用规范汉语、汉字,通过这种正规的新闻传播内容来起到一个语言"示范"的作用,帮助人们在潜移默化中学习、模仿规范汉语、汉字。事实上,在新闻传播中运用的语言、文字与学校教学中的教学语言存在着某些相似之处,它们都能够提供某些语言示范、规范。

在现实生活中,语言的听说读写之间存在着很强的关联性,自己不会说普通话的人常常也听不懂别人所说的普通话,听与说之间相互影响。这在一定程度上弱化了新闻传播的语言示范功能,仅仅依靠独立的单一的新闻传播媒介并不能实现语言规划,所以,基础教育阶段以学校教育的形式

① 中国社会科学院民族研究所等:《国外语言政策与语言规划进程》,语文出版社 2001 年版,第 732—742 页。

② 郭熙:《汉语的国际地位与国际传播》,《渤海大学学报》2007 年第 1 期。

学习规范汉语、汉字就显得非常重要。只有在人们已经具备、掌握了一定的语言基础之后，新闻传播就能够强化"规范语言"的示范功能，从而实现语言规划的任务、意图。通常，我们一般都会禁止大众化的新闻传媒过多地使用方言，这是可取、可行、可靠的做法。至于影响范围较小的地方性的新闻传播媒体，它们可以部分地使用方言，这个基本上没有太大的问题。我们在讨论新闻传播媒介的时候，我们一定要首先定位它的媒介范围及影响力度。

一个国家在对外的新闻传播活动中，人们一般也都倾向于使用"规范化的语言文字"。这种"对外宣传"不一定是为了"对外语言教学"，并且又不是主要针对国内居民，但是，它依然具有一定的"语言维护"功能。在对外宣传的这种"语言传播"中，所使用的"语言文字"代表着官方、主流、规范、可靠，它们也属于语言规划的一个组成部分。

三　语言测试、语言使用情况监督检查

在全国的各级各类院校中，"普通话测试"已经取得了很大的成绩、很好的效果，这可以看作对"语言教育"效果的一种监督检查。在学校之外，目前已有的较为理想的"语言测试"并不多，其发展还不是很成熟。针对母语非汉语的人群来说，"汉语水平考试"（HSK）是一种规模较大的考试，这个考试面向社会、面向全世界进行，现在已经取得了较大的影响，但还需进一步完善、推广。李德鹏认为汉语水平考试应该国内、国外使用同一个测试标准，不管母语是不是汉语大家都使用同一套标准，李德鹏还对"语言能力评价标准"进行了积极的探索，认为在全国范围内推行"汉语能力测试"非常必要、非常迫切①。除了语言测试以外，对语言文字的使用情况进行监督、检查也属于"语言维护系统"的一个组成部分。

目前，我国面向社会的语言监督、检查并不多，主要有城市语言使用情况监督检查（即城市语言文字工作评估，评估类别主要分为三类）。这一项工作主要由国家语委主导，这项评估工作也已经进行了多年了，可以说，国家语委的评估确实取得了一定的成效。只是，从国家语委发布的相关工作规划、总结报告来看，城市语言文字工作评估在最近几年工作有所

---

① 李德鹏：《论我国公民语言能力的评价标准》，《理论月刊》2015 年第 12 期。

弱化，如何进一步加强和改进评估的组织工作值得探索。

针对《国家通用语言文字法》的贯彻和执行情况，全国人大法律委员会、国家语委等相关单位和组织可以定期进行语言文字执法检查。对于执行语言文字法规严重缺环的地区，国家语委应及时通报批评、纠偏纠错，确保国家语言文字法规、政策的全面落实。

另外，全国语言普查、语言调查也应该看作"语言维护系统"一个组成部分。语言调查往往以方言调查为重点，我国曾组织过几次大规模的全国性的方言调查，它们对于了解、掌握全国的语言国情、为进一步推广国家通用语言文字都起到了很大的作用。从2015年开始，国家语委在全国范围内逐步开展"语保"工程，目前已经取得了较好的效果，在全国范围内产生了很大的影响。

国家应在语言教学、新闻传播、公共服务领域等方面加强语言文字规范，让语言规划在这些领域首先得到落实，使"语言规划"不再是一个抽象的概念，而是实现生活中的各种具体的语言行动。关于这类"落实""行动"的全部工作，它们都属于语言规划的"语言维护系统"，语言规划实践从来就离不开它们。除此以外，在语言文字使用的各种"私人领域"，我们可以加大"统计学"意义上的"语言监测"力度，及时发现相关语言文字问题，并及时引导人们正确地使用语言文字。我们完全可以说，一个良好的"语言维护系统"离不开发达的基础教育体系，离不开强大、规范的新闻传播媒介，离不开规范有序、运行良好的"公共服务"领域，离不开人们对社会语言文字使用的关切、维护。总之，语言规划研究以及语言规划实践，都离不开"语言维护系统"。

第二节　语言服务研究

在国内，作为一个学科研究方向的名称"语言服务"是一个新名词，它的提出只是近几年的事情。作为一个行业或者说服务领域，2008年北京奥运会时"语言服务"提得比较响亮，从此之后，"语言服务"一词逐渐走入行业与学术研究领域。

当然，人们在称说"语言服务"时，常常与各种各样的"服务"并列包举，家政服务、家电服务、足疗服务、通信服务，甚至不健康的"某某服务"都时有使用。这种情况至少可以说明两点：其一，语言服务大体上可以归入服务行业，是服务行业中的一种（尚不是学科研究方向），服务性行业无所不包、范围广泛；其二，作为专门的学术研究，"语言服务"还很不成熟，人们还很难把它从各种各样的"服务"中分离出来，属于独立的"语言服务"应该还比较少。

当前，语言学界在谈"语言服务"时，常常会提出一种（些）规定性的定义，但是，关于它的各种定义人们还没有取得一个统一的认识。语言学界在定义"语言服务"时，常常有意无意地强调了"语言产业"和"语言经济"，而不是泛泛地关于语言的各种"服务"。比如说，虽然"教育"也是一种"服务"，但是，绝大多数人都不会认可"语言教育"是一种"语言服务"的说法。在这种情况下，学术界在"语言服务"的定义上统一认识就显得非常重要了。对此，陈鹏认为，"（语言产品的独立性）所谓'独立的'语言产品，是指可以单独成为商品而进入市场进行交易的语言产品，而并非与其他产品捆绑在一起，或是依附在更大一级产品单位之中。比如电影中的字幕产品、公司内部的语言培训之类，如果它们不进行单独销售，就不能算是独立的语言产品……语言产品的最终目的是提升'语言能力'，而不是提供'语言内容'……（由于）缺乏语言产业的基本标准，因此，也缺乏相应的统计口径和统计渠道"[1]。这种认识比较客观、科学，学术研究一般都需要首先把握好学科以及定义的"边界"，明确了研究对象、规定好了研究范围才能有效地进行学术研究。"语言服务"究竟该从各种各样的"服务"中如何分离出来？这恐怕很难运用"核心服务""提升和促进核心服务的其他服务"的说法来切分，因为这种说法基本上不具有可操作性，很难行之有效。

屈哨兵认为，"狭义的语言服务通常是指语言翻译服务，广义的语言服务是指所有以语言作为工具或项目内容而开展的服务，具体可以分成语言翻译服务、语言教育服务、语言支持服务、特定行业领域中的语言服务等四大类型……语言服务大体说来可以分成五个层次：国际层面的语言服务、国家层面的语言服务、族际层面的语言服务、方言/社群层面的语言服务、家庭/个体层面的语言服务"[2]。屈哨兵的这种认识相对比较清晰，但是，依然界定不严。我们认为，我们提出"语言服务"这一研究对象

---

① 陈鹏：《语言产业经济贡献度研究的若干问题》，《语言文字应用》2016 年第 3 期。

② 屈哨兵：《语言服务的概念系统》，《语言文字应用》2012 年第 1 期。

时，首先要与"语言教育""语言产业"等相区别，而不是模模糊糊地包含、覆盖、替代"语言教育""语言产业"等研究对象。我们这样思考问题主要是基于这样的认识：对"语言教育""语言产业"等我们都还没能够研究清楚，我们提出一个比它们范围更加宽泛、包举它们的"语言服务"就能够保证我们把问题研究清楚吗？我们认为，我们把"语言服务"定义为"语言产业"以外的服务或许更加科学一些，我们既研究"语言产业"又研究"语言服务"，"语言产业"以量化研究为主，而"语言服务"以定性研究为主，我们不是用"语言服务"来覆盖、回避"语言产业"研究。当然，值得我们反思的是，"语言产业"研究已经提出了好几年了，几年来一直都没有取得突破性的研究进展，这让人们很是憋火。

　　"语言服务"和"语言产业"究竟是由哪一个去"套装"另一个，这个问题也有不同的探索，比如说，有学者就使用"语言服务产业"这种套装结构。"从整体上看，语言服务产业研究水平还比较落后，表面层次上的讨论多，理论层面上的系统深入研究少见，有新意的观点较少；研究方法过于单一，描述性、解释性研究过多，量化研究罕见。这种研究水平与语言服务业的快速发展形成鲜明对比，现有的理论研究难以对业界发展实践起到真正的指导作用。"① 我们认为，我们在研究"语言产业"时可以适当地淡化它究竟是不是"服务"的一种这个问题，争取使"语言产业"更加便于量化研究，而对其"服务性的深浅""服务成分的多少"不必过于纠结。比如说，研究语言经济学的专家黄少安、张卫国等人虽然偶尔也会提及"语言服务"这个名词，但是，他们更注重的研究是"语言产业"，产权、产业、贸易流向、经济效益、社会效益等是他们思考的重点。

　　在论及"语言经济"的贡献度时，有些学者提出了"语言服务的显性价值与隐性价值"的问题，这在事实上就是强调了"语言规划"不仅仅具有"市场经济"的价值。"语言服务的显性价值多指向经济价值，隐性价值多指向社会价值，文化价值等；显性价值多和专业语言服务相关，隐性价值多与行业语言服务有关。从语种上看，语言服务的显性价值多指向外语的价值，而隐性价值多与母语价值相关；在少数民族地区，显性价

---

① 姚亚芝、司显柱：《中国语言服务产业研究综述及评价》，《北京交通大学学报》2016 年第 1 期。

值多指向通用语，隐性价值多指向民族语言"①。这里提到的"语言服务的显性价值与隐性价值"，其实就是"语言规划的显性价值与隐性价值"，在名词术语上作者把"语言规划"易之为"语言服务"。

我们曾经提出"语言经济学＝语言规划经济学＋语言市场经济学"的观点②，这主要是因为我们考虑到了语言规划的某些方面并不具有显著的市场属性，对于两种不同类型的语言规划不能用同一个标准、同一种方法去进行研究。对于"语言服务"而言，其实，我们更加关注那些属于"非产业"的"服务"。在这一点上，确实应该引起我们足够的重视。也就是说，语言规划首先是作为国家的一项"语言事业"，同时还是一项"语言产业"，但是，语言规划绝不仅仅是一种"语言服务"或者说"语言产业"。这就要求我们深入地思考：我们的"语言服务"还有哪一些方面做得不够？做得不够、做得不好的地方，亟须我们加强"服务"，保证我们的"语言事业"不至于缺环太多，该补的补，该增的增，在保证"语言事业"的前提下发展"语言产业"，这才是我们所追求的完整的语言规划。

事实上，需要人们加强"服务"意识的"语言事业"非常重要，李现乐在文章中所举的如下事例③也说明了这一点。"医疗语言"绝不仅仅是一个经济问题，这正如人的生命用经济价值难以衡量一样。

> 先看医疗行业语言服务问题。加拿大统计局曾经对新入境的12000名新移民进行健康追踪调查，发现在加拿大生活4年后，英语或法语不流利的男子自诉健康状况不佳者从5%增加到12%，女子从8%增加到21%。那些语言掌握很好的新移民就没有这种情况。由于不能与患者进行很好的沟通，医生会变得非常谨慎，要做更多观测和检查，使患者花销更大。有语言障碍的病人往往等到病情严重后才送到急救中心，延误了治疗时机。加拿大很多医院使用第三方电话翻译服务，来解决医生和病患之间的语言沟通障碍。近年来国内医患纠纷

---

① 李现乐：《语言服务的显性价值与隐性价值——兼及语言经济贡献度研究的思考》，《语言文字应用》2016年第3期。

② 薄守生：《起步、融合与创新：语言经济学在中国》，《语言文字应用》2015年第3期。

③ 李现乐：《语言服务的显性价值与隐性价值——兼及语言经济贡献度研究的思考》，《语言文字应用》2016年第3期。

时有发生，一些医患矛盾与冲突带来了严重的后果。

　　作为"语言产业"，我们可以考虑如下一些领域：语言出版、语言测试、语言创意、语言培训、语言技术，笔译、口译、机器翻译，起名、书法、艺术字，词典、语料库、语言标准，语言速录、语言会展、语言咨询等。我们既要重视"语言产业"，又需要加强关于语言使用的"服务意识"与"服务质量"。我们是从这一个层面来强调"语言服务"的，在这一点上，这样的定位对"语言服务"发展成为一个新的学术名词非常重要。

　　"语言服务"的服务意识、服务质量也是国家语言能力建设的一个重要方面，是语言规划不可或缺的重要内容。"从逻辑上说，研究国家语言能力的建设与发展应该属于语言规划学领域的一个分支，然而目前这一分支还处于待开发阶段。"[1] 语言服务能力不仅仅指个人、行业的某种服务能力，更是国家层面的重要能力之一。

①　文秋芳：《国家语言能力的内涵及其评价指标》，《云南师范大学学报》2016 年第 2 期。

第八章

对我国近期语言规划的建议

【本章地图】

本章包括三节内容，第一节语言生活热点问题，第二节关于"规划"的学问，第三节对我国近期语言规划的建议。

第一节语言生活热点问题，包括当前语言生活的热点问题、与语言生活紧密相连的社会生活环境的新情况、关于语言教学的相关问题三部分内容，这些热点和新情况是制定、变更语言政策的重要根据，所以，是有必要了解的。关于语言教学的问题，笼统地介绍了当前的大学语言教学、中学语文教学、外语教学的问题。本节不是本章的重点内容。

第二节关于"规划"的学问，指出"规划学"是一门系统性很强的学问，介绍了规划的一般原则和后果，分析了语言规划的前提和后果，提出"建立语言的历史"是进行语言规划的基础工作之一。本节是本章的重点内容。

第三节对我国近期语言规划的建议，从六个方面对我国的语言规划提出了一些建议，这些建议基本上是属于决策方面的建议。这些建议并非尽善尽美，还需要进一步的完善。本节内容是本章的重点内容。

本章三节内容，各有侧重，但从总体上来说，本章是本书中的重要章节，是本书中无法回避无法省略的一个章节。但是，本章的写作并不容易，本章内容看似容易实则很难，这也如同大多数的公共政策规划一样难以调和众人的口味。

第一节　语言生活热点问题

语言规划需要时刻把握语言生活的时代脉搏，唯其如此才不至于发生"刻舟求剑"的事情。关注语言生活热点，关心社会生活，把语言问题纳入改革开放的滚滚大潮中去，这是对每一位语言研究者的基本要求。

语言研究从来就不排斥那些在故纸堆里做研究的人，有关古代汉语的研究工作本来就是那样。但是，语言规划必须立足社会现实，注重人们当下的语言生活。

既然我们下决心要立足现实，我们就要留意一些与当前语言生活热点相关的问题，包括语言生活热点本身，还包括语言生活的社会环境。同时，我们还介绍一些关于语言教学方面的新情况，这些新情况与语言生活热点也有相关之处。

一　当前语言生活的热点问题

从 2006 年开始，国家语委每年要出版一本《中国语言生活状况报告》，这是一个非常重要的举措，这就相当于国家语言文字工作部门每年都要向全国提交这么一个语言国情报告。《中国语言生活状况报告》是目前了解我国当前语言生活热点的重要纸质文献。

《中国语言生活状况报告（2005）上编》[1] 主要包括：领域篇、专题篇、热点篇、港澳台篇、参考篇五大部分。其中，"热点篇"和"港澳台篇"都是关于我国当前语言生活热点的问题。"热点篇"中包括："汉语热""方言热""英语热""濒危语言问题""地名牌和交通指示牌中街名转写问题"，等等。"汉语热"是指汉语在国际世界中的学习热，这与我国在国际社会中的地位的提升直接相关，也与地球村里"地球越来越扁"有关。"方言热"表现为方言进传媒，方言知识走入课堂，以及"保卫方言"口号的问题。方言热是有其原因的，并非突如其来的感冒，关于其原因也可以参考本书第九章第二节"社会思潮、语言观与语言学史"的相关内容。"英语热"是一个国际性的问题，涉及英语学习、英语教育、英语考试、英语语言能力评估等内容。"濒危语言问题"是近几年才提起

---

[1]　周庆生：《中国语言生活状况报告（2005）》，商务印书馆 2006 年版。

的一个话题，这是我国语言生活状况发展的新情况，值得注意。"地名牌和交通指示牌中街名转写问题"这一部分内容，其实可以不放在"热点篇"里来介绍，社会用字的混乱自古有之，只是混乱程度大小可能有别而已。"港澳台篇"也涉及当前的语言生活热点问题。

《中国语言生活状况报告（2006）》①主要包括：工作篇、专题篇、热点篇、港澳台篇、参考篇五大部分内容。其中，"热点篇""港澳台篇"是关于我国当前语言生活热点的问题。"热点篇"包括："语文教育中的文白之争""语言文字应用中的'啄木鸟'行动""姓名用字问题""语文辞书问题"，等等。"港澳台篇"包括："普通话在香港""澳门博彩语言""台湾语文生活近况"，等等。2006年卷中列举的"热点篇"，与《中国语言生活状况报告（2005）上编》中列举的"热点篇"相比，2006年卷中的热点更微观一些。我们可以猜想，在编写2006年卷时作者们对新的一年的"热点"颇费心神，最终才把上述几个方面列为"热点"。这是因为许多语言热点不是只热一年就算了，也不是一年一换，语言热点问题很难用年度报告来计量。其实，"姓名用字问题"还不够热，"语文辞书问题"是几年前就有的事情了。"语文教育中的文白之争"，如"国学与儿童读经"问题，社会上出现了"孟母堂"一类的"学校"，这是"复古倾向"还是弘扬传统，是值得思考的。"语言文字应用中的'啄木鸟'行动"，是对各种用字错误进行纠正，网络用字、报纸用字等都需要进一步规范。"姓名用字问题"，三字以上的姓名有所增加，起名求新求异，有些汉字在姓名中使用的重复率依然很高，姓名用字的性别色彩有所淡化，生僻字用于姓名的情况依然存在，重名问题，姓名洋化，等等。"语文辞书问题"，包括辞书"规范"问题，伪劣辞书问题，辞书市场准入制问题，等等。"台湾语文生活近况"介绍了中国台湾2006年的语言状况，这也是一个热点问题。

关于介绍当前语言生活热点的文献，除了《中国语言生活状况报告》外，报纸、电视、网络等也会有一些关于语言生活热点的报道。关于社会语言学的一些论著也涉及语言生活热点的问题。另外，也可以参看一下《语言文字应用》杂志，该杂志上也有一些介绍。

我国当前的语言生活热点，最主要的表现，我们可以概括为以下一些

---

① 周庆生：《中国语言生活状况报告（2006）》，商务印书馆2007年版。

情况。

（1）语言变异问题。随着语言统一程度的进一步加强，普通话的影响进一步扩大；在人口密度大的地区的语言变异现象进一步突出。

（2）语言本土主义（地方主义）问题。在"流浪"成为许多人的生活常态的情况下，"认同"出现了很多分歧，受社会思潮的影响，语言本土化（地方主义）抬头，"保卫方言""保护濒危语言"的呼声进一步增强。

（3）英语热问题。受全球化影响，英语国家的经济影响力有增无减，英语热在我国依然很高。

（4）繁简字问题。繁体字、简体字的问题，再次让许多人产生困惑，甚至有些学者想总结汉字简化的历史揭示汉字简化工作中的不足，有些学者还考虑到中国港澳台和日韩等组成的"大汉字圈"问题。

（5）农民工语言问题。农民工进城后的语言适应问题，农民工学习普通话的渠道问题也值得研究。

（6）小学生的语言学习问题。儿童学习语言的问题，儿童成长早期是语言学习的黄金时期，可是儿童在小学阶段除了上课时间，还要学习文艺特长、奥数、英语、汉语作文等，学习任务繁重，如何安排时间是一个值得研究的问题。另外，在广大农村，农村小学教师的普通话水平普遍偏低，而这时正是儿童学习语言的黄金时期，如何帮助农村小学教师提高普通话水平，这是一个很迫切也很现实的问题。

（7）通俗文化产品对语言的影响问题。流行歌曲，特别是说唱型的歌曲对语言使用的影响很大，欧美大片中的简短句子对中国青少年的影响也很大。

（8）网络语言研究问题。网络语言问题，特别是聊天用词用语，也值得研究。不过，研究网络语言的文章往往写得很肤浅，网络语言研究的实际效果并不佳。

（9）社会用字问题。社会用字问题例如，商店门牌广告牌中的错别字、繁体字问题，报刊和电视屏幕中的错别字问题，等等，也都值得研究。

（10）语言教学问题。语言教学问题再度突出，备受学者关注，特别是外语教学的"投入很多，效果不佳"问题，中学语文教学的困境，大学中文系的本科生喜欢现当代文学的"轻松"与"好玩"，而语言类的课程成了大学生的"弃儿"，语言学在现代社会中由自诩的"领先科学"到"楚歌四起"的问题，等等。

语言生活热点问题不能仅仅是研究语言规划的学者关心的问题，整个语言学学界都应该适当地来关注这些问题，甚至是社会上的其他学者也应该对这些热点问题有所关注。

二　与语言生活紧密相连的社会生活环境的新情况

语言是社会中的语言，脱离社会孤立地研究语言，必然会失去语言的本真，对语言研究非常不利。侧重于文献研究的学者或许会对社会现实关注不够，那是"重文献，轻语言"学派的思想，这有其一定的道理。但是，即使研究的内容是"古"的，研究者还是适当关注一些"今"的社会语言问题为好。

与语言生活紧密相连的社会生活环境包括的内容很多，涉及政治、经济、文化、人口、心理等诸多方面，这些语言的社会背景不可忽视。同时，许多语言生活热点问题的原因在社会，属于语言的"外部原因"，在语言的"内部"是找不到其原因所在的，这就要求研究者既要具有宏观的社会视野，又要具有语言学的微观观测点，不回避边缘研究，不放弃语言本体研究。下面就与语言生活热点紧密相连的一些社会环境因素，仅为举例，挂一漏万，不可能做到面面俱到，但这种"碎片式"的探索还是必要的。

（1）全球化。全球化主要是指经济全球化，经济全球化势必会引起社会、文化等方面的全球化。研究政治学的学者、研究国际关系的学者们的主流观点都认为，"国家"在近期不会消失，社会发展还没有达到"消灭国家"的历史阶段，国家将还会在很长的历史阶段中存在。全球化在不同的国家的具体表现不同，在不同国家的"国内"形成的"国际化程度"也不同，全球化对不同国家产生的利弊影响也不同。

正是全球化的影响，英语热在许多国家产生。可以说，英语热不仅仅是中国的特有现象，在许多国家都出现了英语热。在全球化的影响下，在我国国际实力进一步增强的情形下，汉语走出国门，汉语在海外也表现出"汉语热"的倾向。不管是英语热，还是汉语热，都与全球化有一定的关联。

（2）"经济鸟"迁徙。自然界中存在着大量的"候鸟"现象，社会中的人，在一定程度上也是一种"候鸟"，只是动物和人的迁徙目的不尽相同。我们暂且把社会中人们为了寻求经济利益进行的人口流动称为"经济鸟迁徙"，主要是突出了在现代社会中，人的流动已经非常自由，人们背上都像插上了翅膀似的，可以自由地飞来飞去。"经济鸟"迁徙，对我国社会的许多问题都产生了很大的影响，这在改革开放之前是很少见的现象。

在我国，当前的"经济鸟"大约主要分为三类，一是农民工进城务工，二是大学生毕业后就业择业，三是商业人员的经营活动。当前已经受到关注的主要是农民工的语言问题，因为这类人员的工作区域相对集中，他们的集体性较强。而大学生和商业人员的分布较为分散，这种分散的区域分布不利于对"语言集团"的语言研究，研究难度较大，当前对它们的研究也很少。

（3）"经济帝国主义"对社会的影响。商品的种类、时髦商品、商业广告等，都会影响社会用词用语，特别是名词、形容词等一类的词语的使用。经济的发展，也在一定程度上能够促进社会结构的变化，这也会影响到语言的使用。

（4）发达的传播媒体。现代媒体发展速度之快、影响之广，是历史之最，在过去的时代，从来就没有如此强大的媒体。媒体的发达，不仅直接表现为媒体语言的变化，更主要的是媒体对社会生活的深入影响，这些社会生活的改变再进一步影响到语言的使用。也就是说，媒体对语言的间接影响远远超过媒体本身对语言的直接影响。

媒体娱乐节目的模仿秀，流行歌曲、大众电影里出现的词语、短句的流行，网络语言，等等，都是当前语言生活热点的组成部分。

（5）功利的教育驱使。语言经济学的产生，是社会发展的必然，对社会来说，语言经济学是功大于过的。对语言的成本收益的考虑，影响了人们对语言学习的选择，我国曾经以俄语为第一外语进行教学，后来主要以英语为第一外语，这与语言的经济利益是有关的。英语热，也有这方面的原因。几乎是所有的教育理念都在关注学习一种语言有没有用，用处有多大。

（6）对传统的眷恋与认同。当代社会的变化，其变化速度是以前的任何时代都无法相比的，可谓日新月异，朝此夕彼。在这种飞速变化的过程中，保守一些的人们便产生了对过往的眷恋，对传统的认同，产生了对新异的排斥心理。在这种社会背景下，有些人希望能够靠"国学救国"，这在一定程度上造成了国学热的产生。弘扬国学，应当是好的，但也不能把国学当作对抗现代社会的守护神，那样的话，未免消极了些。

（7）更为宽松的政治环境。我国的政治体制一直在进行改革，基本上都是在朝着优化体制的方向发展。政治体制从新中国成立到现在有了不少变化，过去有过以阶级斗争为纲的政治，到后来，中央集权和地方分权的协调统一，政治环境更加宽松和谐，这种背景对我国的语言政策的贯彻实施、对语言工作的监督管理等方面都产生了一些影响。

（8）喧嚣的社会。现代社会，比以往的传统社会更加喧嚣、浮华、游离和堕落，消费主义、享乐主义盛行，人们的精神追求受到不同程度的破坏，物质欲、占有欲、破坏欲等都有所增加，人们的社会责任感进一步受到削弱。在这种背景下，语言也成了喧嚣生活的一部分，对语言的"恶意消费"，"自我中心主义"的人们的自言自语、亦说亦唱等，都对语言使用产生了许多影响，"规范"的语言进一步受到了无缘由的破坏，喧嚣的社会造就了许多"破坏狂"，这是值得人们深思的。

（9）人类的进一步迷失。在喧嚣的社会中，人类不再仅仅是"走丢了的孩子"，而是"不再等待一个不回家的人"，"没有真理""没有主义"，什么都不去管，只是糜烂地活一天算一天，这么一种状态，造成了许多人不但敌视一切社会秩序，还抗拒一切语言规则。人类的迷失，将是人类历史的断裂带，砸烂历史，连根拔起，也就顺便砸烂了作为人类历史创造物的语言，迷失的人们也不再对语言存有敬畏。

（10）社会思潮的变迁。近代、现代、当代以来，众多的社会思潮涌起，这些社会思潮有超越社会现实的成分，也存在基于现实社会的成分，所有的这些社会思潮也都可以看作社会本身的一部分。这些社会思潮，对人们的认知思维，对人们关于语言本身和语言变化的认识，对人们关于语言规划的看法，等等，都产生了深远的影响。这是语言学研究中不能回避的一个部分，我们在本书第九章第二节"社会思潮、语言观与语言学史"有所介绍。

三　关于语言教学的相关问题

语言教学和语言教育是我国当前语言生活的热点之一，主要表现在英语热、汉语热、方言热、国学热等方面。虽然说这些方面的语言教学和语言教育出现了"热点"，但这也是相对于"冷点"而言的，只是相对的说法，并不一定已经真的很"热"了。另外，除了这些"热点"问题外，中学语文教学中的语言教学依然不够理想，存在着很多问题。

汉语热，是指学习汉语在国外有所升温，汉语学习在国内依然低迷，有学者概括为"内冷外热"。汉语国际教育亟须进一步加大规模和力度，首先把它作为一项事业来抓，等时机成熟后可以把它作为一项产业来做。

方言热，目前来说，对语言教学影响还不是很大，只是出现了这么种情况，并不是普遍现象。方言进课堂是需要慎重处理的，不能随意放行，要做到红灯绿灯黄灯的合理使用。

国学热，也存在很多问题，主要是学者、国家文化部门、文化团体的呼吁很热，而现实生活中，呼吁归呼吁，真正很普遍、很投入地进行国学教育的现象并未出现，有学者概括为"雷声大雨点小"。同时，普遍性地开展国学教育，是一个需要论证的问题，并不一定是一个好现象。

中学里的语文教学，"误尽苍生是语文"，也与大学里的汉语教学有一些相似之处，但是中学语文教学影响面巨大，时间投入、精力投入都很大，而效果不佳，这是亟待解决的一个问题。

语言教学方面，确实已经陷入危机。"在大学里，甚至在中文系里，现代汉语、语言学概论，甚至古代汉语都是学生最不喜欢的课程；在中小学，语文课早已失去了昔日的光环，变成了学生的'鸡肋'课"[1]。大学里出现这种情况，与大学扩招、学生只追求轻松好玩有直接的关系。按照目前大学发展的趋势走向来推测，语言学类的相关课程在未来也不容乐观。

外语方面存在的问题也不少。关于外语学习"费时费力成效低"的问题，已经引起了广泛的批评。另外，值得注意的是，"外语语种单一化，是当前中国外语教育中的大问题。只学英语的话，我们会失去半个世界，甚至大半个世界，这是很危险的事情。有人把世界上很大的语种叫'小语种'，比如法语、俄语、西班牙语、阿拉伯语等，这名称就反映出了外语教育中的语种问题。中国人学习外语的目的，主要是学习西方先进的科学文化，是'吸收型'的。事实上我们现在还要预计外语在中国的其他作用。外语教育不能完全靠市场，社会需求多的语种可以靠市场调

---

① 潘文国：《中国语言学的未来在哪里》，《华东师范大学学报》2008 年第 1 期。

节，一些所谓的'小语种'，国家需要储备的语种，要靠国家政策调控。可喜的是近几年来，所谓'小语种'的地位有所提升，市场需求也在上升。很多院校新办了许多'小语种'专业。但是仍然不够合理，而且缺乏规划。我国需要科学的'语种教育规划'"①。

以上，我们举例性地介绍了一些"语言生活热点问题"及其相关的环境因素。语言规划研究一定要密切关注现实社会，语言规划更不能"桃花源里寻规划"，语言规划者也不能"心远地自偏"，只有把握社会的脉动才能够进行适当的语言规划。

第二节　关于"规划"的学问

"规划"并不是最近两年才出现的一个新词，人类对自然、社会、自我进行规划已经有悠久的历史。土地规划、旅游规划、城市规划、经济规划、"十一五"规划、人口规划，等等，都与"规划"有关。语言规划是对语言本体和语言使用进行的规划行为，语言规划自古有之。规划学是一门系统性很强的学问，需要严肃对待才行。

一　规划的原则和后果

下面举一个例子，以此来说明"规划"问题的复杂性。

旧港：人口规划的危险②

在旧港，市长雇用一规划公司作为顾问，来做一项关于城市、住房、学校和社会服务设施方面的 20 年综合性规划。规划者们最初的报告预测，人口将呈一般性增长，但人种构成会出现惊人的持续的转变，12 年内各少数民族群体将会变成多数，5 年内在公立学校中，黑人将占大多数。

市长对这一初步报告反应强烈。如果这些调查结果被公布发表，

---

① 李宇明：《多元文明碰撞中语言的流变、认同与保护》，《中华读书报》2007 年 9 月 19 日。

② ［美］卡尔·帕顿、大卫·沙维奇：《公共政策分析和规划的初步方法》，华夏出版社 2002 年版，第 23 页。

它们就会自我实现这一预言。所有保持学校体系完整、维护稳定的混居民区或发展一个在强大居住基础上由不同种族构成的城市的希望都将会破灭。

　　规划者们被要求复查他们的资料。他们同意使用更低程度的规划——少数民族将在 8 年后在公立学校中占支配地位，16 年后变为这个城市的多数种族。市长不满意，他告诉规划者们，或者改变这些资料，或者将其从报告中砍掉。他们拒绝了，他们感到必须尽其所能遵从对事实的解释。没有对这一事实的讨论，这一报告就不符合专业判断标准。

　　市长私下里猛烈抨击了他们的职业傲慢，要求他自己班子中的一名专职人员改写这一报告以删去那些规划，并且命令那些顾问无论何种情况不能发表或透露这些有关种族问题的调查结果。

在这里，这个例子不是用来说明规划活动的难易程度的，而是用来说明规划的两端，即规划的事实基础和规划对未来造成的影响。一项草率的规划或者一项不科学的规划，都可能会有一定的危险。

规划的事实基础，就是规划的根据，要调查好事物的历史、现状和发展趋势。也就是说，要尽可能理清楚事物发展的"客观规律"，任何规划活动都是在遵循客观规律的基础上进行的能动的行为。违背客观规律的规划是危险的，并且基本上都会失败的，因此进行任何规划活动都要保持警惕。这是规划活动的一个方面，即规划的事实基础方面。规划活动的另一方面是规划的后果，这往往也是规划者的目的，但是规划者的目的和规划的后果不一定会一致。如果一项规划活动能够顺利实施，得到了很好的贯彻和发展，那么，规划的后果和规划的目的可能是一致的，通常认为这种规划就是成功的规划。如果一项规划得不到很好的贯彻和实施，或者规划在较为完全的贯彻之后得到的结果不能达到规划的目标要求，通常会认为这种规划就是一项失败的规划。

社会领域里的规划，如公共政策规划、各种制度规划等，对语言规划影响很大，也对语言规划有很大的借鉴意义。

二　语言规划的前提和后果

语言规划是一项面向未来的工作，它立足于现实，有很强的原则性，这些原则就是基于"客观规律"提出来的。我们在提出、论证、涉及一种语言规划之前，往往需要牢牢把握好语言规划的原则和要求，这是语言规划实践的前提。语言规划的原则必须正确、科学，这很重要，如果连原则都不正确，那种语言规划实践肯定是有害无益的。

1. 作为跨学科的语言规划为什么是属于语言学的分支学科？人们想要具有正确的语言规划原则，就需要对语言本体有正确的认识，也就是说，首先要"对语言的观念"正确，需要对语言有科学的认识和理解，这就需要做大量的语言学本体的研究，也正是这个原因，语言规划主要地是属于语言学的，而很少把语言规划列入政治学、社会学等领域。这就要求进行语言规划研究的学者一定要具有一定的语言学基础。

关于语言规划的原则，在本书第一章中有专门的介绍，在此不再重复。这些原则，也是在语言本体研究的基础上提出来的，遵循语言发展的客观规律。

当然，作为任何一项应用性的实践活动，仅仅有原则还是不够的，原则的确定是第一步要走的路，许多学者都能够提出一些有益的抽象的原则。但是，光有原则是不够的，一旦涉及语言规划的实践活动，就会发现语言规划的难度之大！其实，所有的面向应用的人文学科，都会面临类似的问题，也正因为人文学科转化为应用的难度较大，所以很多人认为人文学科没有多少用处。语言规划实践的难度大，这是一个非常现实的问题，犹如我们每个个人的理想与现实之间会有非常遥远的距离；这也是一个非常重要的问题，犹如我们每个人都既要坚持理想又要照顾现实。

2. 建立语言的历史是探寻"客观规律"的方法之一。语言规划者深入"理解"语言的方法之一是建立语言的历史，通过试图呈现历史上的语言来发现语言的"客观规律"。就汉语来说，主要就是要重视汉语史的研究。

在当前研究语言规划的学者中，从事过汉语史研究的人并不多。但是，语言规划研究者基本上对汉语史是有所了解的，这还是有益的。并且，就汉语史来说，虽然研究的力度很大，研究者也很多，但是研究得还是很不够。如果让研究汉语史的学者来列举一下"汉语发展的客观规律"，或者是"预测汉语发展的未来"，那还是有很大的难度。我们不能苛责汉语史研究的现状，其实，所有的语言的历史研究中都存在一些不尽人意的地方。我们虽然不能列举出汉语发展的详细规律，但是列举一些基本的规律是可能的，比如，我们可以列举出如下几条。

（1）古代社会的俗体字往往是汉字简化的一种。

（2）在古代社会语言标准化工作主要是书面语的标准化，口语的标准化很难。

（3）在古代语言的规范化中，尚没有标准音的概念，标准音是现代语言学的产物。

（4）历史地看，标准音的选取，如果用纯粹的"人工语言"的标准，在推广时会有很大的难度，所以，一般都要选定一个基础方言，在基础方言的基础上来确定标准音，这就是通常所说的有"根"的语言的好处。

（5）语言的求新求异与语言的保守恋旧始终是一对矛盾，历史上产生的新词新语大部分消亡了，能够流传下来到现代还使用的词语毕竟是少数。

（6）就语言变化而言，个别字音发生变异是非常频繁的事情，但是整个语音系统的变化却需要很长的历史时期。

（7）就语言的各个组成要素而言，词汇最容易发生变化，语音系统次之，语法系统变化最慢。

（8）语言不是"纯自然"的产物，人类历史上一直存在着人们对语言的"干预"，语言规划的历史悠久。

（9）语言从本质上讲是一种社会制度，社会制度有一个选择、适应与调整的过程，这个过程就是语言自古至今发展变化的过程。

还有一些其他的"客观规律"，在此不多列举。语言历史的研究至少可以给我们提供一些诸如此类的认识，这些认识有利于语言规划的制定、实施、监督与管理。了解了汉语发展变化的这些客观规律，才能够搞好中国的语言规划实践。

3. 语言规划的理论研究和实践。语言规划要重视理论研究，理论研究是实践的先导。语言规划也要重视语言生活状况的调查，这种语言的社会调查是语言规划实践的重要依据。然而，语言规划理论研究、语言生活状况调查不管做得多好，最终还是要落实到语言规划实践中来。语言规划实践的重要性也可以由此凸显。如果没有语言规划实践，语言规划研究就是"纸上谈兵"；如果没有语言规划实践，语言学之"无用"论会多出一项论据。现代社会，无疑是需要语言规划实践的。

语言规划实践难度大，还因为语言规划实践过程中可能会出现这样那样的问题，如，人民群众满不满意，"沉默的大多数"与"叫嚣的极个别"，大多数人的利益与个别人的利益如何协调统一，等等，问题很多。在这种情况下，我们既不能回避问题视而不见，又不能参与起哄，我们更多的是需要冷静观察，尽量多做研究少去争论，特别是多做语言本体的研究可能会更能够令人信服。也就是说，在面对争议争论的时候，要沉着，要深入研究，坚持自己的使命感，不能因为有争论而沉沦下去，也不能因为有争论而随波逐流。我相信中国的语言规划研究会发展得很好，我相信中国的语言规划实践会进展得很好。

4. "理想化"的追求是不是语言规划的目标？长期以来，语言规划者希望能够规划出一种"理想化"的语言和语言使用状态。例如，"世界语"是语言规划的理想语言，只是"世界语"的影响和使用至今都还非常有限。就人类社会来说，"理想的社会""大同社会"等，古今中外的学者都有过论述，然而，符合"理想"的社会至今还没有出现。语言规划也是这样，语言规划者有过许多理想，但是这种理想的语言似乎从来就没有出现过。为什么会这样呢？因为理想是个人的，或者说理想是少数人的，"人类的理想"至今还是一个谜，而社会既是所有人的也是每一个人的，却又不是所有人中的每一个人"独有"的，世界上不存在一个人独有的社会，世界上也不存在一个人独有的语言。

我们提出"理想化"的追求是不是语言规划的目标这个问题，并不是否定要有一个"理想的语言标准"。语言学发展到现代语言学，"标准语""标准音"的提出是一种进步，它是人类语言交际的需要，也是语言教育的需要，还是语言信息化处理的需要，更是社会的需要。因为如果没有一个"理想的语言标准"，事实上就是已经承认了"每一个人的语言都是标准的"，每一个人的语言标准都是标准语，那样的话，"标准"已经多到了无法应用的程度，已经成为"事实上没有任何标准"，也就是"连一个标准都没有"。关于这个"理想的语言标准"问题，这涉及个人、集体、国家和社会的问题，涉及区域、冲突及融合的问题。我们这里所说的"理想的语言标准"，就是"语言本体规划"的内容。从各国的实际情况来看，有一个"理想的语言标准"是需要的。

我们对"理想化"的追求，更多的是指语言的使用状态，是一种合作、效率与公平的语言使用状态，在这个人与人的世界里，人与人之间只有相互合作，才能达到效率与公平的可能。从这个意义上来说，语言规划和其他的公共政策的制定一样，语言规划具有公共行政的一般属性，语言规划就是对社会制度的一种规划。

综上所述，我们认为，语言规划是一项系统性很强的公共政策的制定与实施的过程，要在语言发展变化的"客观规律"的指导下，对语言规划的事实基础要把握好，稳健地、谨慎地制定相关语言政策，每一项语言政策都可能具有一定的危险。但是，没有语言政策的政策（或者说"隐性语言政策"，或者是"不作为"的语言规划），并不能回避"结果"的危险性，并且"不作为"也是相对的，世界上的任何国家都没有绝对的"不作为"的语言规划，甚至可以说，没有语言政策的政策就是最大的危险。如果一项语言规划科学、合理、持续有连续性，那么，这项语言规划很可能就会取得成功，制定出这样的语言规划无疑是功在当代、利在千秋。然而，语言规划的制定，并不是一件容易的事情。

第三节 对我国近期语言规划的建议

由学者个人对我国近期的语言规划制定方案是一件非常棘手的事情，也是在做一件危险的事情。语言规划，是对国家境内（或者特定地区）的语言进行规划，涉及的语言和语言使用是"大家们"的，不是"规划者个人"的，所以，类似于这样的规划是适宜于"集体决定"的，不是"个人"决定了就决定了这么简单的事情。即使是《切韵》一书的定音取舍（这还算不上是语言规划的），也是"我辈数人，定则定矣"的"数人"集体决定，并不完全是个人一锤定音的事情，更何况是系统的语言规划活动。任何语言政策的制定，都不适宜于个人决定，即使是智者先知，只能是专家的集体决定，还要辅以调查问卷一类的体现"群众"态度倾向的做法，这就是公共政策合法化的一个过程。如果是个人制定了一项语言政策，他要承担一世的荣辱是小事，引起人们对政策的质疑、导致语言政策的失败等是大事。语言政策的制定，还不同于国家在非常时期的重大政治决策（例如战争突发，政府首脑个人发布宣战指令等），语言政策的制定一般是在相对缓和的政治环境中进行的，这就需要程序的完善和决策的谨慎。

当然，个别学者对语言规划方案提出建议也是可能的，"建议"与"政策"有别。但这种建议，同样并不轻松、洒脱，同样有挨骂的危险；

如果一项政策被国家部门采纳，如果公众知道了其中的建议者并且他们认为这项政策不合他们的胃口，建议者（虽然不是政策的制定者）也同样要受到极大的攻击。正是这个缘故，历来对语言规划方案的各种建议，往往是"政策的延续性的"建议多，提出语言政策要有一个"相对稳定"的发展过程，而"颠覆性"的建议少，这也是个人的不便之处，个人无法具备"集体决定"的优势。然而，建议还是大多是出于个人的，即使是集体的建议也需要个人提议领头才行。

在此，笔者个人提出一些关于当前语言规划的建议，只是建议，科学与否、合理与否、"可操作性"如何、政策的成本收益情况、现实性有多大，等等，笔者都无法保证，希望其他学者能够对这些建议持宽容态度，希望能够对这些建议加以批评、分析和鉴别，笔者希望以此对我国的语言规划实践尽自己的一点绵薄之力。

一 推广普通话问题

当前，推广普通话工作力度不能减弱，着力做好在学校、军队、窗口行业等领域的推广工作。特别是学校，这是推广普通话的最为重要的阵地。当前需要进一步做的工作是，小学幼儿园里的教师的普通话提高问题，从语言学习规律来看，低龄阶段是学习语言的最佳时期。中学教师的普通话培训与提高工作也需注意，个别偏远地区的中学教师的普通话培训工作不要"冒进"，要注意照顾教师的情绪，如果是中学教师在接受培训的过程中产生畏难、委屈、厌倦等情绪的话，那是非常不好的。另外，就高校而言，非师范院校的普通话教育问题也值得注意，有些理工科院校的普通话工作基本上是空白状态，这是很不好的，需要加大推广力度。推广普通话的这个方针是不能动摇的，不要因为推广普通话工作已经取得了很大的成效而松懈，需要再接再厉，把这项工作做好。

至于出现的各种新情况，要灵活处理。比如，方言热的问题，这个新问题在不便于禁止的情况下，如果是对于社会上的语言使用问题，只需要采取不提倡的措施即可（2015年以来，似乎有"提倡"的意思在里边了）；但是，保证诸如公办学校一类的单位严禁推广方言，对私立学校也要进行强有力的监管，保证学校等部门正常推广普通话。同时，对于类似方言热的问题，可以对这种现象做出某些解释，比如语言态度与社会思潮之间的关联等，这样有利于人们了解各种情况的来龙去脉。其他的特殊的新情况如有出现，可以采取"头脑反应灵敏，行动活动迟缓"的策略（因为语言规划与处理涉及公民生命财产安全的"突发事件"还不一样，突发事件的处理需要快速行动才行），先稳一稳看看情况后再采取具体措施，但是各种新情况都需要引起思想上的重视。

二　繁简字的问题

关于繁简字的问题，我国一直没有能够解决彻底，或者说是无法彻底解决。就当前看，简体字是社会用字的主流，简体字的地位已经基本稳定。但是，关于繁简字等问题的争论可能还将长期存在。在这种情形之下，我们应当尽可能避免参与争论，而在实践上尽量采取稳定的政策，即对现有的汉字繁简问题尽量少做新的调整，即使有调整也要很谨慎，尽量把调整的字数限制在最小的范围内。这似乎可以叫作"以静制动"策略。

繁体字简体字的问题，还要涉及我国港澳台和日本、韩国等国家和地区的用字问题，即"大汉字圈"问题，这个问题也需要尽早协调、解决。一方面，我们不能放弃简化字，这是个不需要讨论的问题。另一方面，我们也不能要求大陆以外的地区和国家一定要使用简体字。这个工作尽可能由转换系统来完成，比如电脑的繁简转换功能等，由于文字问题主要的就是一个书面上的问题，这种转换工作是可以解决一些问题的。事实上，对于大多数人来说，繁体字在写起来时或许不容易写好，但是在认字这方面似乎存在的问题并不是很大，"识繁写简"似乎不是方法策略而是经验总结。对于汉字用字方面的国际协调，可以采取积极参与、慎重承诺、稳重处理的策略。

三　喊口号和民意调查的问题

在我国革命和建设的过程中，不排除存在喊口号的时代，但是喊口号所涉及的内容往往大不相同。比如说，为了革命和建设需要，鼓动性的口号是需要的，普及化的政策许多都会形之以口号。历史上的各种口号，不管是"一大二公""赶英超美"，还是"和谐社会""中国梦"，等等，这些口号都是必要的。但是，这些口号往往都具有一定共同特征，即有很强的民众性，有很强的民众基础，喊口号的主体也是普通民众，这样的口号是可以形成巨大的凝聚力的，这种口号并没有多少坏处。但是，我们应该尽量避免"专家口号"，特别是那些没有民众响应的"专家口号"，即使某些专家识多位尊，那些口号也都同样的孤独，那些口号反映的"改革"往往也会以失败而告终。

在涉及语言规划的研究、语言规范化的研究、语言现代化的研究，等等，这些研究之中，现有的"专家口号"已经够多了。这些口号，一方面，并未形成民众基础，这种孤独的声音正促成了大众的逆反心理，你怎么喊他们就怎么对着干；另一方面，在语言学学者之中，在知识分子中间，他们觉得研究语言规划的人太浅薄，所研究的内容都是空洞无物的、喊喊口号的、泛泛而谈的，他们觉得研究语言规划的人毫无学问、没有知识，等等，这也是很危险的情况。即使是识多位尊的学者，因为多喊了几句口号，也会被人们认为是没有知识的人，这也会影响到语言规划的顺利实施。于是看来，似乎是"专家口号"弊大于利，特别是对语言这种"几乎每一个人都觉得他自己能说会写，他们都是语言学家"的这种特殊的规划活动来说，"专家口号"的弊端确实不少。

社会现状、社会形势在当前已经发生了很大的变化，这对"专家口号"更是不利的。根据当前社会的新形势，在宣传某些政策的时候，可以利用民意调查的形式，通过宣传民意调查的内容来起到宣传的效果。这是一个比较务实的做法。我们在看一些地方电视台的电视（如县级的电视）的时候，经常看到一些卖药品之类的广告，他们广告的做法多是找一些"患者"谈谈服药前后的情况，在这一类的广告中采用明星代言的情况都很少，他们这样做是有一定的成功之处的。语言规划在做各种宣传的时候，也可以采取这种类似的形式，通过对一定数量的民众进行民意调查的形式来传播某种政策与观念，也可以采用艺体明星代言的形式来进行。

当然，在进行语言规划的策划、宣传的时候，尽量只宣传定型的、成熟的语言政策，尚未成熟尚待完善的语言规划理论是不适于宣传的，也就是说，推向大众的语言政策一定是比较成熟的语言政策，正在探索之中的语言政策观念只能放在语言学专家的书斋里或者肚子中。比如说，最近关于濒危语言保护的各种研究、关于语言资源与语言环境的研究，等等，都是一些研究还不够成熟的领域，这些都是可以作为学术问题来讨论的，但是这些内容却不适合拿到公众的宣传中来。即使一个有真才实学的语言学专家向公众宣传这些不成熟的观点，也是难以把问题表述清楚的，比如说"语言资源"的问题，如果让生态学专家、环境学专家、人口学专家等专家听到了这样的口号，他们可能会觉得很可笑，还会对这些语言学专家产生怀疑的，同时，也会对语言学这么个庄严的学科产生怀疑。也就是说，对于探索阶段的语言规划观念，只能是语言学家与语言学家之间的意见交换、学术探讨，或者是向其他领域的专家请教、求证等，而不适合直接向普通大众进行宣传。

四　抓住主流媒体，监管私人空间

现代媒体，对语言规划影响很大，因为媒体的覆盖面太大了，媒体的影响力太大了。当然，这里所说的媒体，主要是一些主流媒体。

这里所说的主流媒体，主要包括国家政府部门创办的电视台、广播电台、报纸杂志、网站等。这些媒体，特别是如中央电视台，它们既是语言学习的"空中学校"，又是语言使用的检察员，能够起到示范、教育和督导的作用。对于这一类媒体，一定要抓紧抓好，决不能放松。当然，如何让主流媒体适应时代，添加一些时代的因素，这个问题是一个改革与适应的问题，这也是国家广电系统与国家语言文字工作部门共同研讨的问题。但是，对于国家语言文字工作部门，乃至国务院来说，抓住主流媒体，利用主流媒体加大语言规划的力度，这是绝对不能动摇的。也就是说，细节可以调整，根本不能放弃。

这里所说的私人空间，主要是指"二人世界"里的语言使用，比如说网络聊天，还包括各类"自媒体"等，这种情况下使用的语言应当放开管制、进行宏观管控。如果对这类情况依然"严打""严管"的话，不但语言管理的难度很大、效果不佳，而且还可能会让广大的网民产生逆反心理，这是非常不利的。一旦让一些社会群体产生心理上的反感或敌对情绪，那种语言文字工作将是举步维艰的。从根本意义上讲，语言规划并不是对个人语言使用的规划，而是对群体语言的规划，个人在大多数情况下是群体性的存在。面对"私人化"的语言使用，语言规划是不需要去管制的。我们这里说适当地放开私人空间，是指就语言文字使用而言是应该放开的，这并不等于说对于其国家安全、治安、政治管制等方面也完全放开，比如说，对"二人世界"里的不道德、不合法的现象国家是需要进行管理的。有关私人空间的问题，还可以进行进一步的研究。

五　既客观真实又有所引导的语言使用状况调查

语言使用状况调查，是语言规划的前提。由于语言政策是"相对稳定"的，是需要体现为各种"阶段性"的，所以，人们对语言使用状况的掌握也是一个不断积累的过程。这也就要求人们稳重、慎重，并不是了解了一个新的语言现象后马上就要修改语言政策，这也是微观语言现象与宏观语言政策之间的区别。

语言使用状况的调查，分为两种主要形式，即测试性的调查和意愿性的调查。测试性的调查是指语言的使用由调查者来判断，如拉波夫对纽约市民的［r］发音状况的调查就可以看作是测试性质的，我国的普通话测试也可以看作测试性质的语言调查，被调查者一般不能对调查做出分析，只能提供调查分析的材料。意愿性的语言调查，诸如语言态度的调查，是被调查者的意见的集中，这种调查一般可以让被调查者自己填写调查问卷，调查者仅仅起到整理、分类、综合调查问卷的作用。对于语言规划而言，这两种形式的语言使用状况的调查都需要。

调查的材料和过程必须是真实的，必须是认真的实实在在的进行的，而不是"向壁虚构"的，这很重要。对语言调查来说，调查者的信誉保证甚至远远超过调查结果本身，这是当前中国的一个实际情况，不得不引起调查者足够的重视。没有真实的、诚心诚意的调查实践，任何调查报告、调查结果都是不为人看重的。并且，一次做假，下次人家也不信了，所以，在这一点上对调查者的要求是很高的。这是就调查过程而言的。

任何调查报告都是学者整理后的结果，这个结果可以绝对地客观，也可能会渗入了调查整理者的某些隐藏着的理想。特别是对于那些向公众公布调查结果的语言调查来说，调查报告的整理者对调查结果的适当的意见渗透是可取的。就语言调查而言，也存在着这种情况，并且，通常认为，这种学者对调查报告结果的渗透性影响是有利的，因为这种调查报告的结果往往就是一个"导向"，它能够引导人们的意见走向和态度趋势。完全属于民众"自己"的态度，往往具有很多盲目成分，并且民众有时会处于一种"自我无知"的"怀疑自己"的状态，在这样的情况下，调查报告的整理者对调查结果的意见渗透是合理的、有利的。但是，这种意见渗透得不能太多，不能走向客观调查的反面，还是要切实地照顾到调查的实际情况才行。

总而言之，语言规划需要语言调查，语言使用状况的调查过程一定要严肃、认真、客观、真实，尽可能不让公众和其他学者怀疑其调查的真实性，在这个过程中调查者不能渗入自己的任何的主观的想法，但是调查的结果，特别是向社会公布的那一类的调查结果，可以"允许"调查报告的整理者有适当的"干预"，但是这种"干预"只能是适度的，不能太多，而且这种干预过程是不能公之于众的。我们这里所说的"允许"干预，并不是一定要干预，事实上，一项调查结果越客观越好，只要这个调查报告不至于引起认识上的混乱和行为上的冲突。如果是供学者们自己使用的调查报告，而不是准备公开的调查报告，不管任何情况，都不允许有任何的主观干预，必须是纯粹客观真实的。

六　新的语言政策的制定，需要更多的民主参与

我国社会已经发展到一个新的阶段，涉及人民群众的许多制度已经有了很大的改进，公共政策的制定也有了更大程度的民主参与。这些新的情况，例如手机通信费定价的公民听证会等新的制度形式，是适应时代发展的需要。

语言规划更需要做大的改进。语言规划关系到每一个公民的语言和语言使用，而不是规划者决定公民的语言和语言使用，这种情况更需要公民对"自己的语言"做主。当然，我们说新的语言政策的制定需要更广泛的民主参与，并不是指语言规划不再需要专家论证。专家论证和公民民主参与并不矛盾，专家的意见也可以影响到参与规划（投票）的公民，这就需要把有关语言规划的基本理论、基本要求传达给参与规划的民众，使这些理论具有一定的群众基础，这样的规划决策将能够更加科学合理。当然，对于普通民众而言，要想提高他们的语言规划的理论水平确实存在难度，这就需要宣传教育改变他们对语言的某些不正确的认识。不过，现在的决策科学已经相当发达，把专家的集体决定转化为公民的民主决策并不是太困难的事情，起码在策略上并不是很难的事情，只要不是属于"全民公投"的那种形式，通过决策技巧实现这种公民的民主参与应该不是很困难的事情。其实，除了极少数的公民，大多数的普通人对语言政策的倾向往往是一种"随风倒"的策略，很容易受其他人的观点影响，很少有人具有自己的明确的、坚定的语言立场。语言使用倾向较强的人，主要是研究方言的部分学者，以及文艺界人士；其他的人很可能没有太强烈的

语言使用倾向，包括理工科人士，理工科的人即使自己普通话说不标准，他们大多数人都觉得说普通话是必要的，这些理工科的人涉及的语言感情可能更少一些。

在美国，各州的语言政策通常由本州的公民全民公投来决定，这与美国的政治环境、政治传统有关。从美国的语言规划历史来看，美国的语言政策具有非常明显的政治色彩，并且随着政治走向（民主党还是共和党的政策）呈现出一定的来回摆动的情形。这种情况，与我国的政治实践并不相同。

除了语言学学理上的证据，除了基本语言规划理论的存在外，其实，大多数的语言政策并不存在优劣之分，只是表达了"我愿意"这么一种声音而已。就人类的历史长河、人类的众多纷繁事业来说，普通民众似乎并没有太关注他们需要选取一种什么样的语言政策，除了这种语言政策被政治利用之外。所以，在这一点上，学者们多是理性的思考，而大多数普通民众很少去进行此类的理性思考，语言只是他们的感性表达而已，这就需要学者们对民众进行引导。然而，不管学者与民众的这种观念的沟通情况如何，学者和民众都没有对错之分，也就是说，只要不是"个人决定"的语言政策，大多数语言政策都无对错之分，但可能存在优劣之别。也就是说，制定一个更优的语言政策，是可能的，也是学者们思考、学习和工作的一个重要追求。研究语言规划的学者，无不希望有一个更优的规划方案，对绝大多数人更有利的语言规划方案，而不是仅仅迎合少数人的意愿。

综上所述，我们在这里提出的这些建议，主要是一种策略上的、决策上的建议，而不是具体方案的制定。以上这些建议，我们无法做到尽善尽美，它们一定会有一些不足之处，望专家学者们批评指正。语言规划是一项严肃的事业，语言政策的制定与变更需要非常谨慎地进行。

第九章

作为跨学科研究的"语言规划学"

【本章地图】

本章主要包括四节内容，第一节语言规划研究的跨学科性，第二节社会思潮、语言观与语言学史，第三节社会科学的"可操作性"问题，第四节"语言规划学"的区域视角。

第一节语言规划研究的跨学科性，主要介绍了语言规划为什么属于跨学科研究，语言规划跨学科研究的难度，这种跨学科研究的难度表现何在，以及语言学跨学科研究为什么难跨，等等。本节内容非常重要，它虽然不是本书中首先要讲的内容，但是，它是对全书各个章节的一个注脚，有了它可以更好地阅读其他章节的内容。

第二节社会思潮、语言观与语言学史，主要涉及历史语言学与生物进化论的关系，描写语言学与实证主义哲学的关系，语言多样性问题与后现代主义的关系等问题。某一种语言观的产生不是毫无缘由的，每一种语言观的产生都有其深刻的社会背景。此类研究是当前语言研究的空白，本节内容只是一个探索。

第三节社会科学的"可操作性"问题，主要强调了对应用学科不要轻易以"伪科学"来否定，社会科学特别是对政策科学来说"可操作性"问题显得非常重要。语言规划的可操作性问题，是一个非常现实但又亟须解决好的问题。本节内容，不是重点内容，读者简单了解一下即可。

第四节"语言规划学"的区域视角。通常，语言规划由"国家"来实施，然而，"国家"又曾被一些学者称为"想象共同体"。其实，"国家"首先是一个"区域"的概念，"国家"和"语言"都具有一定的边界，"共同的民族""共同的语言"都存在于特定的区域之中。历史主义、语言认同、语言感情、语言民族主义、语言纯洁主义、语言的边缘化，等等，它们都与"区域"相关。本节内容与本书第一章第五节"语言及语言规划的区域性"遥相呼应，"区域视角"确实是"中国语言规划学"研究的一个重要的研究角度。

本章四节内容，都与语言规划具有跨学科的性质有关。本章是全书的重点章节之一。

第一节　语言规划研究的跨学科性

语言规划是一门跨学科的研究，它涉及的学科非常多，主要有语言学、教育学、公共政策学、政治学、经济学、心理学、国际关系、区域学、历史学，等等。斯波斯基曾说，"随着时间的推移，人们逐渐认识到，语言政策与政治科学、公共管理学和教育学（尤其是教育语言学）之间出现了自然的重叠现象"①。语言规划与语言教育存在"重叠现象"，主要在于语言教育是语言规划的重要的维护系统（本书第七章"语言维护系统与语言服务"有相关介绍）。

一　语言规划研究的风险和艰难

语言规划既然涉及如此众多的学科，从事这门学科的研究就会遇到太多的风险，从事这项研究的难度又是非常巨大，因此，在这种"两头都不讨好"的夹缝中，似乎很少有人愿意去从事语言规划研究。这种处境，对于语言规划学学科来说，确实是一种非常现实的挑战。这种挑战，不仅用来指从事语言规划研究的个人，更是指语言规划学这门学科，这确实是一个不小的挑战。

语言规划的跨学科性，是语言规划研究风险过大的一个重要原因。刘海涛说，"总的说来，语言规划的动机不是单一的，而是一个复杂的，涉及社会、政治、经济、心理等诸多因素的多维结构。对于语言规划的研究者而言，进行这样跨越多种学科的研究无疑是要冒一定风险的，但如果没

① ［以］博纳德·斯波斯基：《语言政策——社会语言学中的重要论题》，张治国译，赵守辉审订，商务印书馆2012年版，第14页。

人这样去做，则可能对学科本身的发展更不利"①。关于这一点，大多数学者是心中有数的，诚实一些的学者或许会说因为"非兴趣所在、非力所能及"才没有去从事语言规划研究，虚伪一点的学者或许会说"非主流学问，我不屑一顾"，所以，真正承认自己愿意做，并且事实上在做语言规划的研究者为数不多。这或许也是我国语言规划研究者人数少、语言规划研究还处于探索阶段的原因之一。

我们既然已经认识到了这种风险的存在，那么，有没有一种规避风险的方法呢？老实地说，世间是不存在这种规避风险的方法的，最多是一种减少风险的方法，然而无论怎么减少，这种风险都不会消失。减少风险的方法，主要有两个，一个是研究者需要具有跨学科的学术背景，另一个是多人合作研究，这两个方法各自都有自己的缺陷。要求一个研究者具有涉及数十个学科的知识，这样的跨学科背景的人极为罕见，对每一个学科都非常精通这在事实上也不太可能，这也是保守的语言学家们经常以"专家"自居而对"通家"持有蔑视态度的原因之一。其实，这一类以"专家"自居的批评者是错误的，如果以马克思为例，马克思对政治、经济、文化、哲学、语言学、数学、文学、历史等众多学科都如此娴熟，这些以"专家"自居的学者估计不太好怀疑马克思。当然，我们固然没有去和马克思一比高下的想法，只是举出这么一个例证来，同时，我们也可以把马克思作为我们跨学科研究的一个榜样。我们在这里并不是专门来否定那些"自居"的专家，而是为了说明跨学科的"跨度"问题，跨得太多确实很难。（1）笔者本科阶段是在山东师范大学人口·资源与环境学院读的，人口·资源与环境研究本身就是跨学科的研究。读大学时笔者学习非常努力，大多数时间就像读高三一样勤奋地学习。笔者相信，这样的学习经历对现在的研究肯定会有所帮助。（2）多人合作研究，这是对跨学科研究的一种嫁接，但是真正的"整合"过程确实非常的困难，如果每一个参与"合作"的人的知识背景都是条块分割的，那么，这种多人合作很难在各个关节之处做到"密合"无缝。真正的跨学科研究应该是系统的、圆润的、前牵后连的、密不可分的，而不是几个条块的"拼凑"，这是多人合作研究首先会遇到的一个问题。

由于跨学科研究的风险是无法规避的，要做到尽可能完善就需要付出

---

① 刘海涛：《语言规划的动机分析》，《北华大学学报》2007 年第 4 期。

大量的劳动，需要超强的耐力，需要黑天白夜不停地劳作，需要宏观与微观的恰当处理，所有这些难度都很大。从这一意义上来说，跨学科的研究确实异常艰难，非常辛苦。

二 主流的合理性与非主流的不确定性

不知道从什么时候起，人们喜欢用"主流语言学"与"非主流语言学"的眼镜来看待语言研究，虽然，在什么是主流、什么是非主流的问题上是有争议的，甚至存在尖锐的矛盾。但是，把语言规划研究划入非主流语言学似乎没有太多的人反对，这来源于语言研究的惯性思维。

笔者承认，语言学的核心是研究语言本体，这似乎是对"主流语言学"的模糊理解，语言学抓住语言本体研究不放松这是对的。一旦失去了这一核心，或者说，一旦在这个研究核心上发展到了尽头、无法取得新的研究突破，那么，语言学作为一个独立的学科也将终结。到目前为止，语言本体研究还是语言学的核心任务，可以说，没有语言本体研究就没有语言学。当然，我们也不能抱着保守的心理看问题，任何一个学科都不是自古就有的，更不是永世长存的，对于任何学科的存亡我们应该都以开阔的胸怀来对待。假如有一天，语言学真的不存在了，那时的语言学家可能会成为新的机器人语音专家，聋哑儿童病理专家，甚至外星人翻译专家，等等，都不再是"语言学家"了，这未尝不是一件好事情。所以，对于一个学科的存亡，我们都应当以开放的心理来对待，促进一个学科的灭亡也许是对学科发展做出的巨大贡献，我想，这一点并不难理解。当然，到目前为止，语言学，主流语言学正以强劲的势头向前发展着，可以说主流语言学依然是一门"朝阳学科"。相对于主流语言学来说，语言规划研究是非主流的语言学，其发展具有很多不确定性。

为什么说主流学科具有合理性而非主流学科具有很大的不确定性呢？这主要是因为"传统"的存在，如果没有传统也就没有主流与非主流的分别。在这里，我们不愿对"传统"做盲目的诟病，相反的，我们愿意承认"传统"的优点所在。所谓的"传统"，也并非"历来如此"，当今的"传统"根本就不可能找到历史上的"原型"，传统只不过是历史流动中的"渐变"罢了。具体举例而言，李荣的学问已经不再完全等同于罗常培的学问，江蓝生的学问不再完全等同于吕叔湘的学问，等等，当然，我们承认这个"不同"是由继承和发展构成的，继承就是传统，发展就是渐变。由于每一个渐变都是微小的，这种变化一般都是稳妥的，这就保证了主流的合理性。而非主流就不一样，非主流在大多数情况下是"突然间冒出来"的，突变的成分要多于传统的成分，往往存在"要么真理，要么谬论"的情况，真理比主流要真，谬论比主流要谬，这样就具有很大的不确定性。任何主流，历史来源有二，有的主流来自历史上的主流，有的主流来自历史上的非主流，不能否认非主流也是主流的来源之一。我们提倡主流的研究，但是也应该尊重非主流的探索。

无法回避的是，我们绝不能把主流当作"懒汉"的代名词。我们说主流往往是在继承传统的基础上的发展，每一步的发展都凝结着许多人的智慧，主流往往是一代代人的智慧的结晶，也正是这个原因，主流是具有合理性的。但是，我们承认主流具有合理性的同时，不可否认的是，主流里面也有个别的"懒汉"存在，他的主流在剥离了继承之外尚无发展，也就是说，这种主流中的个别人并未付出个人的劳动（当然，继承也是一种劳动过程，对此，在此不愿争论），这种个别的"懒汉"是"躺在"前人的肩头睡觉，而不是站在前人的肩头攀登，这种个别的主流与非主流相比也是已经相形甚下了。对于非主流来说，作为"突变"，其能量来源只能是自己，然而，个人的力量、个人的智慧永远都是非常有限的，不管是孔孟、老庄，还是尼采、牛顿，也不管是诺贝尔，等等，他们的智慧都不可能胜过人类的集体智慧，也正是这个原因，非主流往往具有很大的不确定性，对此，非主流应当自己就很清醒，不必如尼采"我是太阳"一般疯癫。但是，无可争辩的是，大多数非主流都是辛勤劳动的，对于这种勤劳，人们应该抱有更多的鼓励、宽容与帮助才是，非主流也是历史发展的一个阶段，哪怕只是一个瞬间。

另外，还有一个问题需要交代，那就是"应用"的问题。主流语言学，他们大多数人是研究语言本体的，并且大多数不涉及语言的应用问题。而作为非主流语言学的语言规划研究是立足于语言的应用的，可以认为语言规划是应用语言学的一个分支。面向应用的学科，只要应用性不是很好就有可能会受到诟病，甚至被斥为伪科学。然而，那些不面向应用的学科，作为"无用"的学问，似乎一直都可以很清高，它们有这个"忽视"应用的"免责声明"。语言规划，就是面向应用的一种学问，它也会受到主流语言学家的质疑。但是，在这个"应用"的问题上，如果主流语言学家向语言规划研究提出质疑，那是非常不应该的，因为"清高"

并非就是"高"，不事应用的主流语言学应当首先反省自己才是。

主流自然容易获得主流的地位，在此不做过多评论。对于非主流，学术界还需要对非主流予以适当的关注，而不是高傲地漠视。任何漠视行为，要么是鄙视者的狂妄，要么是鄙视者对自己的虚弱的掩饰，任何鄙视行为都可能对非主流（被鄙视者）造成一定的伤害。我们可以承认主流学术有其合理性，但是也不希望因为非主流学术具有不确定性而受到漠视。

三 跨学科的语言规划为什么归属语言学

语言规划研究涉及众多的学科，是一门跨学科的研究。那么，在惯例上，我们为什么要把语言规划学科划归语言学学科呢？这是因为，这门学科要求对语言、语言学要有正确的理解，要有正确的语言观念，要有正确的语言思想，正确的语言眼光，而这些都是建立在语言本体研究的基础之上的，这就需要对语言本身有比较充分的理解和感悟。而这样的要求，对于其他学科的研究者来说有很大的困难，所以，语言规划学科不宜附属于语言学以外的其他的学科，语言规划学科只能是以语言学为基础并与其他学科交叉的跨学科研究。

不管是学科的分还是合，都要避免"无根的应用"和"空洞的交叉"；不管是本体研究还是交叉学科的研究，都需要做到实实在在。这倒是需要注意的一个问题。

四 论"系统"，说语言学系统

"系统"的概念原本来源于对"生态系统"的概念的延伸，1866 年德国生物学家海克尔针对生物有机体和环境的关系，提出了"生态系统"的概念。真正把系统论作为方法论的学者，较早的可能是维也纳的冯·贝塔朗菲，他曾在 1968 年出版了《一般系统理论》一书。通常，"系统"可以定义为："处于一定的相互关系中，并与环境发生关系的各组成部分的总体。"系统论要求需要先"定义出"了"系统的边界"之后，才能找到"存在的系统"，在找到了存在的系统之后，才可以把系统模型化。"整体大于部分之和"是系统论的一个基本观点。

开放性系统是系统论的重要观点，认为系统需要和外界进行物质、能量和信息的交换。系统论认为从整体中分割出来的部分，已经不同于原来的整体中的那同一部分，比如说，一个树枝从树上折下来已经不再是那棵树的枝条，二者存在着本质的区别。对于系统论来说，它更关注的是功能现象，而不是结构现象，因为系统本身就是一种结构关系。

现实研究中的"系统"来自切分。系统切分的一个倾向之一就是细分化，把系统切分得越微观越有利于研究的深入，科学研究一度进入了一种微观崇拜，从世界到物种，从物种到个体，到分子，到原子，到量子，到基因，朝着"定义"一个更微观的"封闭系统"的方向来做研究。但是，随着科学的进一步发展，人们发现，即使到了微观量子，量子之间也存在信息交换，量子信息学证明了在微观世界里粒子间相互影响。人脑的思维，不仅受到脑细胞的影响，还受到基因的影响，而基因又要受到基因所在的环境（这个"环境"不仅仅是指"基因组合"的"结构关系"）的影响，这已为现代科学所证明。

混沌原本是古人的天文学。混沌，用来指古人想象中的天地尚未分开时的宇宙模糊一团的状态，古人也称之为"元气状态"，说"元气未分，浑沌为一""洞同天地，浑沌为朴。未造而为物，谓之太一"。在科学中，混沌是指发生在确定性系统中的貌似随机的不规则运动，一个确定性理论描述的系统，其行为却表现为不确定性——不可重复、不可预测，这就是混沌现象。混沌是非线性动力系统的固有特性，是非线性系统普遍存在的现象。牛顿确定性理论主要是关于线性系统的，线性系统大多是由非线性系统简化来的。线性往往是事物的简单化认知，甚至可以说，线性多是非线性的片面化处理。简单化的系统，是人为的归纳，不是事物的真实状态。混沌学并不是"不可知论"的同义词，混沌学也不是对系统论的否定，混沌学促进了人们对系统的开放性"开放的系统"的进一步理解。世界上并没有放之四海而皆准的理论，每一个理论都有它自己的局限性，我们更不能以现在的关于系统的开放性的观念来彻底否定我们既有的语言研究。但是，我们完全可以在这种对"封闭的系统"的反思中，获得对当前语言研究的新的认识。对开放性系统的研究，对研究者的知识背景、学术能力、学科领域提出了无止境的要求，然而一个人的时间和精力都是有限的，不可能跨越每一个学科，这就需要我们对自己的跨步与体能有一个恰当的估计，跨入一个门槛后还能够走多远？

系统的切分，是为了研究的方便。举一个通俗的例子，我们吃苹果的时候，嘴大的人可以直接咬着吃，嘴小的人恐怕需要用刀切成块才能吃，这是吃苹果，而如果是吃西瓜（就算是西瓜可以连皮一同吃），即使是大嘴的人，嘴也没有那么大，只能把西瓜切成片来吃。如果把系统的"获得"类比于切西瓜，没有切分就没有系统，任何客观存在的系统，在研究时都需要做人为的切分。语言研究中，一直有一种倾向，那就是乐于寻找"非常规"的用词、组句，甚至到了"搜肠刮肚"的地步，包括有些学者从"口误"的词语组合中寻找"认知"的理据，我们不是怀疑"特例"的价值，而是反思"特例"的系统切分。特例很多，例如，"鸡不吃了"，"王冕死了父亲"①，"看不出/想不到你还这么残忍→看不到你还这么残忍"、"更不吃你这一套/不买你的账了→更不吃你的账了"②，"我得保护我牙齿，牙周炎奇厉害→我得保护我牙周炎奇厉害"、"锻炼自己的品质，品质要高尚→锻炼自己的品质要高尚"③，如果放在一定的语境之中，这些句子的理解没有任何问题，它们不会产生任何歧义，这就是因为在切西瓜时把词语使用与语言环境切分为两个孤立的部分了（语法和语用）。如果你说，我们语言学只研究语言，不研究语言环境，语言环境不是语言学的研究内容④，那么，我们也可以回答：既然不考虑语言环境，那么这一类"特例"也不是语言学研究的内容（因为它们的"语义"涉及了"语言环境"）。现在的语言研究，把语言切分为语音、词汇、语法等几大块，好好的一个西瓜，就这样切分了，每一片西瓜每一个方面都有一大批痴心的专家，他们只管自己手中那片的西瓜，别的什么都不管。但是，当他们拿着自己手中的西瓜，看到上面沾有一个切碎了的西瓜子时，又犹豫了，黑白相间的一个东西镶嵌在红色的西瓜瓤里，它是什么啊，大家都来研究——其实，如果完整地看，那不就是个西瓜子嘛，只是把西瓜子切碎了而已。在这里，我们以切西瓜为例，不甚恰当，只是为了找个身边的具体的切分系统的实例，其他的例子还确实不是很容易找。

---

①　陶红印曾认为，历史文献中并不存在"王冕死了父亲"这么一个现成的例句，这个句子是现代人"整理"后生成的。笔者并未去查证这句话出现的原始文献。

②　沈家煊：《"王冕死了父亲"的生成方式——兼说汉语"糅合"造句》，《中国语文》2006年第4期。

③　沈家煊：《"糅合"和"截搭"》，《世界汉语教学》2006年第4期。

④　乔姆斯基在《句法理论要略》中说，语言研究不应该考虑个体的生理的、心理的和环境的因素，而是只研究"拟想的人"的语言，这种观念有合理的成分，但这种观点也存在着一定的偏颇。

从语言学史的角度来看，索绪尔结构主义语言学注重语言的形式研究，而不太注重研究语言的意义。到了现在，语言学又重新回归语义研究、语用研究，这就说明了"封闭系统"只是一种人为的切分，是一种不真实的理想的状态，"理想的语言"并不就是真实的语言。语义学是现代语言学、信息学研究的瓶颈所在，开放性的系统重新得到人们的重视。

以词汇学为例，"词汇的系统性"是什么？刘叔新在《汉语描写词汇学》① 中从"词义"具有的"网络性"来论证"词汇"具有系统性，这种解释并不能让人信服。语法学中的语法体系具有系统性②，语音学也具有很强的系统性③，然而，词汇学在系统性这个问题上确实很苦恼。然而，词汇学并非没有办法。这种方法就是尽可能多的做断代词汇研究、专书词汇研究和义类词汇研究，从历史长河中截取一段，我们就可以说这一段落有两个"头"，这两个"端点"就是系统的"边界"。于是，专书词汇研究如雨后春笋，随便找一本古书就可以研究其中的词汇④，拿一本《现代汉语词典》就可以研究其中的词汇，这都是系统，那些书里没有收录、没有出现的词汇就不属于那些研究的"系统"，而那些"不属于"的存在（即找到了"系统边界"的存在）正好证明了研究的系统性。义类词汇研究就是找表示某一些意义的词汇群，比如，"走/跑类动词研究""睡/眠类动词研究""先秦商业词汇研究""明清农业名词研究"，等等，不一而足。办法是有了，但是，在做了那样的研究之后，研究者会感到非常空虚。当然，我们要承认，如果不从"系统性"的角度来理解，断代、

① 刘叔新：《汉语描写词汇学》，商务印书馆 1990 年版。

② 其实，语法体系基本上都是一些"人造"系统。

③ 其实，语音学的系统性是以主观规定"音素"为前提的，我们不能把"国际音标"当作"化学元素周期表"，语音系统存在"自我循环论证"的因素在里面。陈保亚在《20 世纪中国语言学方法论（1898—1998）》（山东教育出版社 1999 年版，第 133 页）说，"赵元任提到的音位分析的相对性有两层含义：一是两个互补分布的音素归纳成一个音位还是两个音位是相对的；二是线性方向的动态音切分成两个还是一个是相对的"。这种"相对性"实质上就是对语音学是封闭性的系统的否定。

④ 当然，这里所说的"随便找一本古书"是相对的"随便"，而不是绝对的"随便"，对文献进行断代和确定地域是语言研究的前提之一（即通常所称为的"系时系地"的工作）。比如说，许菊芳《四种现存托名汉代小说语料鉴别研究》（浙江大学博士学位论文 2009 年）就是对文献语料进行"不随便"的研究。然而事实上，许多文献很难截然断代。并且，即使立足于对语料的严格要求，"随便找一本古书"的可"随便"的空间依然很大，毕竟中国的文献浩如烟海。

专书、义类词汇研究具有细化研究、具体化研究的优点，这一点不容置疑，这与系统性无关。

不管是词汇、语法还是语音，都不存在真正的封闭性的系统，如果说它们有系统，那无非是理想化的封闭的系统。语言研究中，通过"理想化"之后的封闭系统，存在着太多的缺陷。由于系统是开放性的系统，"每一个"系统（每一个学科）都存在一定的"缺口"（或者叫"出口"），这些缺口就是与其他系统（其他学科）的"交叉接合之处"，这就是跨学科研究的基础。如果是一个完全封闭的系统，那是不允许存在跨学科的研究的。语言规划学就是语言学的一个"出口"，或者说，语言规划学的众多"出口"中最大的出口就是语言学。

五　语言学的跨学科研究为何难跨

近年来，心理语言学、计算语言学、病理语言学、认知语言学，等等，都取得了很大的成就，它们都属于语言学的跨学科研究。但是，相对于其他学科来说，语言学在跨学科研究方面实在是步子迈得太小了。同时，我们也深感语言学的跨学科研究确实很难。

为什么语言学跨学科研究难跨？有人把原因归结为语言学封闭，封闭的一伙人，从来不去关注其他学科，其他学科也不关心这么一个"无用"的冷学科。有人把原因归结为语言学没有用处，没有实用价值的学科很难活跃地找到可以跨的学科。有的人把原因归结为语言文字太难，其他的一般人都学不懂，或者即使能够学懂也都已经老了，再跨就跨不动了。不同的学者把语言学之所以难以跨学科研究归结为不同的原因，这些原因都各有一些道理，但是恐怕都不全面。特别是关于语言学难学的这么一条原因，最值得警惕。看一下物理化学数学等学科之间跨学科，它们并不比语言学更容易学，它们各个学科之间的"跨"似乎就像各自在自家里"走"一样放松、自然和频繁。那么，语言学的跨学科研究为什么难跨呢？

1. 视域的定型

自从"哲学的语言学转向"以后，语言学与哲学分离了，语言学研究的视域已经定型。这种"定型"是语言学跨学科落伍的重要原因。

2. "形式"的空洞

自结构主义语言学以来，语言学更重视形式的分析，对语义的研究重视不够。然而，语义是思想的链条，思想是人文社科的生命线，"断链子"的语言学从此以后就很难再跨越到语言学以外的其他学科。

哲学的语言学转向和结构主义语言学在发生时间上都差不多，都在20世纪上半叶，结构主义语言学是现代语言学的开始，哲学的语言学转向是现代哲学的开始①，此后，分析、分析、再分析（或许也可以说：分离、分离、再分离）是语言学研究的一个重要特色。这种分离倾向的语言学自然难以实现学科的融合，分离正是跨学科的反面。近些年，语言学界重新开始重视语义研究，例如，认知语言学对心理学的依赖和贡献，社会语言学对社会的关注，等等，"语义"重新打开了语言学的跨学科之门。

3. 奥卡姆剃刀的滥用

奥卡姆剃刀原理（Ockham's Razor）是由14世纪的哲学家威廉·奥卡姆提出来的，其中心思想是"如无必要，勿增实体"。在英国12世纪关于"共相""本质"之类的争吵很多，威廉·奥卡姆对这类争吵很厌倦，主张唯名论，只承认确实存在的东西，认为那些空洞无物的普遍性的东西都是无用的累赘，应当被无情地"剃除"。奥卡姆剃刀原理就是要剔除那些多余的东西，只剩下完全的真实，再在此基础上去处理事情。奥卡姆剃刀原理进一步引申为"把事情变复杂很简单，把事情变简单很复杂"。奥卡姆剃刀是必要的，但是，语言学也不能误解、滥用奥卡姆剃刀原理。语言学把奥卡姆剃刀拿来，把社会剃除，只剩下"语言"；把语言环境剃完，只剩下"语言要素"；再把"语义"剃掉，只剩下"语言形式"；对语言形式进行剃分，只剩下"语法形式""词汇形式"和"语音形式"，等等。剃着剃着越剃越干净，过度使用奥卡姆剃刀不利于跨学科研究。

4. 语料崇拜。

语言学崇尚"实学"，历来重视语料的积累、整理和分析。当语言学对语料过度崇拜时，那可能会严重影响语言学的发展。收集、整理、分析语料并不是一件轻松的事情，那往往需要花费大量的时间和精力。语料扎实，绝对是优点，而非缺陷。语料的堆砌与拼凑却很不好，多三百条语料与少五十条语料有时对文章的整体并没有任何影响。并且，如果没有对语料进行很好的处理、转换和分析，那些语料其实就是"抄袭"，抄袭现代人的作品是抄袭，抄袭古人的"语料"似乎被说成"发明创造"，这值得

---

① 同时，也可以说是现代语言学的开始，因为它们已经分离。

反思。

在语料方面，现代汉语研究、语言学理论研究比古代汉语研究所用的语料可能要稍微少一些，对语料的取舍更加自主一些。有关现代汉语研究、语言学理论研究在跨学科上比古代汉语研究要步子跨得大一些。甚至可以说，古代汉语根本就不存在跨学科研究，古代词汇与古代文化跨得稍微多一些，但其实，这种语言文化的研究似乎也不宜说成是跨学科的研究。语言学不能搞语料崇拜，语言研究不能受过多的语料之累。

完全可以说，"学科"也是"系统"切分的结果，学科无法封闭，跨学科研究就是对"系统"的一种补充。语言规划主要属于语言学，但又不局限于语言学，它是以语言学为中心的跨学科研究。

第二节　社会思潮、语言观与语言学史

语言是社会的语言，人是社会的人，人的思想观念可能会形成某种社会思潮，这些社会思潮无疑会影响着人们对语言的使用，影响着人们的语言观。语言使用变了，语言观变了，语言研究的方法、过程和结果都会有所变化，这就是语言学史。

语言与社会是一个很大的论题，涉及的内容太多，众多学者都曾讨论过这个问题，例如，韩礼德、胡壮麟、祝畹瑾、陈原、拉波夫等。本节内容涉及历史、哲学、社会学、语言学等"泛时空"的种种情形，有些问题难以实证，因此，在对语言、社会、人、社会思潮、语言观、语言学、语言学史等进行"关联"时，我们常用"可能"一词去论述。下面，我们粗略介绍一下语言观、语言学史、社会思潮等方面的内容。

一　历史语言学与生物进化论

历史语言学又叫历史比较语言学，以历史比较为基础，主要研究语言的谱系关系[1]。历史比较语言学的主要研究途径有：对应规律、同源词、同源语法成分，等等，它们是历史语言学的"操作程序"的基础。

生物进化论，又简称进化论，是关于生物演变的理论，它认为生物经过变异、遗传与自然选择，不适应自然的物种被淘汰了，适应自然的获得

---

[1]　徐通锵：《历史语言学》，商务印书馆 1991 年版。

竞争优势的物种产生、留存下来。进化论作为一种学说，基本上是可信的，但是有一些理论根据至今无法证实。

历史比较语言学的诞生，直接受生物进化论学说的影响。"从语言观上看，19世纪初，在生物进化学说的影响下，自然主义在语言学界盛行一时。在一些语言学家看来，语言的存在和发展同生物有机体一样，是一种自然现象。19世纪后期，一批年富力强的语言学家即青年语法学派的语言学家反对自然主义的语言观，把语言看作个人心理现象，并通过对例外现象的解释以及语言演变中类推作用的研究，把印欧历史比较语言学推向了高峰。"① 历史语言学在探求语言的起源（原始语族）、发展过程（有些学者直接说成"进化"）时，按照生物进化的模式把语言纳入谱系关系的框架中。但是，语言和物种毕竟不同，"语言进化论"并不可信。

在中国，语言学家在结合本土实际开展历史比较研究时，较好地实现了三个方面的结合，即"把语言使用者的历史与语言的历史研究有机结合起来……把语言的系属研究与类型研究有机结合起来……把语言的共时描写与历史比较有机结合起来"②。中国语言学家的这三个方面的结合非常有益，它们使历史语言学具有了更为广泛的适应性，也在一定程度上修正了历史语言学。人们对汉语方言历史层次的研究，也是受到这种三结合发展的影响。

历史语言学在产生初期，是充满活力的，它直接受到了进化论的启发。但是，历史语言学家们始终忽略了一个问题，那就是语言和物种是非常不同的两种事物，语言是人这种物种的附属物，人可以使用古文表达情感，也可以用外语来书写事物，但是，人不可能做到既是今人又是古人，既是中国人又是外国人。生物进化和语言进化的这种情形不同，我们可以引用拉波夫（Labov）的一句话来概括，"The evolution of species and the evolution of language are identical in form, although their fundamental causes are completely different. . . The evolution of species and the evolution of language are identical in form, although the fundamental mechanism of the former is absent in the latter"③。进化论学说在不停地变化着、修正着，而历史语言学在理

---

① 王远新：《中国民族语言学：理论与实践》，民族出版社2002年版，第4页。

② 同上书，第24—34页。

③ ［America］William Labov, *Principles of Linguistic Change：Social Factor.* Beijing：Peking University Press, 2007. pp. 14—15.

论方法上、操作程序上却是基本停滞的，这二者原本的关联，在两个学科的不同速度的发展中，显得越来越割裂了。这种割裂逐渐在扩大，历史语言学再称为"语言进化论"也就越来越不妥切。

二　描写语言学与实证主义

实证与思辨对立统一，是对形而上学和形而下学的一种辩证。就语言学来说，实证与思辨是语言研究的两翼，缺一不可。描写是实证的一种方式，就如同做实验是实证的一种方式一样，描写语言学里边无不渗透着实证的思想。

作为一个学科术语，描写语言学是在美国描写语言学派的发展过程中使用的一个术语，这个术语不是中国本来就有的。美国描写语言学派，是美国结构主义语言学派的一个分支，这个学派不以任何团体或机构的形式存在，只是在于许多不同的语言学者具有相同的语言学观点。在美国 20 世纪 30 年代到 50 年代，描写语言学派是美国的"主流"语言学，它着重形式分析，运用分布和替代法；注重口语研究。美国描写语言学派的开创，以 1911 年《美洲印第安语手册》第一卷为标志，该书序言中主张语言研究应当以"对语言事实要作客观的描写"为主。"美国结构主义更多受到博爱士的描写与实证方法的影响。因此我们现在所谓的西方结构主义有两个源头：德·索绪尔的同质语言观和博爱士的实证方法论。"① 索绪尔的分析研究一般被径直称为结构主义语言学，而博爱士的方法论一般被直接称为描写语言学。美国描写语言学特别重视口语的描写。美国描写语言学传入中国的时间，我们曾以 1980 年出版的布龙菲尔德的《语言论》中译本的出现为标志②。事实上，中国到美国的留学者、访学者，或美国学者到中国进行学术交流，或中国学者查阅外国文献，等等，都可以使美国描写语言学传入中国。"中国结构主义最显著的特点在于它的实证性，体现在操作上就是对比和分布，因为这两种操作都是可观察的，

---

① 陈保亚：《20 世纪中国语言学方法论（1898—1998）》，山东教育出版社 1999 年版，第 163 页。

② 薄守生、邓春琴：《语言多样性与语文词典编纂》，《语言教学与研究》2006 年第 6 期。

可实证的。这和美国结构主义是一致的，但不一定都是接受美国结构主义或欧洲结构主义的结果。"① 中国结构主义语言学、描写语言学与中国当时的实证主义哲学思潮存在着某些关联。

在今天，我们讨论"描写语言学"的时候，往往已经非常泛化，也就是说，我们平时所说的"描写语言学"似乎与"美国描写语言学派"不再有什么关联，我们平时所说的"描写语言学"往往泛指"所有的对语言本体及语言使用进行的描写"。所以，我们这里所谈的描写语言学是一个较为宽泛的概念，它实际上包括方言学、少数民族语言学、社会语言学等。

实证主义在 19 世纪中叶兴起于西方，主要由西方近代的经验主义发展而来。在中国，实证主义思潮大体上经历了引进期、发展期、反思期、重新发展期四个阶段。在我国较早引进西方实证主义的是严复，20 世纪三四十年代张东荪、金岳霖等对实证主义展开了反思，新中国成立以后至改革开放以前人们倾向于否定实证主义，改革开放以后实证主义又重新有了一定的发展。粗略来说，实证主义在西方发展得比较好的时候，它在中国却未能有一个很好的发展；当我们有了一个比较好的研究实证主义的学术环境时，西方的人本主义、解构主义却已经发展起来了。我们可以大体上认为，自改革开放以来，中国的实证主义和解构主义同时都有了一定的发展，但是，它们都不是中国的主流哲学。近年来，中国的人文社会科学研究非常强调"实证"，这种"实证"实质上主要是反对"空对空"的抽象研究，并非为了发展系统性很强的"实证主义"哲学。当然，人们不能否认"实证"与"实证主义"具有一定的联系。

在美国，"系统的语言实地调查工作始于十九世纪中叶。1940 年最为人们所熟知的研究涉及方言、专门用语，民族语言以及语言的移入和扩散"②。在我们国内，方言学与少数民族语言学分属于两个学科，但它们之间的关系十分紧密。方言、民语都需要实地调查，它们都与描写语言学关系紧密，它们都与实证研究、实证主义存在着一定的关联。

方言包括语言在自然区域空间和社会"空间"里的变体，即通常所说

---

① 陈保亚：《20 世纪中国语言学方法论（1898—1998）》，山东教育出版社 1999 年版，第 163 页。

② ［美］约翰·甘柏兹：《言语共同体》，祝畹瑾：《社会语言学译文集》，北京大学出版社 1985 年版，第 38 页。

的方言和社会方言。在我国，"调查和记录方言的工作早在周代就形成高潮"①，但是当时的方言学不宜说成是"描写"的，只能说是"大体上的描述"。"中国的现代方言学是在1923年揭开序幕的。"② 沈兼士提倡调查民间歌谣，1924年成立"方言调查会"，这些学者被称为歌谣派。"林语堂等人还设计了以国际音标为基础的方音字母草案，并且用这一套字母标注了北京、苏州、厦门等十四种方音作为实例。"③ 20世纪二三十年代，赵元任、李方桂等语言学家接受了西方的描写语言学的语言观和调查描写方法，开创了中国语言调查（方言调查、少数民族语言调查）的基本模式，这些对活语言进行调查的方法和原则至今仍是学术界的主流。中国的方言学，具有明显的中国特色。"从西方的描写语言学（Descriptive Linguistics）的观点来看，中国的描写方言学从滥觞期开始，就不是纯粹的描写语言学。从设计调查表格到整理调查报告，方言研究的全过程几乎都跟历史语言学相牵连。调查字音的表格是从方块汉字在中古切韵音系的地位出发制定的。分析和归纳音类也都离不开中古音系的名目。中国的描写方言学实际上是西方描写语言学和汉语历史语音学相结合的产物。在全部现代的方言学著作中只有一个例外，即董同龢的《华阳凉水井客家话记音》"④。

　　描写语言学重描写，也就是重实证。在中国，现代方言学产生于20世纪二三十年代，正是在这一时期，实证主义在中国有了较大的发展。20世纪二三十年代是"科学"与"民主"的时代，"科学"要求人们反对"空谈"与"虚妄"，"科学"需要人们实地考察，这种追求"科学"的精神是现代方言学产生的重要原因，而这种对"科学"的追求在很大程度上是实证主义的精神。新中国成立以后，实证主义哲学在中国已经濒于灭绝，为什么现代方言学的传统还继续保留下来呢？那是因为，我们所说的实证主义哲学的灭绝是指在人文社会科学里面的灭绝，而不是自然科学里面的灭绝。现代方言学（现代语言学）一直以"科学"而自居，这个"科学"是指自然科学，而非人文社会科学，也就是说，语言学家们对现代方言学的态度与同对待化学、物理等学科一样，而不是把现代方言学定为与历史、哲学等具有相同的性质。改革开放以后，人们对实证主义哲学

---

①　游汝杰：《汉语方言学导论》，上海教育出版社1992年版，第196页。

②　同上书，第214页。

③　同上。

④　同上书，第219页。

有了新的认识，实证主义作为一种哲学思潮也有了一定程度上的回归。这时候的现代方言学发展速度更快了，特别是高考、研究生招生制度的恢复，现代方言学的专业教育有了很大的发展，当前的许多方言学大家都是改革开放初期的研究生。近年来，社会语言学也有了很大的发展，社会调查、实证分析、定量研究等研究取向，都受到了实证主义很大的影响。语言变异研究、语言态度研究，等等，都属于"实证"。

我们在讨论实证的时候，还需要把关于"个体与集体"的问题考虑在内，"个人与集体"的问题其实也是关于"封闭的系统"与"开放的系统"以及"系统存在还是不存在"的问题。方言调查所用的方法论本质就是实证法（传统的方言调查研究对统计分析的理解不够深刻，这是一种缺陷），如果极端地认为"集体不是一个真实的存在，而是一种想象与虚构"，那么，通过对个体的语言调查不可能得到对语言整体状况的推测。依照此种观点，除非对集体中的所有个体进行调查之后，才能够对方言进行分区，才能概括方言的区划特征，但是，如果对某区域的所有个体进行了调查并且一定要保持最大的内部一致性，那么，可能会得出方言无法分区的结论。目前，方言之所以还能够研究下去，就是因为它不拒绝思辨，它承认人类社会的集体性，在实证与思辨、个体与集体之间寻求一种辩证统一的逻辑。现在国内外众多的方言研究者都转向了社会语言学的研究，正是受到这种辩证统一的启发，社会语言学重视个体实证与对集体的统计分析，社会调查与统计分析是当前社会语言学的两大特征。

在语言学的其他领域，训诂学往往重视文献证据，重视传世文献和出土文献的综合利用，"文献实证"精神与实证主义有相通之处。文字学重新重视"金石学"，而金石学与考古学分不开，考古学可以认为是一门实证的学问。语法学在讨论转换生成的时候，经常要拿一些句子问人们这个句子说不说，那个句子一般用不用，等等，这种对说不说、用不用的调查，就是实证主义的精神。可以说，实证主义不仅对描写语言学产生了很大的影响，在语言学的其他领域也有一定的影响。

我们通常所说的"材料＋方法""描写＋解释"等等，其实与"实证＋思辨"相关联。"描写"就是对"材料"的"实证"，描写是实证程序的一个组成部分；用于"解释"的"方法"主要靠"思辨"，思辨是众多思考方法的一个总称。实证在语言学研究中，主要是指"把事实摆出来，然后根据所举例的事实本身所表现出来的规律性进行总结"①，这里的"把事实摆出来"基本上相当于我们语言学界常说的"描写"，而对"规律性进行总结"已经离不开思辨在里面了。实证与思辨是人文学科的两翼，缺一不可，它们可以有暂时的侧重，却不敢完全的偏废，长久偏废之后人类将不是坠落进大西洋里面去就是撞上喜马拉雅山，那都是一件非常可怕的事情。实证所能涉及的范围必定是有限的，容易出现片面实证的倾向，于是实证需要抽样，需要借助于统计工作（主要是概率统计），没有统计分析的实证其作用很是有限。并且，有时需要对统计样本做好分析，比如可以采用聚类分析、主成分分析等方法。样本能否具有倾向性和代表性是实证的关键因素，这实际上又离不开思辨做指导。思辨可以做到比较全面，但思辨过于抽象，往往需要对思辨辅以反例举证，也就是反证法，这又走入了实证的一面。思辨与"经验性的"思考相区别，指不依赖任何经验只进行纯概念和纯理论的思考。

实证与思辨，也可以说是实证主义与人文主义，这又与定性研究与定量研究相联系。定量研究大多数是实证研究，定性研究大多数是思辨的研究；但是，对于难以量化的领域，定性研究也是实证研究的重要方法。"从理论渊源上说，'定量研究'的理论基石是实证主义，"在社会语言学的定量研究中，恰恰是存在许多不可验证的数据，社会语言学的研究往往不能像化学实验一样"一样的药品一样的操作程序应该得到相同的结果"，操作多次的结果可能很不相同，这无疑在一定的程度上削弱了定量研究的功效。

三　语言多样性问题、濒危语言保护问题与后现代主义

关于语言多样性问题、濒危语言保护问题，与其说是语言学的问题，不如说是文化学、社会心理学等方面的问题。这些问题的提出，都与当代社会思潮的影响直接相关。

语言多样性问题，在这里主要指两种倾向，一是指在后现代主义思潮的影响下，人们个性张扬，语言变异现象加剧，造成了语言的多样性，使语言多样性表现得更为明显。二是指许多人因为受后现代主义影响而认为当今社会的语言多样性受到了威胁，他们要求提倡语言文化的多样化，希

---

① 金立鑫：《语言研究方法导论》，上海外语教育出版社2007年版，第28页。

望语言具有多样性。当然，还有一种情况，中国的语言多样化观念主要来自于西方，西方国家的语言多样化思想与"民族国家"的观念紧密相关。"民族国家"这一概念最早产生于欧洲。苏·赖特说，"在欧洲，出于种种实用性考虑，父母很可能会反对多样性政策，而选择英语作为孩子的主要外语。此外，也没有人认为语言学习多样性本身是一件好事。许多欧洲政府并没有传递语言多样性大有益处的信息。一些政府还在努力实行在本国国土上消除多样性的政策。还以法国为例。有意思的是，在国际社会中，法国政府是多样性最热烈的拥护者之一，却决定不批准《欧洲区域少数民族语言宪章》。(法国)宪法委员会规定，如果除法语外在公共或官方场合使用其他语言，就是违背(法国)宪法中关于法兰西共和国语言是法语的宣言。2001年到2002年度关于向布列塔尼中学投放资助的争论也强调了这一点。在法国本土，语言的多样性从来就没有得到政府或大众的支持"①。濒危语言保护问题与语言多样性问题密切相关，当人们持有语言需要多样化且当前的语言多样化受到了威胁这种认识时，人们会发现许多语言处于濒危灭绝的状态，人们就意识到这些濒危语言需要保护。濒危语言保护和语言多样性是一个问题的两个方面，只有保护好了濒危语言不使之灭亡，语言多样化才能够实现。从理论上说，语言多样性，既是学者们认为的一种语言状态，又是学者们希望实现的一种语言状态。

　　后现代主义是20世纪60年代在欧美产生并于七八十年代流行于西方艺术、文化与哲学等领域的一种学术思潮和社会思潮，主张放弃现代性的基本前提及其规范内容。后现代主义产生的时代背景是后工业社会，后现代主义并不是社会现实，它主要是作为一种理念而存在。解构主义仅仅是后现代的一种思考方式，是属于后现代主义的一个分支，而不是和后现代主义并列的什么独立的主义。解构主义的出现，与政治身份、政治运动直接相关。解构主义者从政治、认同出发，影响到人们对文化、语言等的认识。

　　后现代主义(特别是解构主义)对亚民族身份的鼓吹，对主流社会的诋毁与攻击，使主流文化受到了严重的挑战，在这种过程中，非主流的语言、文化(原本作为弱势文化、弱势语言而存在的语言、文化)得到

---

①　[英]苏·赖特：《语言政策与语言规划——从民族主义到全球化》，陈新仁译，商务印书馆2012年版，第127页。

了一定程度的发展。当前的语言学家中，特别是方言学家，他们许多人都受到了后现代主义的影响。方言学家平时注意的往往就是那些亚语言集团，具有很强的本土化倾向（或者地方主义倾向），这样的思路本身就与后现代主义存在着一定的相通之处。

以美国为例，美国历史上曾经奉行英语同化的"隐性语言政策"，美国的"熔炉"论在事实上也就是希望把美国文化融合成英语文化，追求语言的"统一"。在后现代主义思潮的影响下，语言多样化的主张得到了一些人的响应，美国提出了双语教育的方案。但是，近年来，随着对后现代主义的批评，以及出于语言经济学的考虑，美国双语教育已经有所衰微。在这个复杂的发展过程中，多元文化、语言多样性一度成为后现代主义的根据，他们一方面强调了语言多样性的现实存在，另一方面他们认为现实中这种语言多样化的局面可以"反主流""粉碎统一"。当然，在美国，类似双语教育的问题，还有一些政治的原因。

在提倡语言多样化的问题上，有的学者把它与"语言的资源观"相混淆，这是一种错误的认识，语言的资源观并不等同于语言多样化。作为语言资源的这一种类型的语言多样化，一般与后现代主义思潮无关，这是两种很不相同的情况，不可混为一谈。"第二次世界大战以后，人们对民族主义的悲剧性结果表现出厌恶情绪，并把关注重点转向对个体民权和人权（其中包括语言权）的保护。而且，民权和人权运动开始向还在继续试图利用语言政策来激发人们认同感的民族主义运动发起挑战，"[①] 在事实上，这也是当今的语言多样化主张、主义的历史来源之一。

语言、语言态度、语言观等，自古深受各种社会思潮的影响。但是，以往的语言学研究并不注重这些研究，这些研究绝不能被排除在语言学之外。我们在探讨社会思潮的时候，一定要立足本国的大背景，不可盲目地跟风外国。比如说，我们在讨论语言研究的"先进"与"落后"时就存在很多误区。"什么叫先进？什么叫落后？……所谓历史标准，就是后起的一定比先有的'先进'，后生一定超过先生，新发明的理论一定胜过原有的理论。西方的理论日新月异，层出不穷，甚至令人眼花缭乱，当然是'先进'；中国自《马氏文通》以来，虽然一直在'追赶'，但总是比人

家慢一拍甚至好几拍，当然是'落后'……所谓类推标准，就是看一个国家的总体发展水平，特别是经济和科技水平，经济越发达，科技越先进，一切社会科学、人文科学包括语言学，也必然越先进。欧美、特别是美国的科技几十年来执世界之牛耳，其语言学当然也是最'先进'的。因而到后来，所谓学习西方'先进'的语言学理论，更简化成了学习美国语言学理论……这些标准其实都是不能成立的"①。语言研究不要过度地强调哪些是先进的语言学、哪些是落后的语言学，却需要认真梳理各国的社会背景、社会思潮，分析出不同的社会背景、社会思潮对应着不同的语言学研究。

第三节　社会科学的"可操作性"问题

对于自然科学来说，把自然科学划分为基础科学和应用科学似乎不是特别困难。而对于社会科学来说，除了经济学、政治学等似乎有基础研究和应用研究外，其他的各个学科似乎很难对基础研究和应用研究做出区分。基础学科和应用学科对是否具有可操作性提出了不同的要求，一般说来，应用学科尤其重视研究和应用的可操作性，也就是说，不具有可操作性的学问是很难应用的。对于语言学来讲，语言本体研究属于基础研究，然而，语言规划主要地属于应用研究、非常重视可操作性的问题。当然，"语言规划的理论"研究属于应用研究，它对"可操作性"的要求没有那么高。

一　应用的伪科学与无用的假清高

笔者在读大学的时候，学的不是中文专业，笔者是在山东师范大学的人口·资源与环境学院读的，当时学的专业课程较多，其中有两门课程是关于地理学的。记得当时的地理学老师就曾跟我们讲，地理学对文科来说或许是太科学了，但许多理科的人却认为地理学是伪科学，也就是说，地理学还不够科学。当然，这种说法是针对地理学的人文倾向来说的，地理学所涉及的高科技那无疑是科学了。地理学都有如此的境地，笔者想，其他的学科，特别是纯粹的文科，那更是不敢奢望自己多么"科学"了。

---

① 潘文国：《中国语言学的未来在哪里》，《华东师范大学学报》2008 年第 1 期。

　　我们对待应用学科的时候，往往是态度很苛刻的。一旦这门应用学科不好用，没有太多的用处，或者不可操作，那往往一概以"伪科学"去贬低它。这是许多人对应用学科的态度。对于应用学科来说，因为它是面向应用的，所以在对它进行检验时也比较容易做到，只要没有用处就检验为不通过，就有伪科学的嫌疑。

　　对于非应用科学来说，它们以不面向应用为"免责声明"，似乎只要自己事先说明我们不是面向应用的，你们就不要再来拿应用标准来要求我们。比如说，中文专业基本上就是这么种情形，很少有研究中文专业的人站出来宣布他只是面向应用的。这本也无可非议。但是，还有一个非常不好的现象，那就是，那些宣称自己不是面向应用的学科（或者没有明确声明自己是面向应用的学科），往往以不事俗务为清高。这种倾向是有一定的坏处的，以不面向应用为清高是值得反思的，这是一种假清高。

　　举例来说，词汇史本来是在训诂学的基础上发展起来的，但是，现在的词汇史研究发展得比训诂学要快一些，其中的原因当与"应用"或"清高"之类的原因有关。"训诂学与词汇史有密切的联系，又有本质的区别。训诂的目的是'明古'，训诂学的出发点是为了读古书——读懂古书或准确地理解古书。因此，那些不必解释就能理解无误的词语，对训诂学来说就没有多少研究价值。词汇史则颇异其趣，它的目的是为了阐明一种语言的词汇的发展历史及其演变规律，而不是为了读古书，尽管不排除客观上会有这种功用。所以，在训诂学看来没有研究意义的词汇现象，从词汇史的立场去看可能恰恰是极为重要的问题。"[①]"明古"是面向"应用"，而"阐明一种语言的词汇的发展历史及其演变规律"就是一种"清高"，只是，在这里我们不去说它是不是"假"清高。

　　其实，我们应当对此类问题持有一种较为平和的态度。那就是，我们不要对应用学科苛责太过，我们不把伪科学的范围说得太宽泛。但是，在研究中，我们要注意科学与伪科学的区分，不要轻易评论别人的研究是伪科学；不事应用的学科在假清高、自鸣得意的时候，也要反思一下自己的"清高"是否有道理。

---

　　①　汪维辉：《东汉—隋常用词演变研究》，南京大学出版社 2000 年版，第 4 页。

二　社会科学的可操作性问题

对于大多数人文社会科学而言，过去很少提及"可操作性"的问题，在人文社会科学里"百无一用是书生"的观念甚至都已经根深蒂固，偶尔有人提及人文社会科学的可操作性问题或许有人会吃惊。近年来，随着政策科学、管理科学、规划科学等社会科学的发展，人们对社会科学的可操作性提得越来越多，也逐渐地更了解它、接纳它了。

语言规划研究包括理论研究，但主要是应用研究，语言规划主要是面向应用的研究。对于语言规划理论研究来说，最主要的是要做到系统、深入、科学。

语言规划需要具有可操作性，集中体现在语言政策的制定和执行需要具有可操作性。一项不具有可操作性的政策，宛如一纸空文，形同虚设。一般来说，一个具有可操作性的语言政策，一般都是可以加以细化的，可以把每一个政策规定都分解出权利人、责任人、监督人等，以致每一个规定都能够落到实处。

在语言政策的宏观方面，周庆生曾多次提出"统一多样的语言政策"的观点，这个观点很重要，是我们目前最理想的语言政策。但是，这个政策的可操作性不强。因为，我们如何去细化呢？我们对每一个人都提出一个"统一多样的语言政策"，那不仅是不可能的，也是荒唐可笑的。那么，我们怎样才能够达到"统一多样"呢？我们是不是在推行语言政策的时候，只考虑语言的统一性，只强调推广国家通用语言，而不禁止其他语言呢？这样"操作"也不能从"统一多样的语言政策"中找到方法。想来想去，"统一多样性"的语言政策确实很难落实，这样的政策在实施的过程中只有作某种片面性的处理，才容易贯彻，而这种片面化处理可能会引起一些很不恰当的导向。也就是说，对于政策，不仅仅是追求表面的完美，更重要的是要考虑到操作层面，这是最为重要的，人们在制定政策时首先要考虑到这一点。

对我国的语言政策来说，可操作性问题确实是一个很大的难题。虽然我们国家已经颁布了《国家通用语言文字法》，但是，这部法律的贯彻执行、监督反馈等方面做得都不好，以至于让许多学者称这部法律为"软法律"（其实，《国家通用语言文字法》不属于"软法"）。一个好的政策，要求责权利到个人，每一个人的具体情况都可以很快地得到反馈，对每一个环节出现的问题都能够找出问题的原因和解决问题的办法，这是一个政策"具有可操作性"的最理想的状态。当然，就目前来看，我们离这种最理想的状态还很遥远。但是，不管我们的差距有多么遥远，我们在制定、修改语言政策的时候，首先要想到的就是这个"可操作性"，对可操作性的要求甚至会超过对政策本身的要求。

作为跨学科的"语言规划学"，它不仅提出了对跨学科的要求，同样也提出了对具有"可操作性"的要求。这无疑进一步增加了语言规划研究的难度。

第四节　"语言规划学"的区域视角

"语言规划学"属于一门跨学科的研究，语言规划涉及、跨入了区域学（区域科学）。同时，区域（学）视角也是语言规划的重要研究视角，本书初版书名就是《当代中国语言规划研究——侧重于区域学的视角》。从区域（学）的视角来研究语言规划十分必要，区域主义不仅涉及方言问题，还涉及区域主义与历史主义相统一。个人、集体、边界、国家、社会等概念离不开区域主义，共同语史、民族、文化、认同也与区域主义相关。

区域的概念来源于地理学，地理学就是研究区域分异的科学。地理学一般可以分为自然地理学、人文地理学和区域地理学三个分支，但是这种分类不是绝对的，它们之间存在着一定的交叉与联系。语言具有"边界"，边界从哪里消失就会从哪里产生，没有不具有"区域性"的语言，这就是语言与区域联系最为紧密的关键点。除了实体的"区域"以外，国家的"想象"和语言的"认同"看似只属于心理因素，其实，它们与"区域"还存在着一定的内在的关联。

一　想象共同体、边界、边缘化、认同、语言感情

"想象共同体"的概念是由人类学家 Benedict Anderson（1991）首先提出的，作者指出所谓"国家"并非客观实体，而是想象的政治共同体。"想象"并不意味着与"真实"对立的"虚假"。"实际上，比直接接触的原始村落更大的所有共同体（甚至包括这些村落在内）都是想像共同

体。共同体之间的区别不在于其真假，而在于用以想像它们的风格。"①
然而，人们在"想象"一个国家的时候，往往又把这么一个想象体置入
一个特定的区域，当我们说起一个国家的时候，往往会想到这个国家位于
热带地区还是南温带、北温带，这是一种很正常的思维。

　　现代交通和现代通信，大大缩短了国家之间在区域空间上的距离，国
家之间的边界虽然没有完全消失，但是国家之间的"边界"却越来越
"透明化"。从这个意义上说，地球越来越"扁"了。在全球化的冲击下，
文化全球化既非简单的"一元"，也非简单的"多元"。文化全球化不是
一种文化完全代替、同化另一种文化，而是不同文化相互冲突、相互融
合、相互吸纳和相互改变。人类跨区域的交往，文化的跨区域交流，市场
化、全球化的发展，都会对不同的语言文化带来很大的冲击，这种冲击主
要表现为文化的冲突、对话和融合。文化冲突直接影响了人们的文化认
同，给人们留下了不同的文化心理影响。文化冲突往往表现为文化主体无
所适从，迟疑、彷徨、困惑、痛苦、失落，觉得自己成了局外人、边缘
人、上个世纪的人。

　　我们在这里讨论了很多"文化冲突"，却没有说太多的"语言冲突"，
这是有原因的，因为语言和文化的关系确实太密切，但是，我们又很难用
简单的话语概括出语言和文化的关系。语言态度，其实就是一种文化心
理。把语言和文化结合起来研究，对解决"语言冲突"的问题应该是有
效的。"把语言和文化结合起来从理论上进行系统研究，在西方大约有一
百多年的历史，在我国至少也有半个多世纪了……罗常培先生在大量调查
的基础上写出了《语言与文化》（1950 年版）。遗憾的是这本书出版后没
有广泛引起我国语言学界的足够重视。主要原因是建国以后 30 年间，由
于种种原因，语言学界把语言当作孤立的静止的现象去描写，就语言本身
研究语言，超脱社会。改革开放以后，人们的观念得到了更新。"② 区域
的封闭与开放，文化的冲突与融合，都对语言的变化和语言的使用产生了
很大的影响。我们也可以从另外一个角度来看，那就是：语言变体、语言
态度的变化等，既是文化冲突的晴雨表，也是人们跨区域交流的直观

---

①　高一虹：《"想像共同体"与语言学习》，《中国外语》2007 年第 5 期。

②　陈建民、谭志明：《语言与文化多学科研究——第三届社会语言学学术讨论会文集》，北
京语言学院出版社 1993 年版，第 4 页。

写照。

人们的"文化乡愁"，人们对"本土文化"的急切呼唤，就是人们害怕被边缘化的一种表现——按照你们的文化（全球化了的文化），我们成了边缘；按照我们自己的文化，我们依然是核心。但是，从长远来看，保守主义者拒绝被边缘化的想法，往往是要失败的。这就需要以相对开放的心理来看待全球化和边缘化。

语言忠诚与否的语言态度，体现了对身份、认同的执着程度。"政治观念、宗教信仰、艺术爱好甚至生活习惯都可以改变，而被称为'母语'的民族语言则是每个人在社会化过程中学得的第一种基本的知识和技能。因此，每个人对自己的母语都有一种天然的、难以移易、难以剥夺的感情。在社会语言学中，这种语言感情被称为'语言忠诚'……极端狭隘的语言忠诚固然不利于民族共同语的确立和语言规范化的实现，但是语言忠诚所针对的如果是所归属的民族语言，则显然是民族凝聚力和民族感召力的语言表现。"① 与语言忠诚不同，"在语言接触中对于强势语言采取退让态度，企图以委曲方式求得彼此相安，这种态度本文称之为'语言绥靖主义'（language policy of appeasement）。语言绥靖主义表面上是借重并利用了强势语言的某方面的价值，实际上是局部或整体地出让了本国民族的语言主权，其结果必然危及民族语言的健康发展。在世界语言的历史发展中，大多数语言融合过程中发生语言的替代，尽管从弱势语言而言有许多不得已的原因，却都不外与语言绥靖主义有关"②。语言认同在语言感情上比语言忠诚要轻浅一些，认同是忠诚的前提。

我们通常所说的"共同文化"，至少包括如下几个方面："一是共同的历史。如一致的或相近的历史发展过程，一致或相似的历史命运，杂七杂八长期相互交往中形成的紧密的历史联系等。二是共同的文化。这包括共同的语言、宗教、价值标准、心理素质、风俗习惯，以及在此基础上形成的特定的民族意识和不可割裂的民族情感等。三是统一的族称及认同。即共同体的成员接受了统一的族称，并在此基础上相互认同。"③ 共同的文化是民族国家得以维系的重要因素，共同的文化通常是建立在共同的语

---

① 戴昭铭：《人类语言学在中国》，黑龙江人民出版社 2007 年版，第 388 页。

② 同上书，第 389 页。

③ 周平：《民族政治学》，高等教育出版社 2007 年版，第 25 页。

言之上。

二 共同的民族、共同语史、语言民族主义、区域语言的作用

丹尼斯·埃杰说，"一般认为，法国是首创'民族国家'概念的国家，也是一贯坚持地理、政治、社会、文化和语言的统一性政策的国家。作为政权组织的'国家'与通过契约把互相具有亲近感的人们凝聚在一起的'民族'，在法国观念中具有同样的价值和共同起源"①。

在我国，"由于民族认同与国家认同的一致性，使我们民族、国家具有十分顽强的生命力"②。一般认为，共同的地域、共同的语言、共同的心理特征和共同的历史对于民族来说非常重要。这些共同特征，又是"共同的文化"的不同表现。汉民族是一个文化的民族，而不是一个血缘的民族。

1. 汉民族共同语的简单回顾

汉民族共同语史（汉语通语史）的描述很难具体化，在大多数时候，学者们对此问题只能作粗线条的描述。很多学者都会说："汉民族共同语很早就有了，大家都觉得有这么个东西存在，不能否认它的存在，但是又很难具体地把它说清楚。"汉语史文献异常丰富，但是，我们在分析汉民族共同语史的时候，又觉得缺乏这方面的资料，我们所能够找到的也就是那么几点散沙一样的材料，很难把那些材料贯穿起来。虽然说汉字中有大量的形声字，它们可以大体上表音，但是，汉字在表音方面很不准确，我们很难通过对形声字的研究建立起汉语语音史。

汉民族共同语的历史，一般可以追溯到春秋战国时代。"汉语历史上最早的共同语是春秋战国时期的'雅言'。'诗书执礼，皆雅言也'。如果没有最简单的共同语，就不能设想'合纵'、'连横'的说客们如何在霸主和国君们之间周旋，就不能设想如何整理出《诗经》和《论语》。秦王朝统一六国文字又进一步推动了共同语的发展。到了东汉扬雄《輶轩使者绝代语释别国方言》，则说明了当时的'绝代语'、'通语'已经有明确

---

① ［英］丹尼斯·埃杰：《语言规划与语言政策的驱动过程》，吴志杰译，姚小平审订，外语教学与研究出版社 2012 年版，第 16 页。

② 李禹阶、赵昆生、张洪斌：《区域·社会·文化——"区域社会比较"国际学术研讨论集》，重庆出版社 2000 年版，第 210 页。

的界线和崇高的威信了"①。我们认为，相对统一的共同语与统一民族的形成几乎同步。

汉民族共同语与汉语典籍文献之间存在着复杂的联系，这使得那些侧重于文献研究的学者对共同语史的研究异常谨慎。"先秦的经典、两汉的小学和隋唐的韵书，体现着汉民族共同语的文字、词汇、语音各方面的规范，标志着这一共同语已经发展到相当成熟的阶段。用这种书面共同语写成的浩如烟海的典籍，创造了人类古代文化中少见的高峰……物极必反，这套书面共同语拥有的典籍太多了，表达手段太丰富了，由于官方的倡导，权威也很盛，在方言口语悬殊的现实中发挥了重大的沟通、统一作用，于是'文言''诗韵''六书'成了一套坚固的体系。汉代的读经尊儒，唐代和清代的古文运动又不断加强了这种坚硬度。然而人民群众的口语总是随着社会生活的变化而变化的，在封建时代能运用书面语的只是少数人，因而'言文分家'愈来愈甚。分布最广的官方方言从六朝以后就逐渐与书面语分道扬镳了，经过隋唐五代的数百年变迁，形成了一种崭新的口头共通语，这就是宋元白话和《中原音韵》所代表的近代汉语。现代汉民族共同语也就是在近代汉语的基础上形成的"②。近代汉语的共同语主要涉及"官话"的问题。

在有关汉语共同语史的研究上，争议较多的是关于"官话"的定义和标准音问题。耿振生认为，"官话的核心部分是比较稳固的，是人们共同承认的官话成分；官话的非核心部分有些游离不定，可以因时、因地、因人的观念有些变化"③。"主张近代官话有'标准音'的学者不少。学术界曾出现过以下几种主要观点：（1）有统一的以一地方言为基础的标准音，如'洛阳音转北京音'说、'南京音转北京音'说；（2）不以任何方言口语为基础、非南非北的标准音说；（3）南北两系标准音说"④。标准音是现代语言学的产物，它在古代、近代并不"适用"。"现实中不存在'非南非北'的标准音。标准音必须是能够用于口语交际的语音，即能够'说'的语音；只存在于纸面上而不能说的系统不是标准音。古代的'正音'书，大多是以'论南北是非、古今通塞'为原则，是'一半

---

①　李如龙：《汉语方言学》，高等教育出版社 2007 年版，第 7 页。

②　同上书，第 8 页。

③　耿振生：《明清等韵学通论》，语文出版社 1992 年版，第 121 页。

④　耿振生：《再谈近代官话的"标准音"》，《古汉语研究》2007 年第 1 期。

折中各地方言、一半迁就韵书的混合产物'（罗常培先生语）。这样的系统，从理论上迎合了'中庸'心态，照顾了不同地方的人们的语言自尊，减少了抵触或抗拒心理。但是，这样的系统是不可能在现实中实行的，只能停留在纸面上。向来语言学家都不把这类音系看作标准音。"① "'正音'是文人心目中的标准音，它纯粹是一种抽象的概念，没有一定的语言实体和它对应，因此，它只存在于理论上，而不存在于实际生活中"②。因此，我们认为"存雅求正"的官话只是一种理念上的存在，而不是一种拥有现实基础方言的真实的存在，具有了这样的认识后就可以减少许多不必要的争论。

在"共同语"的名称方面，"国语"和"官方语言"是两个不同的概念。国语是代表某个国家或民族的语言，往往与国家的民族及其文化密切相关。而官方语言仅仅强调"官方使用"，而不强调语言的民族性。例如，原苏联等国家一般都不使用"国语"一词，而使用"官方语言"，就是为了避免各民族因为语言主权问题而引起争端。

2. 语言民族主义、语言纯洁主义

洪堡特指出，"民族的语言即民族的精神，民族的精神即民族的语言，二者的同一程度超过人们的任何想象"③，"每一语言都包含着一种独特的世界观"④。民族与语言紧密相关，因此，我们可以说"语言民族主义"是一种特殊的语言感情，人们对语言持有纯洁的、狭隘的民族感情就表现为语言纯洁主义。

一方面，二战前后是全世界民族国家摆脱殖民统治、纷纷走向独立的重要历史时期，大批的民族国家建立，进一步建设、巩固了统一、独立的民族语言。另一方面，二战带来的恐惧使欧洲人民认识到了民族主义的局限，这便鼓励了他们为寻找一种超民族主义的共性的努力，从欧洲煤钢共同体到今天的欧洲联盟就是这种努力的结果。同时，为了能够维持这种共同体的存在，他们不得不承认语言和文化的多样性，一旦因为语言利益和文化优势的矛盾加剧就有可能冲击到这种共同体的存在。所以，在殖民地

① 耿振生：《再谈近代官话的"标准音"》，《古汉语研究》2007年第1期。

② 耿振生：《明清等韵学通论》，语文出版社1992年版，第126页。

③ 洪堡特：《论人类语言结构的差异及其对人类精神发展的影响》，姚小平译，商务印书馆1997年版，第50页。

④ 同上书，第70页。

国家、受到战争侵略的国家，特别是亚非拉地区的国家，这一段时间的语言规划具有明确的语言政治意识。在发动侵略战争的国家，主要是欧洲国家，语言民族主义受到遏制，严防狭隘的民族主义重新抬头。这两个方面形成了矛盾的对立统一。

在欧洲，"再向后追溯到 18 世纪，我们会发现那时正是'纯净运动'达到顶峰的时候，对语言状态表示沮丧和厌恶的言论频频出现，其紧迫感比今天我们通常能感到的要强烈得多"①。所谓的纯净化运动，就是"想要纯化语言的态度——也就是认为存在一种绝对的正确标准，并且应当在语言中保持这种标准——来自于自然的怀旧倾向，然后再被社会的压力所补充及强化。这是不合逻辑的，而且也不可能找到任何坚固的基础。照纯粹主义者的做法看来，好像以前有过一个最好的时代，那时语言达到一个优秀阶段，所以我们应该努力去维持这个阶段。事实上，从来就没有过这样一个年代。乔叟和莎士比亚（Shakespeare）的时代比起我们的来既没有好一点儿，也没坏一点儿——只是不一样罢了"②。

从语言纯洁主义的产生背景看，"近代早期的欧洲所提倡的语言净化至少有三类。首先，从道德上讲，语言必须是纯净的。这是针对'说脏话'而言。法国科学院编纂的《词典》在'序言'中说，那类'骂人的词汇或不得体的用语'，不予收录。其次，从社会的角度来讲，语言也必须是纯净的，也就是说，必须遵守上层社会的用法。正是出于这个原因，法国科学院编纂的《词典》一般不收录工匠使用的技术术语。如果读者想寻找这类词汇的解释，那么，请到托马·科尔内耶编纂的专业词典中去查找。最后，用今天的所谓'种族'的角度来讲，语言同样必须是纯净的，也就是说，要使用本民族的表达方式来取代外族的表达方式"③。人们日常生活的许多领域，不仅仅包括语言的使用领域，都会遇到一些与净化、纯洁等词语相关的事物。"在近代早期欧洲的许多领域里都可以发现与纯洁有关的概念。人们甚至可以说，除了从卫生和健康这个字面意义上做出的解释外，在任何领域中都能发现这个概念

---

① ［英］爱切生：《语言的变化：进步还是退化》，徐家祯译，语文出版社 1997 年版，第 9 页。

② 同上书，第 14—15 页。

③ ［英］彼得·伯克：《语言的文化史——近代早期欧洲的语言和共同体》，李霄翔、李鲁、杨豫译，北京大学出版社 2007 年版，第 203—204 页。

的存在。17 世纪初，当一次瘟疫肆虐于剑桥时，剑桥大学伊曼纽尔学院的院长劳伦斯·查德顿声称：'如果要把这位表达上帝意志的愤怒的使者打发走，光靠保持我们的房屋和街道的干净或将它们打扫干净还不够，还必须在我们的良心上进行一次清洗和扫除'……把异教视为毒药或疾患……异教徒还被私下里淹死，或者说，是要用水来净化……对'纯正的血统'越来越重视……清扫街道和驱逐流浪汉……政治清洗……在法国大革命期间，吉伦特派的 22 名成员在 1793 年 4 月 15 日被驱逐出国民公会。国民公会随即宣布'本国民公会大多数成员是纯洁的'……文艺复兴时期的人文主义者对古代语言的纯正，尤其是希伯来语、希腊语和拉丁语的纯正，抱有极大的兴趣……当我们回过头来讨论地方语言时，有必要将两种形式的净化论区别开来。第一种趋势可以称作'变化净化论'（transformative purism），因为它强调变化。这一趋势也可以称作'分离论'，因为这一类净化派的目标之一是试图将他们自己同其他人分离开来。第二种趋势可以称作'自卫的净化论'，因为它试图保持现状，而在这类净化派看来，这种现状正在受到威胁……第一种形式的语言净化论不是别的，（正是）语言标准化。这里只需要说明一点，有些著名的语言标准化论者将语言的净化视为他们的职责……法国科学院编纂的著名《词典》（1964 年）在序言中宣布，编写这部词典的目的是为法语提供一个'保持纯洁'的机会。此外，只要从语言净化的角度来看待语言标准化，就可以更容易地理解妇女在这场运动中发挥的作用，特别是所谓的'女才子们'发挥的重要作用。在英国，为净化语言而付出的努力开始得稍晚一些，而且不像法国那样来势凶猛……（自卫净化论）在当时，对于外来词汇对本民族文化的入侵，尤其是来自边界另一侧的外来词的入侵，人们做出的某些反应往往带有暴力的行为……这个时期的自卫性净化论并不仅限于法国。"①"变化净化论"是对语言变化的恐惧，"自卫净化论"是对外来词汇入侵的恐慌。斯波斯基说，"语言的纯洁性是与民族身份联系在一起的。一个人在使用语言时尽量避免使用猥亵话或者避免借用草根阶层所使用的当地词汇，以证明这个人是一个有修养或者有绅士风度的人。一个国家避免

---

① ［英］彼得·伯克：《语言的文化史——近代早期欧洲的语言和共同体》，李霄翔、李鲁、杨豫译，北京大学出版社 2007 年版，第 204—223 页。

使用外国腔语言则表明了该国语言的纯洁性和民族的纯洁性"①。在语言净化论兴起的时候，当然也有一些微弱的声音反对语言净化，但语言净化在当时是主要潮流。

语言民族主义无疑是在语言上体现出来的民族主义，我们要反对的是狭隘的语言民族主义。当然，"即使我们实际上正在超越民族主义模式，但是现有的关于通用语、语言权和濒危语言的研究工作仍然是多么地受到民族主义范式框架的制约"②。在全球化背景下，在英语有成为世界语的趋势的前提下，我们要提出"保卫汉语"这样的语言民族主义并非是不可取的，但是，我们"保卫汉语"不是封闭自己的遁词，我们面对世界，不卑不亢。现在，我们更多地提"汉语走出去"，汉语走向国际，不仅仅是要保护、保卫的问题。在当前，"汉语国际教育"是我国的一项重要的事业，确保规范汉语是"大汉语"的主体，不局限于狭隘的民族主义，以世界的眼光来看待汉语，积极发展"国际汉语"。

3. 区域语言在当今社会中的作用

汉民族共同语作用于整个"统一"的汉民族居住区，以及某些少数民族聚居区，这是一种相对的"大区域"。相对于面积广大的"大区域"，是各级大小不一的"区域"，这些小区域的区域语言主要是指方言。区域语言具有特殊的作用，比如说，方言具有军事保密功能，区域语言具有传承本土文化的功能。

当今社会的通信，已经非常发达，通信穿透空间的力度之大，史无前例。并且，这些通信大多数做到了人与人之间用"自然语言"通话，而不是用"人工语言"（包括密码技术）交流，这给通信带来了很大的方便。但是，这也存在着信息安全方面的隐患，通信技术的发展也带动了盗听、监听技术的发展。在盗听、监听的过程中，由于通话量之大，很难做到人工处理，人们通常是利用电脑的"音节过滤"和"关键词过滤"来实现。比如说，美国国防部可以在电脑中设定"美国 * 原子弹"音节这种过滤，计算机一听到这样的音节马上就记录下来或者报警，等等。他们能够做到的电脑信息库，并不可能完美无缺，只能是对大众语言进行处

---

① ［以］博纳德·斯波斯基：《语言政策——社会语言学中的重要论题》，张治国译，赵守辉审订，商务印书馆2012年版，第29页。

② ［英］苏·赖特：《语言政策与语言规划——从民族主义到全球化》，陈新仁译，商务印书馆2012年版，第243页。

理，不可能对所有的方言都能够把握。这样一来，方言的军事保密功能就显得比较有价值了，一些难懂的方言甚至比密码技术更难破解。

关于方言的"密码功能"，李现乐曾举了下面这个例子①：

> 二战期间，在太平洋战场上，为了应对日军频繁破译美军密电码的问题，美军征召了 29 名印第安纳瓦霍族人，利用外族人无法听懂的纳瓦霍语，将他们训练成了专门的译电员。29 名纳瓦霍族年轻人利用其独特的语言，为美军编译了被称为"无敌密码"的纳瓦霍密码。在接下来的战斗中，美军造就了"无敌密码"的神话：他们成功地从飞机或坦克等移动目标上传递密码；他们开发的密码从未被日本人破获，保全了太平洋战场上成千上万的美国士兵。在硫磺岛战役中，6 名"风语者"在登岛的前两天里保持 24 小时不间断工作，总共收发超过 800 条信息，无一出错。美国海军陆战队表扬称，"如果没有使用纳瓦霍语，海军陆战队永远无法攻克硫磺岛"。

区域语言具有传承本土文化的功能。我们在理解本土文化的时候，非常需要警惕两种情形：一是狭隘的地方主义，二是狭隘的民族主义。一国之内的地方主义，用得比较多的是指经济政策方面的地方主义，即"地方保护主义"，主要是用经济调控方法来打压外地经济扶持本地经济，这是与国内大市场相违背的，所以，我们一般都不喜欢地方主义。文化上的地方主义往往是那种"唯我独尊"的文化心理，比如说，北京人瞧不起上海人，上海人瞧不起江苏人，等等。民族主义者总是认为本民族的语言文化是最好的，外族的语言文化都是质量低劣的，或者认为外族语言文化的传播就是对"我族"语言文化的恶意破坏。狭隘的本土主义和民族主义都不好，我们提倡的区域语言对本土文化的传承功能主要是指在"和而不同"的前提下传承本土文化，而不是要求本土文化去消灭其他的各种文化。就我国的历史与现状来说，文化的"大一统"观念根深蒂固，传承本土文化并不是要消灭"大一统"的文化传统，而是"大一统"的文化允许本土文化的"存在"。

---

① 李现乐：《语言服务的显性价值与隐性价值——兼及语言经济贡献度研究的思考》，《语言文字应用》2016 年第 3 期。

区域语言的特殊功能还有一些，比如说，保存历史的功能，发展艺术的功能，等等。区域语言的一些特殊词汇，可以通过考察其语源来补充某段历史。有些地方戏曲，其韵味就靠着区域语言的滋补，没有了区域语言那些戏曲的韵味也就日渐干枯。我们在分析区域语言的特殊功能的时候，并不是说要否定、抵制国家通用语言文字的推广与统一，这二者并不矛盾，它们是不同层面上的问题，理论上，它们可以并行不悖、和谐共存。

三　区域主义、历史主义、作为跨学科研究的"语言规划学"

区域主义特别关注事物的区域特征，从区域特征中寻找事物发展变化的原因，以区域特征作为处理事情的依据。从共时层面看，不同区域的语言差异可能源于语言在不同历史阶段中的分化，从语言的变化、演变中我们可以发现区域主义和历史主义二者相互关联。当然，"语言变化"确实存在着诸多类型、诸多因素，并非只有区域主义和历史主义在起作用。

李如龙提出过语言的"区域特征"这一说法，他说的"区域特征"是指"在一定区域之内多种方言所共有的语言特征。区域特征可以是语音的，也可以是词汇的、语法的……不同方言之间的共同特征有时是类型上相同的特征"①。桥本万太郎在《语言地理类型学》中也提到"区域特征"，他说，"区域语言学所关心的，是在某区域之中超越语言差别的所谓语言特征的'扩散'（diffusion）。它是与所谓'演变'（evolution）相对立的概念"②。语言可以从不同的角度寻找到许多不同的特征。"语言的类型特征、地理特征和源流特征虽然可以是相关的，但却是不同质的。但是它们可以统一于'区域特征'这一概括。类型特征超乎时空，着眼于结构或功能的类型分析。地理特征是地理上横向扩散而造成的共同特征。源流特征是由于同源关系而形成的发生学上的共同特征……人们在研究方言分区时早已发现，用不同的条目作标准，就会划出不同的分区线来，因为方言特征的分布地域很少是完全叠合的。"③ 李如龙所说的"区域特征"实际上就是"方言特征"，是语言的特征，而我们在这里所说的"区域特

---

① 李如龙：《汉语方言的比较研究》，商务印书馆2001年版，第30页。

② ［日］桥本万太郎：《语言地理类型学》，余志鸿译，世界图书出版公司北京公司2008年版，第16页。

③ 李如龙：《汉语方言的比较研究》，商务印书馆2001年版，第31—39页。

征"大多数时候是指自然地貌的区域特征和社会的区域特征。方言分区是一种便于称说、便于细化研究的方法，并不是说方言分区真的就是客观存在的。方言分区的标准不同，方言的具体分区可能也会有所不同。

"语言变化"有多种称谓，例如，语言演变（language evolution）、语言变异（language variation）、语言接触（language contact），等等，它们这些称谓有些含义有差别，有些含义差别很小。在对待语言变化的问题上，曾经有学者提出过类似生物进化论的"语言进化论"，那通常被称为"自然主义语言观"。语言进化论是一种对语言变化的片面理解，现在已经被人们认为是一种错误的学术观念。

在语言的"变化"的问题上，"社会因素"往往包括区域因素、历史因素、政治因素、移民因素等众多的因素。"苏联社会语言学家认为，社会因素，而不是语言结构的潜在可能性决定着语言发展的前景。语言发展的前景是由语言的功能发展决定的，而语言功能的大小又取决于使用这种语言的社群的规模，并因此划分出下列语言功能分布的范围：（1）全国性的；（2）区域性的（假如该国是由具有经济联系并且民族相同的居民的区域组成的）；（3）地方性的（社会生活在农村村社范围内或在一个地区的几个村社范围内；社会生活在城市或城市类型的乡村）；（4）生产范围（农业与工业生产）；（5）家庭日常生活范围；（6）宗教范围。在1989年的语言改革过程中，苏联各加盟共和国通过的语言法及与之有关的文件绝大多数涉及到的都是语言的功能方面，规定了在国家管理、公文处理、社会组织、经济、科学、文化、保健、服务、信息等社会生活的最重要领域使用国语以及具有官方地位的语言。"[①]

语言的区域主义是语言学需要注意的问题，但是，语言的历史主义也应当引起同样的关注。比如说，关于语言标准化的问题，"语言的标准化除了实现跨越空间的统一性之外，它的另一个目的就是获得跨越时间的稳定性"[②]。时间因素和区域因素都是语言的要素。

历史主义不能丢，历史意识很缥缈。"历史意识"是指人们对过去、现在和未来的体悟。然而，我们普通人对时间的感知能力却非常有限，人

---

① 杨艳丽：《语言改革与苏联的解体》，《世界民族》1998年第4期。

② ［英］彼得·伯克：《语言的文化史——近代早期欧洲的语言和共同体》，李霄翔、李鲁、杨豫译，北京大学出版社2007年版，第126页。

的寿命一般不超过一百岁，这里边还要包括懵懂的少年和痴呆的老年，真正能够有记忆、能够体验的时间并不是很长，哪怕是一个人小时候听一百岁的爷爷讲亲身故事他也很难体会他爷爷的生活，所以，对于平常人而言，历史意识是虚无缥缈的。也正是因为这种虚无缥缈，历史年代仅仅是一个数字符号，我们很难有一个真实的感觉；不同的历史年代仅仅是一个数字排列，我们甚至会错乱，说秦始皇与汉武帝是同学或许人们不愿相信，而说嬴政与刘彻是侄舅关系或许很多人觉得很正常，因为我们的历史意识不是一种真实的感觉，只是一种抽象的想象。

　　语言规划体现为一定的语言制度，制度是一个融合了区域、历史、政治、经济、社会、文化、心理等众多因素的综合体。制度和政策都是"群体协作"的产物，都与特定的区域、特定的历史相适应，涉及个人、集体、国家和社会等方面的众多的问题。

　　欧洲语言学史上，在制度研究方面走得比较远的是米歇尔·德塞都。"1975 年，法国博学家米歇尔·德塞都（Michel de Certeau）与两位历史学家合作出版了一本重要的著作。他们给这本书起了一个吸引人的书名：《语言的政治学》（*Une politique de la langue*），讨论了法国革命与方言（les patois）的关系。这种'语言政治学'的研究方法激起了后来一系列著作的出版，对法语和法国革命之间的关系进行了研究，说明这一兴趣的产生无疑同当代法国、加拿大以及其他地方发生的语言冲突有密切的关系。"[①] 语言政治，是一种高度的语言制度。从欧洲的语言史可以看出，语言政治主要有下面几种情形，（1）拉丁语的使用造就了国家共同体。(2)"地方语言的崛起"使拉丁语有所衰落。(3)当地方语言的使用扩展到新的领域时，语言的标准化就变得非常重要。(4)对立的地方语言之间的相互作用导致了交流或语言的"混合"。(5)这个混合过程引起了一些反对，并表现为语言净化运动。(6)在18世纪末出现了语言的"民族化"。(7)在这之后，"净化派"运动依然十分强大。当然，在语言净化派占上风的时代，就有学者反对语言净化主义（语言纯洁主义）。语言学史的这几种情形，就是语言制度的几种不同情形，针对语言的各种运动就是语言政策的表现。

---

　　① ［英］彼得·伯克：《语言的文化史——近代早期欧洲的语言和共同体》，李霄翔、李鲁、杨豫译，北京大学出版社 2007 年版，第5—6页。

　　语言规划是一门跨学科的研究，涉及众多学科，但是，语言规划学必须是建立在语言学的基础之上、以语言学为中心。"语言学是必要的，但是不充分的。由于语言规划是一种语言政策，由于涉及什么是可能的手法以及赢得被统治者的赞许，语言规划需要政治科学的洞察力。因为它深深涉及到作为社会动物的人的行为，它需要人类学和社会学的清晰明了的语言行为理论的支持。关于学习行为和感知方式，心理学可以在这些方面做出贡献，不管这些贡献如何，心理学在语言规划中大有用武之地。美学家和哲学家的贡献也不能忽视，即使麦克唐纳式的人物对于语言学的情况了解甚少，他说出的一个观点，如果我们不想被人称为一无所知，那也是不能忽视的。即使纯粹的或微观语言学意义上的语言学将视线缩小到关注语言的微观现象，宣称被包括在宏观语言学之中的应用语言学决不能忽视我们在其中实际生活、说话和书写的社会宏观现象。"① 总之，语言规划学需要具有微观语言研究的坚实基础，还要具有宏观语言研究的宽广视野，语言规划学主要属于应用研究，同时它也重视基础理论研究。

---

① ［美］E. Haugen：《语言学与语言规划》，林书武译，《国外语言学》1984 年第 3 期。

参考文献

Andrew Henley. (2005). Earnings and Linguistic Proficiency in aBilingual Economy. *The Manchester School*, 73 (3), pp. 300—320.

Barry R. Chiswick & Paul W. Miller. (2005). Linguistic Distance: A Quantitative Measure of the Distance Between English and Other Languages. *Journal of Multilingual and Multicultural Development*, 26 (1), pp. 1—11.

Grin F. (1998). Language-based earnings differentials on the Swiss labour market: is Italian a liability. *International Journal of Manpower*, 19 (7), pp. 520—532.

Grin, F. (1996). Economic approaches to language and language planning. *International Journal of the sociology of language*. special Issue, p. 121.

Kaplan Robert B. (2007). Language policy spread Learning from health and social policy models. *Language Problems and Language Planning*, 31 (2), pp. 107—129.

Marschak, J. (1965). Economics of Language, *Behavioral Science*, 2, pp. 135—140.

Michael Reksulak. (2004). Economics and English: Language Growth in Economic Perspective. *Southern Economic Journal*, (71) 2, pp. 232—259.

Ricento. T. *An Introduction to Language Policy: Theory and Method*. Blackwell Publishing, 2006.

Richard Rogerson. (1997). Theory Ahead of Language in the Economics of Unemployment. *Journal of Economic Perspectives*, 11 (1), pp. 73—92.

Robert Phillipson. *Linguistic Lmperialism*. Shanghai Foreign Language Education Press, 2000.

Robert Phillipson. *Linguistic Lmperialism*. Shanghai Foreign Language Education Press，2000.

Rubinstein，A. *Economics and Language*. Cambridge University Press，2000.

Ruíz，R.（1984）. Orientations in Language Planning. *NABE Journal*，8（2），pp. 15—34.

Terry Cochran.（1999）. The Linguistic Economy of the Cosmopolitical. *Boundary 2 An International Journal of Literature and Culture*，26（2），pp. 59—72.

Vaillancourt，F.（1989）. Demolinguistic Trends and Canadian Institutions：An Economic Perspective. *Montreal：Association of Canadian Studies*，3，pp. 73—92.

Victoria F. *An Introduction to Language*. Peking University Press，2007.

William J. Sutherland.（2003）. Parallel extinction risk and global distribution of languages and species. *Nature*，42（3），pp. 276—279.

William Labov. *Principles of Linguistic Change：internal Factors*. Peking University Press，2007.

William Labov. *Principles of Linguistic Change：Social Factor*. Peking University Press，2007.

艾伟：《汉字问题》，（上海）中华书局 1949 年版。

艾周昌等：《南非现代化研究》，华东师范大学出版社 2000 年版。

［英］爱切生：《语言的变化：进步还是退化》，徐家祯译，语文出版社 1997 年版。

［英］彼得·伯克：《语言的文化史——近代早期欧洲的语言和共同体》，李霄翔、李鲁、杨豫译，北京大学出版社 2007 年版。

［以］博纳德·斯波斯基：《语言政策——社会语言学中的重要论题》，张治国译，赵守辉审订，商务印书馆 2012 年版。

薄守生：《词汇的层次地位和词汇研究散论》，《北华大学学报》2005 年第 2 期。

薄守生：《起步、融合与创新：语言经济学在中国》，《语言文字应用》2015 年第 3 期。

薄守生：《人类最后的家园》，《光明日报》2006 年 8 月 5 日。

薄守生：《语言经济学：非主流语言学与非主流经济学的牵手》，《中国社会科学报》2010 年 1 月 19 日。

薄守生、邓春琴：《语言多样化与汉语词典编纂》，《语言教学与研究》2006 年第 6 期。

薄守生、赖慧玲：《"文学"与"教育"》，《中学语文教学参考》2016 年第 10 期。

薄守生、赖慧玲：《百年中国语言学思想史》，中国社会科学出版社 2016 年版。

薄守生、赖慧玲：《当代中国语言规划研究——侧重于区域学的视角》，中国社会科学出版社 2009 年版。

薄守生、赖慧玲：《古代汉语教学的困惑与思考》，《中国大学教学》2007 年第 7 期。

薄守生、赖慧玲：《关于语言学史和历史学科的关系的一点思考》，《新疆大学学报》2016 年第 5 期。

薄守生、赖慧玲：《呼之欲出的中国语言规划学——读〈中国语言规划三论〉》，《语文建设》2016 年第 5 期。

［美］布龙菲尔德：《语言论》，袁家骅等译，商务印书馆 1980 年版。

蔡永良：《论美国的语言政策》，《江苏社会科学》2002 年第 5 期。

蔡永良：《语言·教育·同化：美国印第安语言政策研究》，中国社会科学出版社 2003 年版。

曹琴：《东莞市工业区外来人口语言态度研究》，暨南大学硕士学位论文，2005 年。

曹志耘：《对 21 世纪语言研究的几点想法》，《语言教学与研究》2000 年第 1 期。

曹志耘：《关于濒危汉语方言问题》，《语言教学与研究》2001 年第 1 期。

查中林：《四川方言语词和汉语同族词研究》，巴蜀书社 2002 年版。

常永才、李红记：《试论新南非语言政策的演变及其对教育的影响》，《西藏大学学报》2006 年第 1 期。

陈保亚：《20 世纪中国语言学方法论（1898—1998）》，山东教育出版社 1999 年版。

陈建民、谭志明：《语言与文化多学科研究——第三届社会语言学学术讨论会文集》，北京语言学院出版社 1993 年版。

陈金钊：《法理学》，北京大学出版社 2002 年版。

陈纳：《从〈4046 修正案〉说起——谈美国的语言政治》，《读书》2007 年第 12 期。

陈鹏：《语言产业经济贡献度研究的若干问题》，《语言文字应用》2016 年第 3 期。

陈秀山、张可云：《区域经济理论》，商务印书馆 2004 年版。

陈原：《社会语言学》，学林出版社 1983 年版。

陈章太：《论语言规划的基本原则》，《语言科学》2005 年第 2 期。

陈章太：《语言规划研究》，商务印书馆 2005 年版。

陈章太等：《语言规划概论》，商务印书馆 2015 年版。

程燎原、王人博：《权利及其救济》，山东人民出版社 2002 年版。

仇志群：《台湾推行国语的历史和现状》，《台湾研究》1994 年第 4 期。

储诚意：《俄罗斯语言的现状与发展前景》，《中国俄语教学》1999 年第 3 期。

崔荣昌：《四川方言与巴蜀文化》，四川大学出版社 1996 年版。

［英］戴维·克里斯特尔：《现代语言学词典》，沈家煊译，商务印书馆 2000 年版。

戴红亮：《台湾语言文字政策》，九州出版社，2012 年版。

戴曼纯等：《国外语言规划的理论与实践研究》，外语教学与研究出版社 2012 年版。

戴庆厦：《汉语与少数民族语言关系概论》，中央民族学院出版社 1992 年版。

戴庆厦：《民族心理与少数民族语言文字应用》，《中央民族大学学报》2000 年第 5 期。

戴庆厦：《社会语言学教程》，中央民族大学出版社 1993 年版。

戴庆厦：《语言和民族》，中央民族大学出版社 1994 年版。

戴庆厦：《语言竞争与语言和谐》，《语言教学与研究》2006 年第 2 期。

戴庆厦：《中国濒危语言个案研究》，民族出版社 2004 年版。

戴庆厦、邓佑玲：《城市化：中国少数民族语言使用功能的变化》，

《陕西师范大学学报》2001 年第 3 期。

戴昭铭：《人类语言学在中国》，黑龙江人民出版社 2007 年版。

［美］黛尔德拉·迈克洛斯基：《经济学的花言巧语》，石磊译，经济科学出版社 2000 年版。

［英］丹尼斯·埃杰：《语言规划与语言政策的驱动过程》，吴志杰译，姚小平审订，外语教学与研究出版社 2012 年版。

道布：《道布文集》，上海辞书出版社 2005 年版。

道布：《中国的语言政策和语言规划》，《民族研究》1998 年第 6 期。

邓文彬：《中国古代语言学史》，巴蜀书社 2002 年版。

邓晓华：《人类文化语言学》，厦门大学出版社 1993 年版。

邓英树：《仁寿话的语气词"哆"和"喔"》，《四川师范大学学报》1996 年第 3 期。

东来：《族性迷信与历史的意义》，《读书》1996 年第 12 期。

［美］E. Haugen：《语言学与语言规划》，林书武译，《国外语言学》1984 年第 3 期。

E. 科恩、W. W. 休斯：《美国大学教育投资的成本收益分析 (1969—1985)》，《教育与经济》1995 年第 2 期。

范俊军：《联合国教科文组织关于保护语言与文化多样性文件汇编》，民族出版社 2006 年版。

范俊军：《少数民族语言危机与语言人权问题》，《贵州民族研究》2006 年第 2 期。

范俊军：《我国语言生态危机的若干问题》，《兰州大学学报》2005 年第 6 期。

范晓、李熙宗、戴耀晶：《语言研究的新思路》，上海教育出版社 1998 年版。

［瑞］费尔迪南·德·索绪尔：《普通语言学教程》，高名凯译，商务印书馆 1985 年版。

费锦昌：《新时期语言文字工作记事（1978—2003）》，语文出版社 2005 年版。

费锦昌：《中国语文现代化百年记事》，语文出版社 1997 年版。

冯小钉：《关于语言多样性问题跨学科研究的综述》，《安徽大学学报》2004 年第 5 期。

高更生：《现行汉字规范问题》，商务印书馆 2002 年版。

高洪深：《区域经济学》，中国人民大学出版社 2003 年版。

高天如：《中国现代语言计划的理论和实践》，复旦大学出版社 1993 年版。

高小方：《中国语言文字学史料学》，南京大学出版社 2005 年版。

高一虹：《"想像共同体"与语言学习》，《中国外语》2007 年第 5 期。

耿振生：《明清等韵学通论》，语文出版社 1992 年版。

耿振生：《再谈近代官话的"标准音"》，《古汉语研究》2007 年第 1 期。

顾树森：《中国历代教育制度》，江苏人民出版社 1981 年版。

郭龙生：《对外汉语教学的语言规划价值及其中的问题与对策》，《修辞学习》2006 年第 3 期。

郭龙生：《略论国家通用语言文字的传播战略》，《语言文字应用》2005 年第 1 期。

郭龙生：《略论中国当代语言规划的方法论原则》，《学术研究》2006 年第 12 期。

郭龙生：《略论中国当代语言规划的类型》，《语言教学与研究》2007 年第 6 期。

郭龙生：《它山之石，可以为错——语言政策国别研究学习感言》，《语言政策与规划研究》2014 年第 1 期。

郭熙：《汉语的国际地位与国际传播》，《渤海大学学报》2007 年第 1 期。

郭熙：《中国社会语言学》，浙江大学出版社 2004 年版。

韩凌等：《经济系统与生态系统的类比分析》，《中国人口·资源与环境》2006 年第 4 期。

何大安：《规律与方向：变迁中的音韵结构》，北京大学出版社 2004 年版。

何九盈：《中国古代语言学史》，北京大学出版社 2006 年版。

何九盈：《中国现代语言学史》，商务印书馆 2008 年版。

何俊芳：《语言人类学教程》，中央民族大学出版社 2005 年版。

何俊芳：《中国少数民族双语研究：历史与现实》，中央民族大学出版社 1998 年版。

何星亮：《非物质文化遗产的保护与民族文化现代化》，《中南民族大学学报》2005 年第 3 期。

何自然：《语用学与英语学习》，上海外语教育出版社 1997 年版。

贺登崧：《汉语方言地理学》，石汝杰、岩田礼译，上海教育出版社 2003 年版。

［澳］洪历建：《"国际汉语"：作为"国际性语言"的汉语如何发展》，《华东师范大学学报》2014 年第 6 期。

［德］洪堡特：《论人类语言结构的差异及其对人类精神发展的影响》，姚小平译，商务印书馆 1997 年版。

侯精一：《汉语规范化 50 年——谨以此文纪念〈语文研究〉出刊 100 期》，《语文研究》2006 年第 3 期。

侯精一：《现代汉语方言概论》，上海教育出版社 2002 年版。

侯敏：《有关我国语言地位规划的一些思考》，《语言文字应用》2005 年第 4 期。

胡明扬：《北京话初探》，商务印书馆 1987 年版。

胡明扬：《西方语言学名著选读》，中国人民大学出版社 1999 年版。

胡小玲：《论语言产业的结构性、外部性与发展方式》，《语言文字应用》2013 年第 3 期。

华劭：《语言经纬》，商务印书馆 2003 年版。

黄长著：《如何正确认识世界诸语言的统计数字》，《国外社会科学》2008 年第 1 期。

黄尚军：《四川方言与民俗》，四川人民出版社 1996 年版。

黄少安、张卫国、苏剑：《语言经济学及其在中国的发展》，《经济学动态》2012 年第 3 期。

黄晓蕾：《民国时期语言政策研究》，中国社会科学出版社 2013 年版。

黄晓蕾：《民国时期政府方言政策概述》，《中国社会科学院研究生院学报》2006 年第 4 期。

黄行：《中国少数民族语言活力研究》，中央民族大学出版社 2000 年版。

黄翊：《澳门语言状况与语言规划研究》，北京语言大学博士学位论文，2005 年。

江荻、孔江平：《中国民族语言工程研究新进展》，社会科学文献出版社 2005 年版。

姜明安：《软法的兴起与软法之治》，《中国法学》2006 年第 2 期。

蒋可心、杨华：《关于语言接受权问题》，《社会科学战线》2005 年第 4 期。

蒋绍愚：《汉语词汇语法史论文集》，商务印书馆 2000 年版。

教育部语言文字信息管理司：《世界语言生活报告》，商务印书馆 2016 年版。

教育部语言文字信息管理司：《世界语言生活状况》，商务印书馆 2016 年版。

教育部语用所社会语言学与媒体语言研究室：《语言规划的理论和实践——第四届全国社会语言学学术研讨会论文集》，语文出版社 2006 年版。

金立鑫：《语言研究方法导论》，上海外语教育出版社 2007 年版。

金星华：《中国民族语文工作》，民族出版社 2005 年版。

金应忠、倪世雄：《国际关系理论比较研究》，中国社会科学出版社 2003 年版。

金滢坤：《论唐五代科举考试与文字的关系》，《首都师范大学学报》2007 年第 3 期。

劲松：《语言态度与双语现象》，《双语教学与研究》1999 年第 2 期。

［美］卡尔·博格斯：《政治的终结》，陈家刚译，社会科学文献出版社 2001 年版。

［美］卡尔·帕顿、大卫·沙维奇：《公共政策分析和规划的初步方法》，华夏出版社 2002 年版。

李德鹏：《论我国公民语言能力的评价标准》，《理论月刊》2015 年第 12 期。

李纲、王宇红：《汉语通用语史研究》，中国广播电视出版社 2007 年版。

李建国：《汉语规范史略》，语文出版社 2000 年版。

李锦芳：《西南地区濒危语言调查研究》，中央民族大学出版社 2006 年版。

李军:《什么是文化遗产?——对一个当代观念的知识考古》,《文艺研究》2005 年第 4 期。

李克勇:《法国保护法语的政策及立法》,《法国研究》2006 年第 3 期。

李丽生:《应用语言学研究的新路径——批评应用语言学发展概述》,《四川外语学院学报》2005 年第 2 期。

李丽生:《应用语言学研究的新视野——〈批评应用语言学:批评性概论〉评介》,《现代外语》2005 年第 2 期。

李泉:《对外汉语教材研究》,商务印书馆 2006 年版。

李泉:《对外汉语教学的学科基本理论》,《海外华文教育》2002 年第 3、4 期。

李荣:《普通话与方言》,《中国语文》1990 年第 5 期。

李荣:《中国的语言和方言》,《方言》1889 年第 3 期。

李如龙:《东南亚华人语言研究》,北京语言文化大学出版社 2000 年版。

李如龙:《汉语方言的比较研究》,商务印书馆 2001 年版。

李如龙:《汉语方言学》,高等教育出版社 2007 年版。

李现乐:《语言服务的显性价值与隐性价值——兼及语言经济贡献度研究的思考》,《语言文字应用》2016 年第 3 期。

李现乐:《语言资源与语言经济研究》,《经济问题》2010 年第 9 期。

李兴华:《从民族身份看欧盟多元化的语言政策》,《法国研究》2006 年第 4 期。

李旭:《南非高等教育语言政策管窥》,《西亚非洲》2006 年第 2 期。

李幼蒸:《理论符号学导论》,中国社会科学出版社 1993 年版。

李宇明:《〈权威方言在语言规范中的地位〉补》,《语言文字应用》2005 年第 3 期。

李宇明:《多元文明碰撞中语言的流变、认同与保护》,《中华读书报》2007 年 9 月 19 日。

李宇明:《语言的经济贡献度,在中国也能达到 GDP 的 10% 吗》,《数据》2013 年第 6 期。

李宇明:《中国语言规划论》,东北师范大学出版社 2005 年版。

李宇明:《中国语言规划三论》,商务印书馆 2015 年版。

李宇明、费锦昌：《汉字规范百家谈——汉字规范问题研究丛书》，商务印书馆 2004 年版。

李禹阶、赵昆生、张洪斌：《区域·社会·文化——"区域社会比较"国际学术研讨论集》，重庆出版社 2000 年版。

联合国教科文组织世界文化与发展委员会：《文化多样性与人类全面发展——世界文化与发展委员会报告》，广东人民出版社 2006 年版。

联合国开发计划署：《2004 年人类发展报告——当今多样化世界中的文化自由》，中国财政经济出版社 2004 年版。

梁德曼、黄尚军：《成都方言词典》，江苏教育出版社 1998 年版。

列宁：《列宁全集》，人民出版社 1958 年版。

林勇、宋金芳：《语言经济学》，《金融信息参考》2004 年第 5 期。

刘飞宇、石俊：《语言权的限制与保护——从地方方言译制片被禁说起》，《法学论坛》2005 年第 6 期。

刘富根：《澳大利亚语言规划简述》，《语文建设》1999 年第 5 期。

刘海涛：《国外濒危语言研究概述》，《长江学术》2006 年第 3 期。

刘海涛：《语言规划的动机分析》，《北华大学学报》2007 年第 4 期。

刘坚：《二十世纪的中国语言学》，北京大学出版社 1998 年版。

刘丽艳：《计量经济学局限性研究》，《财经问题研究》2013 年第 3 期。

刘满堂：《新加坡的语言政策：多语制和双语制》，《陕西教育学院学报》2000 年第 4 期。

刘汝山、刘金侠：《澳大利亚语言政策与语言规划研究》，《中国海洋大学学报》2003 年第 6 期。

刘润清：《西方语言学流派》，外语教学与研究出版社 1995 年版。

刘叔新：《汉语描写词汇学》，商务印书馆 1990 年版。

刘珣：《对外汉语教育学引论》，北京语言文化大学出版社 2000 年版。

吕必松：《对外汉语教学发展概要》，北京语言学院出版社 1990 年版。

吕叔湘、王海棻：《马氏文通读本》，上海教育出版社 1986 年版。

罗豫元：《美国双语教育实施失败的因素分析》，《比较教育研究》2007 年第 1 期。

骆小所：《加强少数民族语言稳定性研究》，《楚雄师范学院学报》2006 年第 8 期。

［美］马丁·李普塞特：《一致与冲突》，张华青等译，上海人民出版社 1995 年版。

马景伦：《汉语通论》，江苏古籍出版社 2002 年版。

马戎：《民族社会学导论》，北京大学出版社 2005 年版。

马学良：《马学良民族语言研究文集》，中央民族大学出版社 1999 年版。

宁继鸣：《汉语国际推广：关于孔子学院的经济学分析与建议》，山东大学博士学位论文，2006 年。

宁骚：《公共政策学》，高等教育出版社 2003 年版。

潘文国：《从哲学研究的语言转向到语言研究的哲学转向》，《外语学刊》2008 年第 2 期。

潘文国：《危机下的中文》，辽宁人民出版社 2008 年版。

潘文国：《中国语言学的未来在哪里》《华东师范大学学报》2008 年第 1 期。

裴文：《语言区域划分的时空观设定》，《语言研究》2004 年第 3 期。

彭泽润：《"英汉双语教学"跟"国家汉语战略"矛盾》，《北华大学学报》2005 年第 2 期。

濮之珍：《中国语言学史》，上海古籍出版社 1987 年版。

［美］普雷斯顿·詹姆斯、杰弗雷·马丁：《地理学思想史》，李旭旦译，商务印书馆 1989 年版。

普忠良：《从全球的濒危语言现象看我国民族语言文化生态的保护和利用问题》，《贵州民族研究》2001 年第 4 期。

普忠良：《一些国家的语言立法及政策述略》，《民族语文》2000 年第 2 期。

钱冠连：《语言：人类最后的家园》，商务印书馆 2005 年版。

钱乃荣：《上海语言发展史》，上海人民出版社 2003 年版。

［日］桥本万太郎：《语言地理类型学》，余志鸿译，世界图书出版公司北京公司 2008 年版。

邱质朴：《试论语言资源的开发——兼论汉语面向世界问题》，《语言教学与研究》1981 年第 3 期。

屈哨兵：《语言服务的概念系统》，《语言文字应用》2012年第1期。

屈哨兵：《语言服务引论》，商务印书馆2016年版。

任军锋：《地域本位与国族认同：美国政治发展中的区域结构分析》，天津人民出版社2003年版。

［美］塞缪尔·亨廷顿：《变化中的政治制度》，王冠华等译，三联书店1989年版。

［美］塞缪尔·亨廷顿：《我们是谁——美国国家特性面临的挑战》，程克雄译，新华出版社2005年版。

沈家煊：《"糅合"和"截搭"》，《世界汉语教学》2006年第4期。

沈家煊：《"王冕死了父亲"的生成方式——兼说汉语"糅合"造句》，《中国语文》2006年第4期。

沈宗灵：《法理学》，北京大学出版社2001年版。

盛炎：《语言教学原理》，重庆出版社1990年版。

施维林、张艳华、孙立夫：《生态与环境》，浙江大学出版社2006年版。

宋金芳、林勇：《语言经济学的政策分析及其借鉴》，《华南师范大学学报》2004年第6期。

宋俊华：《非物质文化遗产与戏曲研究的新路向》，《文艺研究》2007年第2期。

［英］苏·赖特：《语言政策与语言规划——从民族主义到全球化》，陈新仁译，商务印书馆2012年版。

苏金智：《语言权保护在中国》，《人权》2003年第3期。

苏培成：《现代汉字学纲要》，北京大学出版社1994年版。

孙关宏、胡雨春、任军锋：《政治学概论》，复旦大学出版社2004年版。

孙伟国、王立仁：《政治社会化取向的美国公民教育》，《外国教育研究》2007年第3期。

田立新：《中国语言资源保护工程的缘起及意义》，《语言文字应用》2015年第4期。

汪平：《方言平议》，华中科技大学出版社2003年版。

汪维辉：《东汉—隋常用词演变研究》，南京大学出版社2000年版。

汪维辉：《论词的时代性和地域性》，《语言研究》2006年第2期。

王邦佐、孙关宏、王沪宁、李惠康：《新政治学概要》，复旦大学出版社 2004 年版。

王恩涌：《人文地理学》，高等教育出版社 2000 年版。

王恩涌：《政治地理学：时空中的政治格局》，高等教育出版社 1999 年版。

王洪君：《汉语非线性音系学》，北京大学出版社 1999 年版。

王辉、周玉忠：《语言规划与语言政策：理论与国别研究（续）》，中国社会科学出版社 2015 年版。

王力：《汉语史稿》，中华书局 1980 年版。

王力：《中国语言学史》，复旦大学出版社 2006 年版。

王普劬：《政治学基础》，北京大学出版社 1995 年版。

王清智、黄勇昌：《对语言与经济关系的研究》，《河南大学学报》2003 年第 7 期。

王尚达、王文：《苏联对中亚的语言政策：评论和反思》，《俄罗斯中亚东欧研究》2005 年第 6 期。

王远新：《论语言文化的多样化及其价值》，《世界民族》2002 年第 6 期。

王远新：《中国民族语言学：理论与实践》，民族出版社 2002 年版。

王智娟：《哈萨克斯坦：语言问题政治化的新发展》，《东欧中亚研究》2002 年第 3 期。

韦森：《语言的经济学与经济学的语言》，《东岳论丛》2009 年第 11 期。

文秋芳：《国家语言能力的内涵及其评价指标》，《云南师范大学学报》2016 年第 2 期。

［美］沃尔特·艾萨德：《区域学》，徐继成译，辽宁科学技术出版社 1992 年版。

沃野：《关于社会科学定量、定性研究的三个相关问题》，《学术研究》2005 年第 4 期。

邬沧萍、侯东民：《人口、资源、环境关系史》，中国人民大学出版社 2005 年版。

吴利琴：《母语文化"失语"现象反思》，《光明日报》2006 年 10 月 20 日。

夏历：《在京农民工语言状况研究》，中国传媒大学博士学位论文，2007 年。

现代汉语规范问题学术会议秘书处：《现代汉语规范问题学术会议文件汇编》，科学出版社 1956 年版。

谢俊英：《中国不同民族群体对普通话的态度差异分析》，《语言文字应用》2006 年第 3 期。

谢鹏程：《基本法律价值》，山东人民出版社 2000 年版。

邢福义：《文化语言学》，湖北教育出版社 2003 年版。

熊南京：《二战后台湾语言政策研究（1945—2006）》，中央民族大学博士学位论文，2007 年。

徐大明：《语言变异与变化》，上海教育出版社 2006 年版。

徐大明：《中国社会语言学新视角》，南京大学出版社 2007 年版。

徐大明、陶红印、谢天蔚：《当代社会语言学》，中国社会科学出版社 2004 年版。

徐杰：《语言规划与语言教育》，学林出版社 2007 年版。

徐通锵：《历史语言学》，商务印书馆 1991 年版。

徐通锵：《语言论——语义型语言的结构原理和研究方法》，东北师范大学出版社 1997 年版。

徐通锵：《语言学是什么》，北京大学出版社 2007 年版。

徐玮斌：《教育成本收益分析：实证方法探讨》，《教育与经济》1995 年第 3 期。

徐子亮、吴仁甫：《实用对外汉语教学法》，北京大学出版社 2005 年版。

许嘉璐、王福祥、刘润清：《中国语言学现状与展望》，外语教学与研究出版社 1996 年版。

许其潮：《从语言经济学的角度看我国的外语教育》，《外语与外语教学》1999 年第 8 期。

许其潮：《语言与经济：一个新兴的研究领域》，《外语与外语教学》1999 年第 7 期。

杨开忠：《区域科学学科地位、体系和前沿》，《地理科学》1999 年第 4 期。

杨晓畅：《浅论个体语言权及其立法保护》，《学术交流》2005 年第

10 期。

杨艳丽：《语言改革与苏联的解体》，《世界民族》1998 年第 4 期。

姚喜双：《党和国家领导人及相关部门负责人重视播音及语言规范问题》，《语言文字应用》2006 年第 2 期。

姚亚平：《语言制度的基本性质及其研究价值》，《南昌大学学报》2001 年第 2 期。

姚亚平：《中国语言规划研究》，商务印书馆 2006 年版。

姚亚芝、司显柱：《中国语言服务产业研究综述及评价》，《北京交通大学学报》2016 年第 1 期。

游汝杰：《汉语方言学导论》，上海教育出版社 1992 年版。

游汝杰、邹嘉彦：《社会语言学教程》，复旦大学出版社 2004 年版。

于根元：《应用语言学前沿问题说略》，《长江学术》2006 年第 4 期。

余志鸿：《传播符号学》，上海交通大学出版社 2007 年版。

袁辰霞：《台湾原住民族语言政策与语言教育研究》，中央民族大学出版社 2013 年版。

袁家骅：《汉语方言概要》，文字改革出版社 1983 年版。

［美］约瑟夫·拉彼德、弗·克拉托赫维尔：《文化与认同》，金烨译，浙江人民出版社 2003 年版。

［美］詹姆斯·托尔夫森：《语言教育政策：关键问题》，俞玮奇译，张治国审订，外语教学与研究出版社 2014 年版。

詹伯慧：《汉语方言与方言调查》，湖北教育出版社 2001 年版。

张沉香：《从社会语言学的视角看澳大利亚英语》，《外语研究》2006 年 4 期。

张公瑾：《语言的生态环境》，《民族语文》2001 年第 3 期。

张公瑾：《语言与民族物质文化史》，民族出版社 2002 年版。

张贡新：《民族语文·民族关系》，云南民族出版社 1992 年版。

张鸿魁：《韵书发展史和山东》，《东岳论丛》2005 年第 6 期。

张积家、杨卓华、朱诗敏：《广东大学生对普通话和粤语的印象》，《心理学探新》2003 年第 1 期。

张旺熹：《对外汉语研究与评论》，广西师范大学出版社 2005 年版。

张卫国：《语言的经济学分析：一个综述》，《经济评论》2011 年第 4 期。

张卫国：《作为人力资本、公共产品和制度的语言：语言经济学的一个基本分析框架》，《经济研究》2008 年第 2 期。

张卫国、陈屹立：《经济学的语言与语言的经济学——语言经济学的一个综述》，《2006 年中国制度经济学年会论文集（三）》，2006 年。

张卫国、刘国辉：《中国语言经济学研究述略》，《语言教学与研究》2012 年第 6 期。

张西平、柳若梅：《研究国外语言推广政策，做好汉语的对外传播》，《语言文字应用》2006 年第 1 期。

张相东：《地缘政治学：思想史上的不同视角》，中共中央党校出版社 2005 年版。

张一舟、张清源、邓英树：《成都方言语法研究》，巴蜀书社 2001 年版。

张宜：《历史的旁白：中国当代语言学家口述实录》，高等教育出版社 2012 年版。

张玉：《区域政策执行的制度分析与模式建构》，南开大学博士学位论文，2006 年。

张振兴：《方言研究与对外汉语教学》，《语言教学与研究》1999 年第 4 期。

张震：《"方言学校"事件评析——以我国宪法文本中普通话条款的规范分析为路径》，《山东社会科学》2007 年第 5 期。

张芝联：《法国通史》，北京大学出版社 1989 年版。

赵济：《中国自然地理》，高等教育出版社 2000 年版。

赵金铭：《对外汉语教学概论》，商务印书馆 2004 年版。

赵蓉晖：《论语言规划研究的中国学派》，《语言战略研究》2016 年第 1 期。

赵世举：《〈汉语国际传播理论与实践〉专栏弁言》，《长江学术》2007 年第 2 期。

赵世开：《国外语言学概述——流派和代表人物》，北京语言学院出版社 1990 年版。

赵元任：《语言问题》，商务印书馆 1980 年版。

赵振铎：《中国语言学史》，河北教育出版社 2000 年版。

郑慧子：《生态危机、人类中心主义和人的天性》，《上海师范大学学报》2006 年第 4 期。

中国社会科学院民族研究所"少数民族语言政策比较研究"课题组等：《国家、民族与语言：语言政策国别研究》，语文出版社 2003 年版。

中国社会科学院民族研究所等：《国外语言政策与语言规划进程》，语文出版社 2001 年版。

钟水映、简新华：《人口、资源与环境经济学》，科学出版社 2005 年版。

周光庆：《汉语与中国早期现代化思潮》，黑龙江教育出版社 2001 年版。

周平：《民族政治学》，高等教育出版社 2007 年版。

周庆生：《构建和谐的社会语言环境》，《中国民族报》2006 年 5 月 30 日。

周庆生：《国家、民族与语言——语言政策国别研究》，语文出版社 2003 年版。

周庆生：《国外语言规划理论流派和思想》，《世界民族》2005 年第 4 期。

周庆生：《魁北克与爱沙尼亚语言立法比较》，《外国法译评》1999 年第 1 期。

周庆生：《语言与民族识别问题》，《中国社会科学院研究生院学报》2006 年第 2 期。

周庆生：《语言与人类》，中央民族大学出版社 2000 年版。

周庆生：《中国语言生活状况报告（2005）》，商务印书馆 2006 年版。

周庆生：《中国语言生活状况报告（2006）》，商务印书馆 2007 年版。

周瑞敏：《自然选择与协同进化——生态语言学及语言生态认知探微》，《河南大学学报》2006 年第 1 期。

周尚文、叶书宗、王斯德：《新编苏联史》，上海人民出版社 1990 年版。

周瓦：《从不同的语言观看美国双语教育之争》，《比较教育研究》2005 年第 8 期。

周有光：《百岁新稿》，三联书店 2005 年版。

周玉忠：《美国的语言政策及双语教学简述》，《语言与翻译》2002 年第 4 期。

周玉忠、李文军：《"大熔炉，尚可；巴别塔，不可"——美国建国初期的语言政策》，《宁夏社会科学》2006 年第 6 期。

周玉忠、王辉：《语言规划与语言政策：理论与国别研究》，中国社会科学出版社 2004 年版。

朱成全、孙梁：《制度经济学视野下的语言问题研究》，《行政与法》2013 年第 8 期。

祝碗瑾：《社会语言学概论》，湖南教育出版社 1992 年版。

祝畹瑾：《社会语言学译文集》，北京大学出版社 1985 年版。

邹嘉彦、游汝杰：《汉语与华人社会》，复旦大学出版社、香港城市大学出版社 2001 年版。